PORTRAIT DE MICHEL DE CERVANTES
G. Kent pinx. SAAVEDRA PAR LUI MEME. Gentot sculp.

NOUVELLES
EXEMPLAIRES
DE MICHEL
DE CERVANTES
SAAVEDRA
Auteur de Don Quichotte.
TRADUCTION ET
EDITION NOUVELLE.

Augmentée de trois NOUVELLES qui n'avoient point été traduites en François, & de la VIE de l'AUTEUR.
PAR Mr. L'ABBE'
S. MARTIN DE CHASSONVILLE.

Enrichie de Figures en taille douce.
TOME PREMIER.

A LAUSANNE & à GENEVE,
Chez MARC-MIC. BOUSQUET & Comp.

MDCCXLIV.

AVERTISSEMENT DU LIBRAIRE

Sur cette

NOUVELLE EDITION.

Il y a long-tems que je désirois pouvoir donner au Public, une Traduction Françoise des Nouvelles Exemplaires *du Celebre* Michel de Cervantes Saavedra. *J'avois remarqué avec peine, que celles que nous avons, ne sont ni correctes, ni complettes, par la faute des Traducteurs, qui se sont faussement imaginé, qu'on ne pouvoit traduire en François plusieurs Nouvelles de notre Auteur, sans blesser la délicatesse de cette Langue, & sans cour-*

† 2 *rir*

rir risque de ne se point faire entendre. Crainte mal fondée, selon moi, qui a privé les Amateurs des Productions du vaste génie de CERVANTES, de trois de ses plus belles & plus amusantes Nouvelles, telles que sont celles, de Rinconnet & Cortadille, du Licentié Vidriera ou de Verre, & du Curieux Impertinent. Ils se sont persuadés, sans doute, que l'Histoire de Ruis Diaz, dédommageroit les Curieux d'un retranchement si considérable. Mais, qu'est-ce que cette Histoire, comparée avec les Nouvelles dont il nous avoient frustrés? Je laisse comme je le dois, au Lecteur judicieux & connoisseur, le soin de décider, après en avoir fait le parallele. J'avouë cependant, que je devrois savoir bon gré à ces Messieurs craintifs, de ce qu'ils m'ont, par leur timidité, ou plûtôt, par leur négligence, fourni le moyen de placer, dans cette Edition, ces trois Nouvelles, qui n'avoient point encore été traduites, à l'exception de cel-

DU LIBRAIRE.

celle du Curieux Impertinent, qui l'avoit été en partie, dans l'Histoire de Don Quichotte, dont elle fait une Episode.

J'ai sacrifié sans remords, celle de Ruis Diaz, comme une Piéce postiche qui n'a jamais été, ni avouée de Cervantes, ni reconnuë pour être sortie de sa Plume, par les gens de Lettres. J'ôse me flatter, qu'on ne désaprouvera pas un si juste changement. Au reste je n'ai rien épargné, pour rendre cette Edicton aussi parfaite qu'on puisse le souhaiter. J'ai fait graver avec soin le Portrait de l'Auteur, & il me paroît assez ressemblant à celui qu'il fait de lui-même dans la Préface qu'il a composée, pour la mettre à la tête de ses NOUVELLES. Préface qui n'avoit point encore été traduite, & qui occupe dans ce Livre la place qui lui est naturelle, aussi-bien que les Aprobations qu'on avoit également négligées. Les Tailles douces assez bien travaillées, qui ornent chaque NOUVELLE, est encore un relief pour cette Edition. Un autre avantage essentiel, & aussi utile qu'agréable, est la Vie de Michel de Cervantes Saavedra, que j'ai jugé à propos d'y inserer. A quoi bon m'étendrois-je ici sur les loüanges que méritent les talens de ce grand Homme, & ses vertus Morales & Chrêtiennes; & sur les beautés particuliéres, qui éclatent dans ces Nouvelles? La République Litteraire, ou plûtôt toute l'Europe, retentit des Eloges magnifiques, que toutes les Nations donnent & à CERVANTES, & aux productions de son heureux génie, depuis près de deux cent ans.

VIE
DE MICHEL
DE CERVANTES
SAAVEDRA.

Omme nous ne connoissons *Michel de Cervantes Saavedra*, que par lui même, c'est-à-dire, ou par la réputation que lui ont aquis ses Ouvrages, ou parce qu'il a bien voulu y rapporter quelques traits de sa Vie; il n'a pas été possible à ceux (1) qui ont fait jusqu'ici son Histoire, d'entrer dans un grand détail. Ils se sont contentés de compiler le plus exactement qu'ils le pouvoient faire, tout ce qui se trouve, ou

† 4   dans

___

(1) Avertissement à la tête de ses Nouvelles. Moreri au mot Cervantes. Vie de Michel de Cervantes Saavédra par don Gregorio Mayans y Siscar. &c.

dans les différens Ouvrages qu'il a composés, ou dans ses Préfaces, avoir quelque rapport à lui personnellement. La plû-part des faits étant cachés sous le voile de l'Apologue, ou d'avantures arrivées à d'autres, & sous des noms étrangers, on ne doit les considérer, que comme des conjectures, vraisemblables à la vérité, mais non pas comme des réalités bien claires ou bien prouvées. N'ayant d'autre guide que ces mêmes Ouvrages, & ces mêmes Histoires, nous ne nous flaterons pas de donner au Public de plus grands éclaircissemens. Nous ne ferons que rassembler ces morceaux trop resserrez dans les uns, & trop étendus dans les autres.

Il est étonnant qu'on n'ait pu découvrir encore précisément le Lieu de la naissance de Cervantes. L'envie & l'ignorance nous ont, sans doute, frustrés de cette connoissance. Cervantes a eu le même sort qu'Homere. Comme ce grand Poëte, méprisé, ou du moins peu connu dans sa Patrie, aucun Lieu ne s'est fait gloire, tant qu'il a vêcu, de lui avoir donné le jour ; mais sa réputation s'étant augmentée à mesure que se découvrirent les trésors renfermés dans ses productions, plusieurs Villes voulurent à l'envi, s'approprier l'honneur de l'avoir vû naître. Seville,

Seville, Esquivias bourg près de Tolede, Lucena, Madrid, prétendent que Cervantes nâquit chez elles, & toutes allèguent quelque raison.

Ceux qui attribuent cet honneur à Seville, rapportent comme une autorité hors de doute, ce que Cervantes dit dans la Préface de ses Comédies, qu'étant encore enfant, il avoit vû joüer sur le Théatre de Seville, un fameux Acteur nommé Lope de Rueda; ils ajoûtent, qu'il étoit Gentilhomme, & que les noms de Cervantes, & de Saavedra, subsistent encore dans quelques familles de Seville. La prémiére conjecture n'a que très peu de poids, parce que nous ignorons si Cervantes n'a pas quitté sa patrie, dès son bas âge, pour se transplanter à Seville. Quant à la seconde, on doit d'autant moins l'admettre, que Cervantes dans tous ses Ouvrages, ne parle pas un mot de sa prétenduë noblesse, ce qu'il n'auroit pas manqué de faire, tant pour rabattre les reproches méprisans de ses envieux, que pour exciter la générosité, & la pitié de ses Protecteurs, & du Roi d'Espagne même. Les Auteurs qui passent pour les plus modestes, & les moins sensibles à l'amour propre, n'ont jamais pû taire tout à fait les avantages, que leur pouvoit donner l'éclat

d'une

d'une naissance illustre. Si le but que nous nous sommes proposé ne nous le deffendoit pas, que d'exemples anciens, & modernes, n'offririons nous pas aux yeux des Lecteurs! Enfin, si Cervantes s'étoit cru Gentilhomme, il ne seroit pas entré pour Valet de Chambre du Cardinal Aquaviva; il ne se seroit pas dit simple Soldat, il auroit au moins ajoûté l'épithete de Volontaire, ou quelque chose d'équivalent, qui auroit réhaussé cette mince qualité; de plus, ses Parens ne l'auroient point perdu de vuë, du moins après sa mort, dès que ses Ouvrages lui auroient eu aquis le degré éminent de réputation où il est parvenu; & se seroient fait un mérite solide de le reconnoitre pour un grand homme, sorti de leur famille.

Don Thomas Tamayo de Vargas, & les autres qui suivent son opinion, ne sont pas mieux fondés en se déclarant pour Esquivias, dont Cervantes n'a parlé, qu'en disant que ce bourg est renommé par plusieurs raisons, entr'autres pour la noblesse distinguée qu'il renferme, & pour ses excellens vins. Ce leger & vague témoignage ne prouve rien, ou tout au plus il nous donne à penser que

Cervan-

Cervantes y avoit connu quelques Gentilshommes, qui, peut-être, l'avoient régalé, & lui avoient fait goûter de leurs vins, qu'il avoit trouvé exquis. Nul rapport en ceci avec sa naissance.

Les habitans de Lucena, se servent de la tradition qui court parmi eux, pour prouver que Cervantes étoit un de leur Compatriote. Peut être ce fameux Auteur y avoit-il demeuré dans sa jeunesse : C'est tout ce qu'on peut inférer de cette tradition, qui n'est appuiée que sur des ouï dire, & qui par conséquent ne signifie rien de positif.

Don Gregorio Mayans y Siscar, dans la Vie qu'il a composée de Michel de Cervantes, prétend prouver, que cet Auteur étoit né à Madrid. Il allegue ces paroles de Cervantes, qui se trouvent dans le prémier Chapitre de son voyage du Parnasse.

„ Je dis adieu à mon humble Cabane.
„ Adieu Madrid, Adieu Prado, & vous
„ Fontaines qui faites couler du Nectar,
„ & pleuvoir de l'Ambroisie. Adieu con-
„ versations capables d'adoucir les ennuis
„ d'un cœur plein de soucis, & de mille pré-
„ tendans qui échouent faute de protec-
„ tion : Adieu séjour agréable, & trom-
„ peur, où deux Géans furent embrasés

„ par la foudre de Jupiter en fureur. A-
„ dieu Théatres publics, rendus célèbres
„ par l'ignorance que je vois exaltée par la
„ déclamation de cent mille impertinences.
„ Adieu, grande promenade de S. Philip-
„ pe, où le Chien de Turc est abaissé ou
„ relevé selon qu'on le lit dans les Gazet-
„ tes de Venise. Adieu ingénieuse fami-
„ ne de certain Gentilhomme, pour ne
„ pas mourir devant sa porte. Je sors
„ de ma Patrie, & hors de moi-même.

Ces adieux sont à la vérité une preuve autentique du séjour de Cervantes dans
Madrid ; de la misere qu'il y avoit souf-
ferte ; de l'amour qu'il avoit pour elle, &
pour ses environs ; du regret qu'il avoit
de la quiter, mais rien de plus. Sa Patrie peut ici s'entendre fort bien de toute l'Espagne, comme l'a remarqué Nicolas
Antonio, contre Don Thomas Tamayo de
Vargas, & ses Sectateurs. On peut croire que Cervantes partant pour son voyage du Parnasse, après avoir dit en particulier adieu à son cher Madrid, l'a voulu dire ensuite à toute l'Espagne en général. Il n'étoit pas nécessaire, quoi qu'en
dise Mayans, que Cervantes attendit qu'il
fût arrivé à Cartagène, où il devoit s'embarquer, pour faire avec Mercure le voyage du Parnasse, pour dire adieu à sa Patrie

trie en général qui étoit l'Espagne; un François sortant de Paris pour passer les Mers, peut dire fort pertinemment, en sortant de cette Ville, adieu Paris, adieu France, surtout s'il prend congé de ses amis, ou de ses ennemis, qui demeurent à Paris. La suscription de la lettre badine d'Apollon, adressée à Cervantes, ne fait pas plus de foi. „A Michel de Cer„vantes Saavedra, dans la ruë des Jardins, „vis-à-vis l'hôtel du Prince de Maroc, à „Madrid." Cela ne prouve que son séjour dans cette Capitale.

Il n'en est pas de même du tems de sa naissance. On en découvre l'Epoque fixe, à quelques jours près. Dans la Préface de ses Nouvelles, dattée du quatorziéme Juillet mille six cens treize, il dit, qu'il ne lui convient point de batiner avec la vie à venir dans la cinquante cinquiéme année, comptant encore neuf de plus, & la main par dessus, ce qui signifie soixante quatre ans, & quelques jours. Donc Cervantes est né l'an mille cinq cens quarante neuf, dans les mois de Juin, ou de Juillet; cela est clair.

Les Ouvrages qui nous restent de Cervantes nous démontrent, que cet Auteur s'étoit fort adonné à la Lecture dès ses premières années. Dans son examen de la la Bibliotèque de Don Quichotte, dans sa Critique des Poëtes, dans son Voyage du Parnasse, comme dans presque tous ses autres Ouvrages, on connoit aisément, qu'il étoit versé dans les belles Lettres, & qu'il avoit étudié les Poëtes Espagnols & Italiens; on peut juger de son application, puisqu'il rapporte qu'il étoit extrèmement curieux de ramasser, jusqu'aux moindres morceaux de papier qu'il rencontroit dans les ruës.

Cependant, il ne paroît pas que son gout & son application lui ait procuré quelque faveur, ou quelque protection. On prétend néanmoins qu'il fut Secretaire du Duc d'Albe, en Flandre, & que s'étant retiré ensuite à Madrid, il y fut traité par le prémier Ministre de Philippe III. le Duc de Lerme qui n'aimoit, ni les Lettres, ni les Savans, avec tant de froideur, que las de faire une triste figure à la Cour, il se vit obligé de passer à Rome, où, selon quelques-uns, il se mit Valet de Chambre du Cardinal Aquaviva. Ennuyé sans doute, & rebuté d'un service si vil, & si mortifiant, pour un homme qui a un peu de sentiment, il ne put s'accoutumer à faire le triste mêtier de Domestique, & à aquerir la bienveillance & les bienfaits

de

de son Maître, par les froids lieux comuns de la flaterie, dont se repaissent les Grands, & qui font ordinairement la fortune de ceux qui leurs sont attachés, ou qui les approchent. Il crut trouver dans le service Militaire plus d'honneur, plus de liberté, quoique moins d'espérance; il se mit sous les Drapeaux de l'Illustre Marc-Antoine Colonne.

A l'âge de vingt-deux ans, il se trouva à la fameuse bâtaille de Lépante, gagnée sur les Infidelles, par le célébre Don Jean d'Autriche. Il se glorifie d'y avoir combattu en brave homme, ce qui lui a fait dire dans son voyage du Parnasse, qu'animé par la gloire Militaire, par son propre courage, & enflamé par un noble couroux, il contribua, tout simple Soldat qu'il étoit, à la victoire de ce grand Prince. Il y perdit la main gauche d'un coup d'Arquebuse, ou du moins l'usage de cette main, comme il le dit lui-même en plusieurs endroits.

Il est certain qu'il a été Esclave cinq ans & demi, pendant lesquels il apprit, dit-il, dans la Préface de ses Nouvelles, à être patient dans l'adversité. Son Histoire de l'Esclave, a donné lieu à bien des personnes, de croire que Cervantes ne l'a composée que pour donner au Public,

une

une rélation de ce qui lui étoit arrivé dans sa captivité. Il l'aura peut-être chargée de quelque circonstance particuliére pour la déguiser; & c'est pour cela qu'il aura donné la qualité d'Enseigne & de Capitaine à cet Esclave, quoi qu'il n'eut jamais été lui-même que simple Soldat. Quoi qu'il en soit, il paroît qu'il y a bien des particularités qui le concernent, ce qui nous oblige à les rapporter ici. „ Il „ dit donc que cet Esclave étant parvenu „ au Poste d'Enseigne, dans la Compa- „ gnie d'un fameux Capitaine de Guada- „ laxara, nommé Diego de Urbina, & „ qu'ensuite étant devenu Capitaine d'In- „ fanterie, il se trouva à la Bataille Na- „ vale, à la tête de sa Compagnie, dans la „ Galére du Général Jean Andrea, de la- „ quelle il sauta dans la Galére d'Uchali Roi „ d'Alger, qui, s'éloignant de la Galére „ Chrètienne qui l'avoit attaquée, empê- „ cha le Capitaine d'être suivi de ses Sol- „ dats; se trouvant ainsi seul au milieu des „ ennemis blessés, & hors de combat, & l'u- „ nique Captif, au milieu de tant de Chré- „ tiens victorieux. Il ajoûte qu'après la „ mort d'Uchali, surnommé Fartax, qui „ signifie Renégat, il retomba sous le pou- „ voir d'Azanaga Roi d'Alger, qui le te- „ noit enfermé dans une prison, que les
„ Turcs

„ Turcs appellent Bannos, où ils ont coûtu-
„ me de renfermer les Esclaves Chrétiens.
Ce Capitaine Esclave racontant les cruautés d'Azanaga, s'explique ainsi. „ Il
„ ne se passoit point de jour qu'il n'en
„ fit pendre ou empaler quelqu'un, & le
„ moindre supplice étoit de leur faire cou-
„ per les oreilles; & cela pour si peu de
„ chose, que les Turcs mêmes jugeoient
„ bien qu'il ne le faisoit que pour le seul
„ plaisir de le faire, étant né sanguinai-
„ re & cruel. Un seul Soldat Espagnol
„ nommé Saavedra, trouva le moyen d'a-
„ doucir cette humeur barbare, & quoi
„ qu'il eut tenté toutes choses imagina-
„ bles pour se sauver, jusqu'à en faire de si
„ prodigieuses, que les Turcs en parlent in-
„ cessamment, jamais il ne le fit batre, ni
„ ne lui en dit la moindre parole. Pour
„ nous, nous étions dans des frayeurs con-
„ tinuelles qu'il ne le fit empaler, & il
„ le craignit plus d'une fois lui-même. Si
„ je n'apréhendois d'être trop long, je
„ vous raconterois quelques tours de ce
„ Saavedra, je suis assuré qu'ils vous di-
„ vertiroient; mais il est tems de repren-
„ dre mon Histoire, &c.

La maniére dont il s'y prit pour se
retirer d'un si dur Esclavage, ne nous est
aucunement connuë. On sait seulement
qu'il

qu'il retourna en Espagne, où il s'adonna d'abord à composer des Comédies, qui furent fort applaudies. Le tour en parût nouveau, & les décorations bien entendues. Les coutumes d'Alger, la Numance & la Bataille Navale, furent celles qui réussirent le mieux. Cervantes avoit traité le premier & le dernier de ces sujets, comme témoin occulaire. Ces Piéces n'étoient pas ses prémiéres productions d'esprit. Il étoit regardé comme un des meilleurs Poëtes de son tems, avant son esclavage. Son ami Louïs Galvez de Montalvo, en rend témoignage, dans un Sonet qu'il mit à la tête de la Galatée. „ Tandis, dit-il, que tu fus dans les fers, & que tu portas le joug des Sarrazins, ton ame attachée au joug de la Foi, fut d'autant plus inebranlable, qu'elle essuyoit les plus rigoureux traitemens. Le Ciel se réjouïssoit, tandis que la terre, comme dans le Veuvage, & le Palais de nos Muses, s'étoient abandonnés à la tristesse, aux plaintes & à la solitude. Mais dès que tu as rendu à ton Pays, ton ame pure, & ton cou affranchi de la violence des Barbares, le Ciel a manifesté ce que tu vaux, le monde s'est réjouï de ton heureux re-

,, retour, & l'Espagne a recouvré ses
,, Muses perduës.

Vincent Espinel, jugea Cervantes, digne d'être mis dans son Palais de mémoire. Il se plaignit de l'esclavage infortuné de son ami, & célébra ainsi les graces de son génie, dans un huitain. ,, Le ,, destin avare & inexorable, dit-il, en ,, vain le traita avec sa rigueur insolente; ,, le jetta en vain, en mer sans défense, ,, au milieu d'une Troupe perfide de Mores, il n'a pû empêcher, Cervantes, ,, que ton rare génie inspiré par Minerve, ,, ne se fit voir au plus haut degré, & ,, n'y donnât des marques d'une lumière ,, divine ".

Cervantes en 1584. ayant environ trente-cinq ans, donna au Public, six Livres de sa Galatée. On croit que c'est le prémier Ouvrage qu'il fit imprimer. Il le dédia à Ascagne Colonne, alors Abbé de Ste. Sophie, & depuis Cardinal Prêtre du titre de Sainte Croix, en Jerusalem. Don Loüis de Vargas Maurique, fit, à la loüange de notre Auteur, un Sonnet, qui renferme une description magnifique de la Galatée. On remarque la pénétration, l'imagination, la fécondité, l'habileté à déveloper les nœuds d'une intrigue, le caractére des Personnages, qui brillent

dans

dans ce Roman. La maniére & les expreſſions dont Cervantes ſe ſert, en parlant de l'Amour qui n'inſpire que des ſentimens honnêtes, ne meritent pas moins de loüanges. Il apréhenda cependant qu'on ne le taxât d'avoir fait parler ſes Perſonnages, d'un ſtile un peu trop relevé; il voulut s'en juſtifier. „ Je n'i-
„ gnore pas, dit-il, qu'on blâme ceux qui
„ donnent trop d'élevation au ſtile des
„ Paſtorales; le Prince de la Poëſie lati-
„ ne vit quelques-unes de ſes Eglogues cri-
„ tiquées, pour être d'une élévation ſu-
„ perieure aux autres. Cela fait que je
„ ne crains pas beaucoup qu'on me blâ-
„ me, d'avoir mêlé des raiſonnemens
„ Philoſophiques, dans la converſation
„ de quelques Bergeres amoureuſes, qui s'é-
„ levent rarement au-deſſus des choſes
„ champêtres, & qui s'expliquent d'une ma-
„ niére ſimple & unie; mais ſi l'on prend la
„ peine de lever le Maſque à mes Bergers,
„ qui ne le ſont que par l'habit, l'objection
„ perd toute ſa force. " Cervantes auroit mieux fait de tâcher de juſtifier le trop grand nombre d'Epiſodes, qui, malgré un enchaînement, qui, à force d'art, paroît naturel, confondent les idées des Lecteurs. Il ne publia point la ſuite de la Galatée, quoi qu'il l'eut promiſe pluſieurs fois.

Il y avoit déja quelque tems, que les

Romans, remplis de contes forgés à plaisir, dans lesquels on racontoit les prouesses & les faits merveilleux de certains prétendus Chevaliers, infectoient l'Europe. Ces Livres faisoient entreprendre & executer mille folies, à ceux dont les esprits étoient amolis & corrompus par leur lecture. Ils les excitoient à des actions barbares & ridicules, sous prétexte de défendre, ou de venger l'honneur des Dames, qu'ils prenoient sous leur protection. Les Peuples du Nord, en se répandant dans l'Europe, en avoient chassé le bon goût & la vérité, qui avoit fait place à l'ignorance, à la barbarie & au faux raisonnement. Lopez de Véga nous apprend, qu'il n'y avoit pas de Nations plus attachées à la lecture de ces sortes de Livres, qu'ils appelloient de Chevalerie, que les Espagnols. Ils étoient fort ingenieux dans leur composition. On vit éclore en Espagne, un nombre infini d'Esplandians, de Chevaliers du Soleil, de Palmerius, de Lisuarts, de Floribels, de Pharamonds & d'Amadis. Faute d'Histoires véritables, qui exigeoient trop de soins, de recherches, de compilations & de jugement, dans un Siécle où les Arts liberaux n'étoient presque connus que par leurs noms; les esprits suivant les maximes du tems, pleins de fausses idées, produisirent des Histoires conformes à l'humeur de ceux qui avoient asservi leurs Corps. La fiction soutenue par le merveilleux, frappa l'imagination des Lecteurs, & après l'avoir séduite, corrompit leurs cœurs. Les personnes auxquelles il restoit un peu de jugement, & de probité, s'apperçurent bien du desordre pernicieux, qui resultoit d'une pareille Lecture. Les plaintes, les remontrances, les invectives mêmes, des personnes les plus éclairées, ne purent venir à bout de déraciner un si grand mal. Cet honneur étoit reservé à Michel de Cervantes.

Pour faire perdre l'autorité & le credit, que ces Livres de Chevallerie avoient usurpés dans le monde, & sur l'esprit du menu-Peuple, il se mit en tête d'écrire contr'eux, une invective fine & bien colorée, en publiant l'Histoire de Don Quichotte de la Manche. Il ne falloit pas moins pour réussir, qu'une heureuse invention, un arrangement bien concerté, & un stile proportionné au sujet. Pour viser à l'utile, il étoit nécessaire de mettre en œuvre l'agréable, de flater l'oreille, de charmer l'esprit, de toucher le cœur, & d'introduire adroitement dans toutes ces
par-

parties de l'homme, des sentimens naturels, capables d'en chasser ceux que le mensonge & le mauvais gout y avoient substitués. Cervantes ne s'écarta point de ces regles.

Il est bon de savoir ce qui l'a déterminé à prendre son Héros dans la Manche, plûtôt que dans les autres Provinces d'Espagne. Y ayant été envoyé avec une Commission, les habitans du Toboso, lui firent un Procès à ce sujet, & le maltraitérent jusqu'à le mettre en prison. Ce fut dans cette prison même, que l'idée de son Don Quichotte lui vint dans l'esprit; il voulut par une espece de vengeance Satirique, que son Héros fut de la Manche, & son Héroïne, Madame Dulcinée du Toboso. „Que pouvoit pro-
„duire, déclare-t-il dans sa Préface de
„Don Quichotte, mon esprit sterile &
„sans culture, sinon l'Histoire d'un fils sec
„& maigre, endurci à la fatigue, fan-
„tasque & plein d'idées extravagantes qui
„n'avoient jamais été imaginées? Ce
„fils ne pouvoit pas avoir un autre ca-
„ractére, ayant été engendré en Prison,
„demeure de toutes sortes d'incommodi-
„tés, & séjour du bruit le plus triste & le
„plus mélancolique."

† †   Pour

Pour rendre son Histoire plus vraisemblable & plus merveilleuse, il feignit qu'un Historien Arabe, nommé Cidi Hamet Benengeli, étoit l'Auteur de cet Ouvrage, & qu'étant né dans la Manche, il étoit bien au fait de ce qui regardoit Don Quichotte. Il va chercher un More pour Traducteur de l'Arabe. Ce More se fait un point de conscience, de suprimer ce qui lui paroît même Apocryphe. Belle leçon pour ceux qui traduisent, compilent, ou abrégent les Ouvrages des autres. Elle leur enseigne qu'on doit donner, ou citer les Originaux, tels qu'ils sont, & ne pas même vouloir les rendre plus beaux, ou plus interessans. Nous voyons souvent qu'en voulant repolir l'Ouvrage d'un Auteur, en y mettant du sien, le Traducteur ou l'Abréviateur, le rend ridicule, & l'estropie. La continuation de cette Histoire se trouve par un pur hazard. Cervantes l'achète d'un jeune garçon, qui vendoit des vieux papiers dans les ruës de Tolede.

La disposition de ce Roman, répond parfaitement à son admirable invention, les caractères conviennent precisément aux personnages qu'il y introduit, & le stile manié selon l'état & les circonstances de
ceux

ceux qu'il fait parler, peut servir encore aujourd'hui de modele.

Le prémier Tome de Don Quichotte fut imprimé à Madrid, chez Juan de la Cuesta, en 1605. In quarto. Cervantes le dédia au Duc de Bejar, de la protection duquel notre Auteur se felicite, dans des Vers qu'il a placé à la tête de son Livre. On peut juger de cette protection comme de toutes ces protections ordinaires, que les Grands accordent encore aujourd'hui aux Savans. Protections vagues, chimeriques, infructueuses pour ceux auxquels elles sont accordées, honorables pour ceux qui les accordent. Cervantes n'en a pas paru mieux à son aise, après la publication de cette Dédicace.

A peine ce premier Tome eut-il paru, qu'il s'en débita un nombre infini d'Exemplaires. Lisbonne, Barcelone, Valence, Anvers même, virent leurs Presses fatiguées, & les Boutiques de leurs Libraires, remplies des Avantures du fameux Chevalier de la Manche; toute l'Europe retentissoit de ses vaillans exploits, du mérite & des charmes de Madame Dulcinée du Toboso, & des naïves plaisanteries, sorties de la bouche de Sancho Pança. Cervantes nous apprend lui-même, que tout cheval

mai-

maigre qui passoit par les rues, aquerroit d'abord le nom de Rossinante.

Les ennemis de Cervantes portoient de ses Ouvrages, des jugemens bien differens que le Public. Ils ne mettoient, ni frein ni bride à leurs médisances, & à leur mauvaise volonté. Ces injustes censures, publiques ou secretes, ne manquoient pas, d'être rélevées. Celui qui lui envoya un Sonet insipide, qui couta dix sols de port à l'Auteur, le Moine dont celui-ci parle avec tant de mépris dans son second Tome, ne lui échapérent pas, & il s'en vengea en homme d'esprit.

Mais ce qui causa à Cervantes une douleur aussi vive que réelle, fut la Continuation de son Histoire, qui parut à Taragone, chez Philippe Robert, sous ce titre. ,, Second Tome de l'admirable Don ,, Quichotte de la Manche, contenant sa ,, troisiéme sortie, & la cinquiéme partie ,, de ses Avantures: composée par le Li- ,, centié Alonso Fernandez de Avellaneda, ,, natif de la Ville de Tordesillas: Dedié ,, au Maire, aux Consuls & à la Noblesse ,, de l'illustre Ville d'Argamesilla, heureu- ,, se Patrie de Don Quichotte de la Man- ,, che: Avec permission In octavo ".

Le nom de cet Auteur est supposé, aussi-bien que sa Patrie; Cervantes dans
les

les invectives redoublées en plusieurs endroits, qu'il lui adresse, nous assure que son Antagoniste étoit Arragonois. Voyons comment il le traite. ,, Quoique les of-
,, fenses, dit Cervantes, allument la co-
,, lére dans les cœurs les plus timides,
,, le mien sera une exception à cette re-
,, gle. Tu voudrois Lecteur, que je trai-
,, tasse cet Arragonois, d'asne, d'insensé,
,, de témeraire, je n'en ai pas seulement
,, la pensée. Je l'abandonne à ses re-
,, mords, & qu'il s'aille promener.....
,, Il me semble que je me tiens fort à l'é-
,, troit, & que je me renferme dans les
,, bornes de ma modestie, sachant qu'il
,, ne faut point ajouter, l'affliction à l'af-
,, fligé. Le déplaisir que doit avoir ce
,, Seigneur, est sans doute assez grand,
,, puisqu'il n'ose se montrer à découvert
,, & au grand jour, travestissant son nom,
,, & celui de sa Patrie, comme s'il avoit
,, commis un crime de leze-Majesté ".

Sans entrer dans un plus long détail de ce second Tome, bâtard de l'Histoire de Don Quichotte, nous nous contenterons de faire remarquer au Lecteur, que cet Arragonois, ou tel qu'il soit, n'avoit ni le genie, ni la grace, ni la conduite qu'exigeoit de lui la hardiesse qu'il avoit prise, en continuant un pareil

†† 3   Ou-

Ouvrage: La preuve la plus convainquante de ce que nous avançons, est, que personne depuis plus de cent vingt ans, ne l'a encore estimé. Mr. le Sage, à la vérité, en a donné une Traduction, en 1704. mais, quoiqu'il ait changé l'ordre de l'Histoire, qu'il y ait retranché & ajouté, & qu'il l'ait mis en état de paroître, jamais on ne l'a regardé aussi favorablement qu'on a consideré celle de Cervantes.

Le second Tome de Don Quichotte, ne parut qu'en 1616. dedié au Comte de Lemos. L'Epitre dédicatoire, est du dernier Octobre 1615. Malgré la briéveté que je me suis proposée, je crois être obligé de rapporter l'approbation singuliére du Licentié Morguez Torres, imprimée à la tête de cette continuation: Elle renferme un trait singulier.

„ Ceux de notre Nation, dit cet Ap-
„ probateur, aussi-bien que les Etrangers,
„ ont pensé bien differemment des écrits
„ de Michel de Cervantes. Ils souhaitent
„ avec un merveilleux empressement, de
„ voir l'Auteur de ces Livres, qui ont
„ été si bien reçûs, en Espagne, en Fran-
„ ce, en Italie, en Allemagne & en Flan-
„ dre, tant pour la douceur du stile,
„ que pour le choix & la bienséance des
„ Carac-

„ Caractères. Je certifie avec vérité,
„ que le vingt-cinq de Février de cette
„ année mil six cens quinze, l'Illustriffi-
„ me Don Bernardo de Sandoval y Ro-
„ xas, Cardinal Archevêque de Tolede
„ mon Patron, étant allé rendre la visite
„ qu'il avoit reçûe de l'Ambaffadeur de
„ France, vint à parler des mariages
„ & des alliances, entre les deux Cou-
„ ronnes. Plufieurs Gentilshommes Fran-
„ çois, de la fuite de l'Ambaffadeur, auffi
„ polis que Savans & curieux, lorfque
„ j'étois avec les Aumoniers du Cardinal,
„ s'approchérent de nous, pour s'infor-
„ mer quels étoient les ouvrages d'efprit
„ les plus eftimés alors. Le hazard fit
„ que j'examinois celui-ci; (Don Qui-
„ chotte) à peine eurent-ils entendu le
„ nom de Michel de Cervantes, qu'ils
„ commencérent à difcourir, exagérant
„ l'eftime qu'on faifoit de fes Ouvrages,
„ tant en France que dans les Païs voi-
„ fins, la Galatée qu'un d'entr'eux fait
„ quafi par cœur, la premiére partie de
„ Don Quichotte, & les Nouvelles. Les
„ loüanges qu'ils répandoient à pleines
„ mains, firent que j'offris de leur faire
„ voir l'Auteur de ces Ouvrages, ce qu'ils
„ acceptérent avec le plus grand empref-
„ fement

„ sement du monde, Je fus obligé de
„ dire, répondant à ce qu'ils souhaitoient
„ de savoir sur son sujet, qu'il étoit vieux,
„ simple Soldat, Gentilhomme & pauvre.
„ A quoi l'un d'eux fit cette replique :
„ Comment l'Espagne peut-elle ne pas
„ mettre un tel homme dans l'abondan-
„ ce, aux dépens du public ? Un de ces
„ Messieurs dit alors fort spirituellement :
„ Si la nécessité l'oblige à écrire, il est à
„ souhaiter qu'il ne soit jamais dans l'a-
„ bondance, afin qu'il enrichisse le mon-
„ de de ses Ouvrages. Je crois m'être
„ un peu trop étendu dans une simple Ap-
„ probation ; on m'accusera peut-être d'a-
„ voir été jusqu'aux limites de l'adula-
„ tion ; mais la vérité de ce que je viens
„ de dire, doit prévenir un pareil soup-
„ çon dans l'esprit des plus severes Criti-
„ ques. Au siécle où nous sommes, on
„ ne prodigue gueres les éloges, où il n'y
„ a rien à gagner pour le Flateur, qui
„ n'ayant dit que des faussetés, veut ce-
„ pendant en recevoir des recompenses
„ véritables ".

Le trait que je vais rapporter ne fait pas moins de gloire à Michel de Cervantes. Philippe III. étant à un balcon de son Palais de Madrid, jetta par hazard les yeux sur un Ecolier qui lisoit sur les bords

bords de la Riviére de Mançanarez. De tems en tems ce jeune homme interrompoit sa lecture, pour se donner du plat de la main sur le front, avec des marques d'un plaisir singulier, & des mouvemens de corps, qui marquoient sa joye. Le Roi dit alors: „ Il faut que cet „ Ecolier soit hors de son bon sens, ou „ qu'il lise l'Histoire de Don Quichotte ". On sut d'abord que cela étoit vrai; les Courtisans sont fort alertes, pour avoir les gands de pareilles nouvelles. Aucun d'eux néanmoins ne profita de la réflexion du Monarque, pour solliciter une médiocre pension pour l'Auteur, qui en avoit un extrême besoin. Ces preuves de l'estime qu'on faisoit des Ouvrages de Cervantes, dès son vivant, ont bien été fortifiées par le grand nombre de Traductions qu'on en a faites, dans presque toutes les langues vivantes, comme il l'avoit prédit. Il est tems de parler plus au long, des Nouvelles de nôtre Auteur, puisqu'elles ont donné lieu à cet Abregé de sa Vie.

Tandis que Cervantes travailloit à la continuation de son Histoire de Don Quichotte, il se délassoit à écrire ses Nouvelles, qui furent imprimées à Madrid, chez Jean de la Cuesta, en 1613. Inquarto,

& dediées au Comte de Lemos. Ces Nouvelles sont au nombre de douze, dont voici les Titres: L'Egyptienne: L'Amant Liberal: Rinconnet & Cortadille: L'Espagnole Angloise: Le Licentié Vidriera ou de Verre: La Force du Sang: Le Jaloux d'Estramadoure: L'Illustre Servante de Cuisine: Les deux Amantes: La Dame Cornelie: Le mariage Trompeur: Les deux Chiens, Scipion & Bergance. On a détaché ensuite celle du Curieux Impertinent de l'Histoire de Don Quichotte, comme une Piéce isolée, & parfaite en elle-même. Rinconnet & Cortadille, avoit été composé quelques années avant l'impression. Je ne sai qui est le Traducteur qui a fouré parmi ces Nouvelles, celle de Ruysdiaz, qui n'a ni les graces, ni le tour de celles de Cervantes. On l'a supprimée comme Apocryphe, dans cette Edition. On doit regarder comme Apologue, la Nouvelle des deux Chiens, où Cervantes a feint un Dialogue fort amusant, entre Scipion & Bergance, Chiens de l'Hôpital de la Résurection à Valladolid. L'Histoire de l'Eclave, au contraire, peut être considerée comme une Relation véritable. Celle-ci rapporte à peu de circonstances près, tout ce qui est arrivé à Cervantes, durant sa captivité.

La

La précédente est une invective, contre les abus qui s'étoient glissés de son tems, dans les Emplois & dans toutes les Professions. L'Egygtienne est une censure des Egyptiens Vagabonds: Rinconnet & Cortadille, une representation Satirique de la vie des Filoux; & le Licentié Vidriera, une déclamation contre tous les vices. Enfin il n'y a aucune de ces Nouvelles qui ne soit digne de l'Epithete d'*Exemplaire* que leur Auteur leur a donnée.

Cervantes se flate d'avoir été le premier, qui ait écrit en ce genre en Espagne. Quand cet avantage lui seroit contesté, du moins ne lui refuseroit-on pas l'honneur d'avoir composé dans ce Royaume, les meilleurs qui y ayent paru, soit pour la richesse de l'invention & de l'œconomie, soit pour la beauté & la diversité du stile, soit enfin pour la morale qui y est renfermée.

Son Voyage du Parnasse parut une année après ses Nouvelles, chez la veuve d'Alonso Martin. Ce Livre est plus ingenieux qu'agréable, & a attiré à son Auteur, plus de dégouts que de profit. Il lui a fait faire des plaintes qui n'ont point été écoutées.

Nous n'avons pas la Liste de toutes les Comedies de Cervantes, parce qu'outre qu'elles n'ont pas été toutes imprimées, sa situation misérable lui en a fait vendre plusieurs, pour ainsi dire en embrion. La plus grande partie de celles qui sont venues jusqu'à nôtre connoissance, sont, les Coutumes d'Alger: La Numance: La grande Turque: La Bataille Navale: La Jerusalem: L'Amarante: Le Bois Amoureux: l'Unique & la Gentille Ausinde. Ces Piéces avoient paru avant 1615. Dans cette année il publia huit Comedies & autant de Farces ou petites Comedies qui n'avoient point encore été représentées. Voici le nom des huit Comédies: Le Gaillard Espagnol: La Maison de la Jalouse: Les Bains d'Alger: Le Rufien heureux: La Grande Sultanne: Le Labyrinthe d'Amour: La Femme entretenuë: Pierre de Urdemalas: Les huit petites Piéces se nommoient, le Juge des Divorces: Le Rufien veuf: L'Election des Consuls d'Aganza: La Garde Soigneuse: Le Feint Biscayen: Le Tableau des Merveilles: La Caverne de Salamanque & le Vieillard Jaloux.

 Les Comédies de Cervantes comparées avec celles des Auteurs qui l'avoient précédé, ont toujours paru meilleures. Il n'en est pas à la verité de même de celles qui ont été faites après lui, parce que le

goût

goût du Public s'étant rafiné infiniment; les Poëtes aufli bien que les Acteurs, & les Machiniftes, se sont efforcés de surpasser leurs Prédécesseurs pour le contenter. „ Avant moi, dit Cervantes, tout
„ l'Equipage d'une troupe de Comédiens
„ pouvoit se mettre dans un Sac. Le
„ tout confiftoit en quatre petites Planches, garnies de cuir doré, en quatre
„ barbes, quatre faufles chevelures, &
„ quatre ou cinq houlettes.... On ne
„ connoissoit ni Machines ni Combats. Le
„ Théatre étoit composé de quatre ou six
„ planches, élevées de quatre pieds sur
„ le Rez de Chauffée. La décoration du
„ Théatre étoit une vieille couverture
„ tirée avec deux cordons des deux côtés,
„ derriére laquelle étoient placés les Muficiens...... J'ai réduit les Comédies à
„ trois actes de cinq qu'elles avoient. Je
„ fus le premier qui mit sur le Théatre
„ des Personnages, qui parlérent Morale & sentiment. Je composai vingt ou
„ trente Comédies, sans essuyer ni sifflets, ni cris, ni tumultes de la part
„ du Parterre. Je quittai alors la Plume
„ & les Comédies.... Après plusieurs années je me mis à en compofer de nouvelles; mais je n'y trouvai plus mon
„ compte: il ne se préfenta aucun Acteur
„ qui

„ qui me les demandât, quoi qu'on sût
„ que j'en avois de toutes prêtes. Ain-
„ si je les mis au fond d'un Coffre, &
„ les condamnai à un éternel silence. Un
„ Libraire me dit, qu'il les acheteroit, si
„ un Auteur qualifié ne lui eut dit, qu'on
„ pouvoit espérer quelque chose de ma
„ prose ; mais rien de mes vers.... Je
„ les vendis cependant au Libraire, qui
„ les a fait imprimer dans l'état où je les
„ présente. Il me les paya raisonnable-
„ ment ; je pris mon argent de bon cœur,
„ sans me soucier des dits & des redits des
„ Acteurs ; je voudrois qu'elles fussent les
„ meilleures du monde, ou pour le moins
„ passables..... Pour suppléer à ce qui
„ peut manquer à mon présent, j'y ajoû-
„ te une Comédie, intitulée la Tromperie
„ des Vœux. Je m'assure qu'elle te don-
„ nera du plaisir, Dieu te donne de la
„ santé, & à moi de la patience. " On
ne peut rien de plus naturel, de plus
modeste, & de plus exemplaire, que
cette Préface de Cervantès. En conve-
nant de ses défauts sans peine, & avec
tant d'ingénuité, ne mérite-t-il pas qu'on
le croye, lors qu'il se loue d'avoir réüssi
ailleurs ? & qu'on lui passe les négligences
dont il n'a pas été exempt, non plus que
les plus fameux Auteurs.

Le

Le dernier Ouvrage de ce grand homme a pour titre: Les Travaux de Persile & de Sigismonde, qu'il avoit promis au Comte de Lemos dans la Préface de ses Nouvelles. Ouvrage parfait s'il n'étoit pas chargé de trop d'Episodes. On le préfere avec raison au Roman de Don Quichotte même, lors qu'on examine avec soin toutes les parties qui le composent, cependant Don Quichotte a toujours mieux été reçû. Il est peut-être plus difficile de connoitre les beautés du premier que de celui-ci. Les Semaines du Jardin qu'il avoit promises ne sont pas venues jusqu'à nous. Cervantes ne jouit pas du plaisir de voir ses Travaux de Persile imprimés; ils ne le furent qu'après sa mort. Le 24. de Septembre 1616. on accorda la permission de les faire mettre sous la Presse à Catherine de Salazar veuve de Michel de Cervantes à St. Laurens le Royal, c'est-à-dire, à l'Escurial. Ils parurent sous ce titre: Travaux de Persile & de Sigismonde, Histoire Septentrionale par Michel de Cervantes Saavedra. A Madrid par Jean de la Cuesta 1617. in quarto. On voit, par la permission ci-dessus rapportée, que Cervantes étoit marié, & le nom de sa femme, du moins de celle qu'il laissa veuve en

mou-

mourant. S'il avoit eu des Enfans, il n'auroit pas manqué d'en parler dans quelques endroits, surtout, lors qu'il mandie, pour ainsi dire, la protection & les bienfaits des Grands, effet de la malheureuse situation où il s'est trouvé presque tout le tems de sa vie, comme ses Ouvrages en font foi.

Avant de rapporter les circonstances de la mort de notre Auteur, je ne puis m'empêcher de me plaindre de la conduite que ses Traducteurs ou Abréviateurs ont tenuë à son égard, surtout de celles de Mr. de St. Martin, qui a traduit en François son Don Quichotte, & des Traducteurs de ses Nouvelles. Tous se sont plains, que ce qu'ils ont retranché n'étoit nullement du goût de notre Nation, & qu'il n'étoit pas possible de lui donner le tour qu'on avoit donné au reste de la Traduction : Fausse & pitoyable excuse. Les Mânes de ces Messieurs souffriront qu'on en appelle au jugement du Public par rapport aux Nouvelles qu'on lui donne maintenant traduites pour la prémière fois en François. Il n'y a aucune piéce de litterature, en telle langue quelle ait été composée, qui ne puisse se traduire en toute autre Langue, & qui ne porte à peu près dans la traduction, les mêmes graces qui
brillent

brillent dans l'original; excepté dans les phrases qui dépendent absolument des Equivoques propres à la langue Originale, ce qui arrive si rarement, qu'un Traducteur ne doit pas se rebuter pour quelques phrases de cette nature, puis qu'alors il lui est très permis de les laisser à part. Mais de quel droit Mr. de St. Martin se croyoit-il autorisé, lors qu'il a refusé de traduire une infinité de Morceaux très beaux, & même très essentiels, de l'Histoire de Don Quichotte? Lui peut-on pardonner d'avoir frustré le Public François du dernier Chapitre de cette Histoire, pour avoir lieu d'en faire une continuation à sa guise, malgré la précaution que Cervantes avoit eûe de faire mourir, & enterrer son Héros dans toutes les règles, & de prévenir par cette mort bien concertée, les continuations sans fin de ses avantures. N'est-ce pas là se moquer & de l'Auteur & des Lecteurs? Cette manœuvre vient du fond d'un esprit présomptueux, qui après avoir lû & relû un Auteur, s'imagine avoir des talens supérieurs, capables d'exécuter quelque chose de mieux que son Original. On doit les renvoyer au fameux proverbe, *Ne sus Minervam.*

Enfin, la dernière heure de Cervantes s'ap-

s'approcha. Une hydropisie formée devoit lui faire payer la dette, que tout mortel contracte en naissant. Cette maladie quoi qu'inexorable, ne laissa pas que de le respecter. Elle lui donna la triste consolation de se connoître jusqu'aux portes du trépas. La meilleure relation que nous puissions donner de ses derniers momens, est celle qu'il en a écrit lui-même. Il s'adresse à ses Lecteurs futurs en ces termes. „ Il arriva, mon cher Lecteur,
„ que deux de mes amis & moi, venant
„ d'Esquivias (lieu fameux pour mille rai-
„ sons, surtout pour la quantité de la
„ noblesse qui y fait sa résidence, & pour
„ les vins exquis, qui croissent dans les en-
„ virons,) je m'apperçus qu'il venoit
„ derrière nous un homme qui piquoit sa
„ monture, comme s'il se fut hâté de nous
„ joindre: il le fit juger, lors qu'il cria
„ que nous ne piquassions pas si fort.
„ Nous l'attendîmes, & il nous joignit
„ monté sur sa bourique. C'étoit un E-
„ tudiant Minime, car il étoit vêtu de
„ pied en cap de cette couleur. Il avoit
„ des guêtres & des souliers ronds; l'E-
„ pée, le bout du fourreau, & le colet bru-
„ nis:... Il nous dit en nous abordant,
„ allez-vous, Messieurs, à la Cour pour
„ y solliciter quelque Office, ou quelque
„ béné-

„ bénéfice? Vous y trouverez l'Archevê-
„ que de Tolede auffi bien que le Roi.
„ Vous allez bien vite, ma bourique ne
„ peut vous fuivre qu'avec peine. Un de
„ mes compagnons de voyage lui répon-
„ dit: C'eſt la faute du Cheval de Mr.
„ Cervantes qui a un trop grand pas. A
„ peine l'Etudiant eut ouï le nom de Cer-
„ vantes, que defcendant de fa monture,
„ le couffin tombant d'un côté, & le Por-
„ te manteau de l'autre, il vint à moi,
„ & s'écria, en me faififfant de la main
„ gauche, ah ah! voici le Manchot à qui
„ il ne manque rien, le fameux, l'agréa-
„ ble Ecrivain, & en un mot le plaifir
„ des Mufes. Je répondis à ces Eloges,
„ avec une civilité réciproque, je lui fau-
„ tai au cou, & après bien des compli-
„ mens, je lui dis de remonter fur fa Bou-
„ rique, & qu'en chemin nous nous en-
„ tretiendrions tranquilement. L'Etudi-
„ ant me crut, & nous nous en fûmes
„ tous à petit pas. Nous parlâmes de ma
„ maladie, & auffitôt l'Etudiant m'en dit
„ fon fentiment. Vôtre mal, dit-il, eſt
„ une hydropifie formée, que toute l'eau
„ de l'Océan bûe goute à goute ne peut
„ guérir. Bûvez, mangez peu, vous
„ guérirez fans aucun fecours de la mé-
„ decine. Plufieurs perfonnes me l'ont dit,
„ lui

» lui répondis-je ; mais je peux moins me
» passer de boire que de respirer. Ma
» vie tire à sa fin. Je connois à mon
» poulx que je ne passerai pas dimanche
» prochain. Vous m'avez connu un peu
» trop tard, Monsieur, à peine me reste-
» t-il le tems de vous remercier de vos
» marques de bonté & d'estime. Nous
» arrivâmes enfin au Pont de Tolède, l'E-
» tudiant nous quitta pour prendre celui
» de Ségovie. Je laisse à la Renommée
» le soin de publier ce qui m'est arrivé,
» mes amis auront envie de le raconter,
» j'aurois un plus grand désir de les en-
» tendre. Je l'embrassai de nouveau, il
» me fit de nouveaux offres de service,
» il piqua sa Bourique de l'éperon, &
» me laissa en aussi mauvais état, qu'il é-
» toit mauvais Cavalier sur son Ane, ce
» qui m'a donné lieu d'écrire des plaisan-
» teries. Adieu, mes joyeux Amis, je
» me sens mourir, je souhaitte de vous
» voir contens dans l'autre Monde. "

Ayant reçu les derniers Sacremens le 18. Avril 1616. Cervantés écrivit ou dicta le lendemain, la Dédicace des Travaux de Persile, citant des Stances au Comte de Lemos son Patron. » Je vou-
» drois bien, dit-il, que ces Stances an-
» ciennes si célèbres de leurs tems, qui
» com-

„ commencent, *déja le pied à l'étrier*, ne
„ s'ajustassent pas si bien à mon Epitre.
„ Je pourrois la commencer presqu'avec
„ les mêmes paroles, & dire. Déja le pied
„ à l'étrier, & dans les angoisses de la
„ mort, Grand Seigneur, je vous écris ceci.
„ Hier je reçus l'extrême onction ; & au-
„ jourd'hui je vous écris cette lettre, le
„ tems est court, les douleurs augmentent,
„ les espérances défaillent, & avec tout
„ cela, je désirerois pouvoir vivre, & pro-
„ longer ma vie, jusqu'au moment de
„ baiser les pieds de V. Excellence. Le
„ plaisir que j'aurois de la voir dans un
„ grand crédit en Espagne, seroit capa-
„ ble de me rappeller à la vie. Mais
„ puis qu'il est ordonné que je la perde,
„ la volonté de Dieu soit faite. Je sou-
„ haite au moins que V. Excellence soit
„ informée de mon desir, & qu'elle a eu
„ un Serviteur si affectionné, qu'il au-
„ roit voulu lui marquer sa bonne vo-
„ lonté jusqu'au delà du Trépas. Je me
„ réjouis de voir dans l'avenir l'heureux
„ retour de V. Excellence, de la voir mon-
„ trer au doigt par les passans..... Il
„ me reste encore dans l'Esprit certaines
„ traces des restes des *Semaines du Jar-*
„ *din*, & du fameux Bernardo. Si par
„ un grand bonheur, ou, pour mieux
„ dire,

,, dire, par miracle, le Ciel me prolonge
,, la vie, V. Excellence les verra, & a-
,, vec elles, la fin de la Galatée, qui lui
,, a donné du plaisir. Continuant mes
,, souhaits avec ces Ouvrages, je prie Dieu
,, de conserver V. Excellence. A Madrid
,, le 19. Avril 1616. Très humble Servi-
,, teur de V. E. Michel de Cervantes.

Cervantes n'a pas vécu longtems après avoir fait cette Dédicace. On peut connoître par ce morceau, quelle a été la force des facultés de son Esprit jusqu'à sa mort. Dans la Préface de ses Nouvelles, il s'est peint lui même d'une manière si détaillée, que si l'on jette les yeux sur le Portrait, qui orne le commencement de ce Livre, & que le Libraire a fait graver avec la même exactitude, qu'il a apportée à l'Edition toute entière, on discernera avec quelque peine, lequel des deux Portraits nous donne une idée plus claire & plus précise de la Personne du Fameux Auteur Michel de Cervantes Saavedra.

J. Folkema del.   F. A. Aveline Sculp.

L'EGYPTIENNE.

NOUVELLE I.

UNE Egiptienne de celles qui ont fait leur tems, éleva une petite fille en qualité de Niéce, & l'appella Pretiofa. Elle lui enfeigna tous fes artifices, & tous fes vieux tours de foupleffe; & cette jeune fille profita fi bien de fes leçons, qu'il n'y a jamais eu d'Egyptienne plus adroite, ni plus agile. Ce qui achevoit de la diftinguer de toutes les autres Egyptiennes, c'eft qu'elle étoit d'une beauté extraordinaire. Le Ciel, les différens climats, les voyages, l'artifice, les injures de l'air, aufquelles de toutes les Nations du monde les Egiptiens font les plus fujets, n'eurent pas le pouvoir d'effacer le luftre de fon vifage, ni de noircir fes belles mains. Avec cela elle étoit civile & polie, ce qui faifoit foupçonner à ceux qui la regardoient avec quelque attention, qu'elle devoit tirer son extraction d'ailleurs que d'une famille Egyptienne. Tout ce qu'on pouvoit lui trouver à redire, c'est qu'avec toute sa politesse, elle disoit des choses un peu libres. Cependant, elle ne disoit rien dont on pût tout à fait rougir, parce qu'outre qu'elle s'exprimoit avec esprit, & d'une maniére vive & naturelle, elle prenoit de grands ménagemens à l'égard des termes; & elle avoit fait là-dessus de si sévéres leçons à ses compagnes, qui avoient toutes de très-grands égards pour elle, qu'il n'y avoit Egyptienne vielle ni jeune, qui eût osé chanter en sa présence la moindre petite chanson qui eût pû choquer la pudeur, & moins encore proférer la moindre parole deshonnête.

La vieille Egyptienne, qui ne manquoit ni d'esprit, ni de jugement, ayant reconnu qu'elle possédoit un trésor des plus précieux, fit comme l'Aigle qui montre à voler à son Aiglon, & à vivre entre ses serres. Si bien que Pretiosa sortit d'auprès d'elle fournie de Vilanelles, de Stances, de Quatrains & de Sarabandes; en un mot de toutes sortes de Vers, particulierement de Romances, qu'elle chantoit de très-bonne grace. Cette femme qui étoit rusée & qui savoit mettre tout à profit, recherchoit ces sortes de Piéces, & mettoit tout en œuvre pour

pour en recouvrer. Auſſi elle ne manqua pas de Poëtes qui lui en fournirent; car les Poëtes s'accommodent de toute ſorte de gens, lorſqu'il s'agit de vendre leurs Ouvrages. Combien y en a-t-il qui travaillent pour ces aveugles qui vont chantant de faux miracles, & qui participent à leur gain ? On trouve de tout dans le monde. C'eſt un des effets de la pauvreté, qui fait autant de Poëtes que la nature; qui aiguiſe & débauche l'eſprit, & qui fait appliquer l'homme à de certaines choſes, où il n'eût de ſa vie penſé, s'il ſe fût vû tant ſoit peu à ſon aiſe.

Pour revenir à Pretioſa, elle fut élevée en divers lieux de la Caſtille: & lorſqu'elle avoit environ quinze ans, ſon Ayeule l'amena à Madrid, dans la vûe d'étaler & de vendre ſa Marchandiſe à la Cour, où tout s'achete, & où tout ſe vend. La premiére entrée qu'elle fit dans cette Capitale de l'Eſpagne, fut un jour de Ste. Anne, qui eſt la Patronne & l'Avocate de cette Ville. Elle, & ſept autres Egyptiennes y entrérent en danſant. La danſe étoit compoſée de quatre vieilles, & de quatre jeunes, & d'un Egyptien très-bon danſeur qui les menoit, le ſpectacle étoit agréable. Toutes ces Egyptiennes étoient ajuſtées à leur maniere, mais elles étoient propres & richement

ment parées. Elles se firent admirer toutes. Mais celle qu'on admira le plus, fut Pretiosa, qui brilloit sur toutes les autres, & qui certainement avoit des attraits & des manières qui ne pouvoit que la distinguer, & la faire aimer de tous ceux qui jettoient les yeux sur elle. Au milieu du son des Tambours de Basque, & des Castagnettes, & à la reprise de la danse on entendoit un bruit confus, qui augmentoit la beauté & les charmes de l'Egyptienne. Tout couroit pour la voir, les hommes faits, aussi bien que les enfans, & chacun étoit dans l'admiration. Mais ce fut bien autre chose, lors qu'après la fin de la danse, on l'eut entenduë chanter. L'air retentit tout d'un coup d'acclamations & de loüanges, & les Juges de la Fête lui donnérent sur le champ d'un commun accord, le prix de la première danse. C'est la coûtume, lors qu'on célèbre cette Fête, de se rendre à l'Eglise de Ste. Marie, devant l'Image de Ste. Anne. Les Egyptiennes s'y rendirent, elles y dansérent; & Pretiosa s'y signala. Après quoi elle chanta ce Romance.

A SAINTE ANNE.

Arbre d'un prix inestimable,
Qui fus si long-tems à porter,

NOUVELLE I.

Que Joachim pouvoit douter,
Que le Ciel lui fût favorable,
Quoi qu'en partage il eût la foi
Des plus Saints de la vieille Loi.

Nonobstant cette foi si vive,
Le saint homme fut méprisé,
Car le Prêtre étant abusé
Par sa fertilité tardive,
Chassa du Temple & des Autels
Le meilleur de tous les mortels.

Terre pour un tems infertile,
A la fin tu nous as produit
Ce doux & cet aimable fruit,
De tous les fruits le plus utile:
Celle qui tient entre ses mains
Le salut de tous les humains.

Palais de superbe structure,
Pur ouvrage du Créateur,
Elevé pour le seul bonheur
De son indigne Créature;
Car enfin ce sera pour vous,
Qu'il doit naître au milieu de nous.

Mere d'une fille chérie,
En qui Dieu fit voir sa grandeur,
Anne, secondez nôtre ardeur,

Et priez le Fils de Marie
De jetter sur nous par pitié
Les regards de son amitié.

C'est vous qui prites tant de peine,
D'instruire en toute humilité
Celle en qui la Divinité
Prit jadis notre chair humaine:
Près d'elle aujourd'hui dans les Cieux
Vous jouïssez du Dieu des Dieux.

Pretiosa chanta si bien, qu'elle ravit tous ceux qui l'entendirent. Les uns lui donnoient des bénédictions. Les autres disoient, que c'étoit dommage qu'elle fût née Egyptienne; qu'elle étoit digne d'une autre naissance. Les plus pénétrans tenoient un autre langage. Qu'on la laisse seulement croître, la petite Harpie, disoient-ils, qu'on la laisse seulement croître, & l'on verra ce qu'elle saura faire. Ses yeux sont bien plus propres pour les larcins que ses mains: & à en juger par ses charmes naissans, qui lui attirent déja les suffrages de tout le monde, on entrevoit bien qu'elle est faite pour faire des Esclaves; qu'elle prépare des embuches qui seront funestes à ceux qui la verront de trop près, & que peu de cœurs lui échaperont. Pretiosa écoutoit toutes ces choses sans faire semblant

blant d'y faire attention, non plus qu'aux éloges insipides que lui donnoit le peuple; & quelque pénétrée qu'elle fût en son cœur, de se voir loüer d'une maniere si flateuse, elle ne quita point la danse qu'elle avoit reprise, & dans laquelle elle se surmonta.

Les cérémonies de la Fête étant achevées, l'Egyptienne cessa de danser. Elle se trouva fatiguée ; mais elle parut dans son inaction avec de nouveaux charmes, qui redoublérent la surprise de ceux qui avoient assisté à la dévotion de cette journée: & comme elle disoit de tems en tems mille petites choses agréables, pleines de bon sens & d'esprit, on ne parloit que d'elle à la Cour.

Le rendez-vous des Egyptiens qui se veulent faire voir à Madrid, est dans la Campagne de Ste. Barbe. C'est là où Pretiosa se retira. Mais quinze jours après, elle rentra dans la Ville, accompagnée de trois autres jeunes Egyptiennes avec des sonnettes, une nouvelle danse, & plusieurs Chansons enjoüées. C'étoient pourtant des Chansons honnêtes, car Pretiosa, comme on l'a déja dit, n'eût pas permis que ses Compagnes en eussent chanté jamais qui pussent offenser les oreilles, ce qu'on regarda avec beaucoup d'étonnement. Cependant la vieille Egyptienne ne la perdoit jamais de vûë,

A 4   c'étoit

c'étoit son Argus, car elle craignoit de la perdre.

Lors qu'on commença la danse, ce fut sous une feuillée, & dans la ruë de Tolede. D'abord tout le monde y accourut: & tandis que les quatre Egyptiennes dansoient, la vieille se prit à demander quelque chose pour les danseuses. Personne ne se fit presser, chacun donna libéralement, tant il est vrai que la beauté est capable de réveiller la charité la plus endormie. La danse ne fut pas plûtôt achevée, que Pretiosa se prit à dire tout haut: Si l'on me veut donner demi-Réale, je chanterai toute seule le plus beau Romance du monde. Ce Romance fut fait, dit-elle, lors que notre Reine Marguerite, après ses couches, alla rendre graces au Ciel dans l'Eglise de S. Laurent. C'est une Piéce fameuse, aussi est-elle de la façon d'un Poëte des plus célébres.

A peine Pretiosa eut-elle achevé de parler, que tous ceux qui étoient autour d'elle, la priérent de commencer, & de ne se mettre point en peine, qu'elle auroit sujet d'être contente. En effet, on vid tout d'un coup pleuvoir tant d'argent de tous côtez, qu'à peine la vieille le pouvoit-elle ramasser. Elle en vint à bout néanmoins. Après quoi, Pretiosa ayant commencé à

faire

faire raisonner ses sonnettes, & fait quelques petits tours de danse, chanta les Vers qu'elle avoit promis, & qui étoient conçus en ces termes.

> Voici la Reine la plus grande
> Des Reines, qui vient à l'Offrande :
> Ses vertus, sa beauté, mille charmes divers
> La font la première du monde.
> C'est une Reine sans seconde,
> L'ornement de tout l'Univers.

> Tant de beautez, tant de merveilles
> Charment les yeux & les oreilles.
> Delices des humains, amour des immortels,
> Saint tresor que le Ciel étale,
> Princesse qui n'eut point d'égale,
> Vous mériteriez des Autels.

> Qui voit cette vertu suprême,
> Certainement voit le Ciel même,
> Ce Ciel, ce firmament, où dans son vaste tour
> Luit le Soleil que l'Ourse adore,
> Et qui du Couchant à l'Aurore,
> Echauffe, & nous donne le jour.

> Après la Reine vient cet Astre,
> Qui parut la nuit du desastre,

Qui fit craindre & gemir les hommes & les
  Dieux.
   Comme quand la nuit tend ses voiles,
   Le Ciel est parsemé d'étoiles,
   On en voit aussi dans ces lieux.

   La troupe des Dieux immortelle
   S'en va dans le Temple avec elle,
Saturne, Jupiter, Mercure, le Dieu Mars,
   Venus, & Diane elle-même
   Font honneur à son Diadême,
   Et marchent sous ses Etendarts.

   Autour de ces Sphéres brillantes
   Voltigent les bandes riantes
Des jeux & des plaisirs mille petits Amours,
   Le Dieu qui lance le Tonnerre
   Vient de ramener sur la Terre
   Et l'opulence & les beaux jours.

   Tout ce que la Terre & que l'Onde,
   Que l'ancien & le nouveau monde,
Que l'Inde & l'Arabie ont de plus précieux,
   L'or, les Perles, les Pierreries,
   Jusqu'à l'émail de nos Prairies,
   Chacun s'étale à qui mieux mieux.

   Vivez heureuse, grande Reine,
   Vivez sans travail & sans peine.
Le Ciel qui vous forma, jusqu'ici vous promet,
                                          Que

NOUVELLE I.

Que vous régnez pour la justice,
Que vous serez le fléau du vice,
Des Mores & de Mahomet.

Veüillent les saintes destinées,
Vous combler de gloire & d'années,
Faire que tous vos jours soient des jours de
    Printems.
Et que toûjours remplis de joye,
Ils soient tissus d'Or & de Soye.
   C'étoient les vœux des assistans.

Cependant la Reine est entrée
Déja dans l'Eglise Sacrée
Du Martyr, ce Phenix dont on rôtit le corps;
Et qui renaquit de sa cendre,
Sa gloire ne pouvant descendre
Dans les lieux où gisent les morts.

O Vierge Epouse, fille & Mere,
Daignez écouter ma prière,
Dit d'abord humblement la Princesse à ge-
    noux,
De tout je vous suis redevable,
Cependant ayez agréable
Le bien que j'ai reçû de vous.

Je vous offre pour sacrifices
De mes fruits les douces prémices,
Ce fils, les vœux d'un peuple à vos loix dévoüé

A 6   Exa

Exaucez les miens, je vous prie,
Et que votre nom saint, Marie,
Dans tous les siécles soit loüé.

Faites qu'un jour, lorsque le Pere
Portant l'un & l'autre Hemisphere,
Sous ce fardeau pesant enfin se verra las,
Ce fils sur son épaule forte,
Le prenne, le charge & le porte,
Comme un fort & puissant Atlas.

L'Oraison étant achevée,
Et la Reine étant relevée,
Mille vœux vers le Ciel furent d'abord poussez.
Et les Prêtres de la Déesse
S'écriérent allez Princesse,
Vos souhaits sont exaucez.

A peine Prétiosa avoit achevé son Romance, que tous ceux qui l'environnoient, & qui étoient au nombre de plus de deux cens personnes, la conjurérent de rechanter : & pour l'obliger à le faire, ils promirent de la recompenser libéralement, ce que quelques-uns effectuérent par avance. L'Egyptienne recommença, & dans ce moment un Officier de longue Robe ayant passé, la voix de Pretiosa le frappa : il s'arrêta tout court, & se mit autour d'elle comme les autres. Cependant ayant fait réflexion,
qu'il

qu'il n'étoit pas de la gravité d'une personne de son caractére, de s'amuser à ouïr chanter en pleine rue des Egyptiennes, il se retira brusquement. Mais comme les maniéres & la voix de Pretiosa l'avoient charmé, il ordonna à un de ses valets qui le suivoient, de dire à la vieille Egyptienne d'amener sur le soir ces jeunes filles chez lui, pour les faire voir à Clarice sa femme, qui seroit bien aise de les ouïr chanter. Le valet executa les ordres de son Maître, & la vieille promit qu'elle iroit à l'heure marquée se presenter devant cette Dame.

Les Egyptiennes se retirérent un moment après, pour aller chanter & danser ailleurs. Un jeune homme très-bien fait, prit le tems pour s'approcher de Pretiosa, & lui donnant un papier plié, il lui parla de cette maniere. Aimable Egyptienne, chantez le Romance que je vous présente, vous le trouverez de votre goût. J'en ai d'autres dont je vous ferai part, vous n'avez qu'à les apprendre par cœur, & vous conviendrez qu'ils sont dignes que vous vous donniez cette peine. Je le veux croire, répondit Pretiosa. Vous n'avez qu'à executer votre promesse ; & pourvû que ces Piéces ne soyent pas trop libres, soyez assuré que je les aurai bien-tôt mises dans ma mémoire. Mais ce n'est pas tout. Comme me il ne seroit pas juste que vous donnassiez vos Vers pour rien, accordons-nous auparavant du prix; chacun doit vivre de son métier. Nous nous accorderons bien, repartit le jeune homme, cependant prenez cette Chanson à bon compte.

Pendant cette petite conversation les Egyptiennes alloient leur chemin, & dans le moment que le jeune homme achevoit de parler, elles se trouvèrent vis-à-vis d'un Treillis de fer, d'où elles s'entendirent appeller. Pretiosa s'aprocha du Treillis, qui étoit bas, & ayant regardé à travers, elle aperçût dans une Sale très-propre & richement meublée, plusieurs Cavaliers, dont les uns joüoient, & les autres se promenoient & s'entretenoient ensemble. Seigneurs, dit d'abord Pretiosa, en grasseyant, comme font les Egyptiennes, n'y a-t-il rien à gagner avec vous? Elle n'eut pas plûtôt prononcé ces mots, que tous ces Cavaliers s'aprochèrent, car ils la connoissoient déja. Que les petites Egyptiennes entrent, se prirent-ils à dire, nous avons quelque chose à leur donner. Nous l'acheterions peut-être trop cher, dit Pretiosa. Ah je t'entens, repartit l'un des Cavaliers, mais tu peux entrer en assurance, & pour lors ayant mis la main sur son estomac, où étoit la Croix de Calatrava, il lui fit serment qu'on

ne

ne lui toucheroit pas même le bout du doigt. Ma chere Pretiosa, dit l'une des trois jeunes Egyptiennes, entre dans cette Sale si tu en as envie, mais pour ce qui me regarde, je n'aurois jamais le courage d'entrer dans un lieu où il y a tant d'hommes. Que tu es novice dit Pretiosa, ma chére Christine ; c'étoit le nom de l'Egyptienne qui venoit de parler, les hommes sont à craindre, on n'en sauroit disconvenir ; mais ce n'est pas lors qu'ils sont plusieurs ensemble, ce n'est que dans le tête à tête. Les personnes de notre sexe qui veulent être sages, le peuvent être au milieu même des armées les plus nombreuses. J'avouë qu'il faut éviter les occasions, mais ce ne doivent être que les occasions secrettes. Entrons donc, dit alors Christine, car je conviens de ce que tu dis. La vieille Egyptienne les encouragea même, si bien qu'elles entrérent.

A peine étoient-elles entrées, que le Chevalier qui portoit la Croix de Calatrava, aperçut le bout du papier que lui avoit donné le jeune homme, & qu'elle avoit mis dans son sein. Il s'aprocha d'elle, & s'en saisit. Ah rendez-moi le Papier, Seigneur, je vous en conjure, c'est un Romance qu'on vient de me donner, il n'y a qu'un moment, & je ne l'ai point encore

core lû. Tu sais donc lire, petite fille, dit alors un de la troupe. Oui vrayement, dit la Vieille Egyptienne, & aussi écrire. J'ai nourri ma Niéce comme si çeût été la fille d'un homme de Lettres. Cependant, le Chevalier ouvrit le papier, dans lequel il trouva un écu d'or. Voici une Lettre, se prit-il à dire d'abord, où l'on a pris soin de mettre le port dedans. Prens cet écu & me laisse le Romance encore. Voilà qui va bien, répondit Pretiosa, ce Poëte ne m'a pas traitée en personne riche. Le cas est pourtant singulier, & c'est une chose bien plus extraordinaire qu'un Poëte m'ait donné un écu d'or, qu'il ne l'est que je l'aye reçû; car les Poëtes ne sont pas trop fournis de finance. Si c'est sa manière de donner des Chansons, qu'il copie tout le Recueil général des Romances, & qu'il me les envoye les uns après les autres, je leur ferai un très-bon acueil, il en doit être persuadé. Les Cavaliers étoient supris d'entendre discourir si joliment cette petite Egyptienne, & de la finesse de ses railleries. Je suis impatiente, continua-t-elle, d'entendre lire ce Romance. Lisez-le donc tout haut, Seigneur, & nous verrons si le Poëte est autant spirituel qu'il est libéral. Le Chevalier lût alors ces Stances.

Petite

Petite Egyptienne, ornement de la terre,
Qui passe en beauté la Deesse Cypris,
  Parce que ton cœur est de pierre,
On t'a donné le nom d'une pierre de prix.

Si sur tes qualitez tu jettes bien la vûë
  Tu conviendras de cette vérité.
On ne te vit jamais un moment dépour-
    vûë,
  Ni de rigueur ni de beauté.

  Parmi tes regards adorables
Un cruel Basilic nous donne le trépas;
  Tu nous rendrois moins miserables,
  Si tes yeux avoient moins d'apas.

Merveille de nos jours, Miracle de na-
    ture,
Ecueil, où vont briser les cœurs de mille
    Amans,
  Quand tu dis la bonne Avanture,
  Tu nous causes mille tourmens.

  Je ne suis pas surpris qu'on tienne
Que tous les Egyptiens enchantent les hu-
    mains.
Je l'éprouve aujourd'hui, mais belle Egyp-
    tienne
Ton charme est dans tes yeux, il n'est
    pas dans tes mains.

                                    Belle

Belle Pretiosa, que j'aime avec constance,
Objet plus charmant que le jour,
J'ai composé ces Vers plus pauvre d'espérance,
Que pauvre de desirs, de tendresse & d'amour.

Ses derniers Vers dit alors Pretiosa, finissent par la pauvreté, ce n'est pas un fort heureux présage. Jamais un Amant ne doit débuter par là, car enfin, il me semble que la pauvreté & l'Amour sont deux ennemis inréconciliables. Et d'où en sais-tu tant, se prit à dire un des Cavaliers ? Ne savez-vous pas, dit-elle, qu'il y a des gens qui savent tout sans l'avoir apris ; je suis de ce nombre, & tous les Egyptiens & Egyptiennes. Notre esprit est d'un autre trempe que celui des autres, & l'habileté dévance en nous l'âge & le nombre des années. Nous voguons sur un autre Océan, & sommes guidez par un autre Nord ; car comme c'est l'adresse & l'industrie qui nous font vivre, nous nous y étudions dès le berceau. Avoüez-le de bonne foi, avez-vous vû de votre vie des Egyptiens nigauts, & des Egyptiennes innocentes ? Jettez les yeux sur ces jeunes filles qui m'accompagnent, elles ne disent mot, & à leur silence vous les prendriez pour des Statuës ; mais

mais ce sont de petites rusées qui en savent long, & qui vous feroient voir bien du Païs. En un mot, il n'y a point d'Egyptienne, qui a douze ans, n'en sache plus que les autres à vingt-cinq. Un peu d'usage, ajoûta-t-elle en souriant, & un peu de magie, nous apprennent dans une année, ce que les autres ne sauroient apprendre d'un demi siécle.

Cette repartie acheva d'enchanter les Cavaliers : & ils en furent si contens, que chacun leur donna, aussi bien ceux qui joüoient, que ceux qui ne joüoient pas. Si bien que la vieille fit là, assez bien ses affaires, ayant ramassé pour le moins trois ou quatre écus en Réales. Aussi sortit-elle de là toute joyeuse, pour se rendre au logis du Juge; où Clarice qui avoit été déja avertie, l'attendoit avec une Dame de ses voisines, & quelques autres personnes.

Du moment que les Egyptiennes parurent, les Dames coururent à Pretiosa, qui leur parut belle comme un Soleil, elles lui donnérent d'abord mille loüanges, & lui firent mille caresses. Sais-tu dire la bonne Avanture, petite fille, lui dit Clarice? En plus d'une maniére repartit-elle. Tant mieux repliqua la Dame, & par la vie de M. le Lieutenant mon mari, tu me la diras. Tendez-lui seulement la main, dit la Vieille

le, mettez-y la Croix, & vous verrez bientôt par les choses qu'elle vous dira, qu'elle en sait autant qu'un Docteur. La femme de l'Officier mit à l'instant la main dans sa bourse, mais elle n'y trouva rien. Elle demanda quelque monnoye à ses femmes de Chambre, & à la Dame sa voisine; mais elles furent aussi riches les unes que les autres. Nous ne ferons pas grande fortune ici, dit Pretiosa entre les dents, & ensuite haussant la voix, elle se prit à dire; Toutes les Croix, entant que ce sont des Croix, sont bonnes; mais croyez-moi, mes bonnes Dames, celles qui sont d'or sont bien meilleures, & portent bien meilleure fortune. Un Ecu d'or, ou une Réale de quarante sols fait dire merveilles: mais quelle vertu je vous prie peut avoir un Double, ou un Carolus? Pretiosa eut beau prêcher, les Dames ne se trouvérent pas plus de piéces d'or & d'argent que des piéces de cuivre. Ce n'est pas dans les grands Hôtels qu'on doit chercher les grandes richesses, dit alors une des femmes de Chambre, tout ce qui y reluit n'est pas or. Mais j'ai un Dé à coudre qui est d'argent, prenez-le, Pretiosa, & ne vous scandalisez pas de la disette de la maison; on est assez riche quand on est sage. L'Egyptienne s'accommoda fort bien du Dé, & ayant pris la
main

main de la Dame, elle proféra ces paroles, qui firent éclater de rire la Compagnie.

Donnez-moi cette blanche main,
Belle Dame au visage humain.
Votre Epoux un peu Lunatique
De vous aimer très-peu se pique.
Vous êtes douce comme miel,
Mais souvent vous avez du fiel
Comme un Lion de Barbarie,
Ou comme un Tigre d'Hyrcanie:
Toutefois tout votre courroux
Passe, & vôtre cœur devient doux,
Comme un enfant à la mammelle;
En cela vous êtes femelle.
Vous grondez fort, vous mangez peu
A l'heure que la jalousie
Agite votre fantaisie:
Car ce Monsieur le Lieutenant
De toute chasse est bien prenant:
Toutefois vous aurez en somme
Trois maris après le bon homme.
Ne riez pas, belle, pourtant
De ce que vous en aurez tant,
Les pronostics du plus habile
Ne sont pas textes d'Evangile.
Un héritage vous viendra,
Votre fils Chanoine sera,
Mais non pas de ceux Tolede:

Votre

Votre fille qui n'est pas laide
Sera l'Abesse du Couvent,
Où l'on se baise tant & tant.
Au matin vous serez en bute,
Et vous pourriez faire une chute,
Qui fouleroit vos affiquets,
Gardez-vous en si vous voulez.

Pretiosa avoit dit ces plaisanteries avec tant de graces, que toutes les femmes qui se trouvérent chez la Lieutenante, la pressérent de leur dire aussi la bonne Avanture ; mais elle les remit à un autre jour, après les avoir exhortées de se pourvoir de Réales d'argent.

Elles étoient sur le point de sortir, lorsque le Mari de Clarice arriva. On lui conta merveilles de la petite Egyptienne. Il les arrêta un moment; fit danser Pretiosa avec les autres, & confirma les loüanges que l'on venoit de lui donner. Il mit ensuite la main dans sa poche, mais après avoir bien secoüé, & bien foüillé, il la tira vuide. Ma foi, s'écria-t-il, je n'ai pas un sou, ma chére petite Egyptienne, mais Madame y suppléra. Donnez lui une Réale Madame, je vous la rendrai. Voilà qui est fort bon, répondit Clarice, & d'où voulez-vous que je la prenne, vous devez bien savoir si j'en suis fort pourvûë. Donnez-lui donc quelque petite chose, ajoûta-t-il, t-il, Pretiofa nous reviendra voir une autre fois, & alors nous la recompenferons. Je ne fuis pas de cet avis repartit la Dame, je ne lui donnerai rien pour le prefent, & cela l'obligera à revenir. J'en doute fort, Madame, repliqua Pretiofa, vous n'avez pas la mine d'être plus riche un autre jour, que vous l'êtes à l'heure préfente, ce n'eft pas chez les Grands, où il faut chercher à faire fes affaires. Ils prennent de toutes mains, & ils ne payent jamais, & à quelle récompenfe me puis-je attendre? Mais croyez-moi, continua-t-elle, en s'adreffant à l'Officier: faites des concuffions, Monfieur le Lieutenant, & l'argent ne vous manquera jamais. Si vous ne faites pas comme font tous les autres Officiers de Juftice, & que vous vous amufiez à introduire des coûtumes nouvelles, vous mourrez de faim, mon pauvre Monfieur, vous Madame Clarice, les femmes de Chambre, & tous ceux qui feront autour de vous. Je fai affez, repliqua le Lieutenant, ce que font les autres Juges, mais chacun fait comme il l'entend, & j'ai une ame que je ne veux pas perdre. Je le vois bien, Monfieur, dit alors la petite Egyptienne, vous vous êtes mis en tête de vous faire canonifer après votre mort, & j'avoue que ce fera une chofe rare, de voir dans le

Calen-

Calendrier le nom d'un Juge en lettre rouge; je me réserve par avance un petit morceau de votre Robe pour en faire des Reliques. Tu en sais trop, repartit le Lieutenant, mais ma chére Pretiosa, laisse faire, je ferai ensorte que le Roi & la Reine te verront, tu es un vrai morceau de Roi. Leurs Majestez me prendroient peut-être pour leur Bouffonne, répondit Pretiosa, & je demeure d'accord que le métier est très-bon dans les Cours des Princes. Un Bouffon y fait bien plûtôt fortune qu'un honnête homme; mais comme c'est un métier que je ne sai point faire, je serois bientôt cassée aux gages. Je me trouve fort bien d'être Egyptienne & pauvre, & vienne ce qu'il plaira au Ciel de me donner. Hola la petite, dit alors la Vieille, cesse tes discours, tu parles trop, & tu en sais vrayement un peu plus que je ne t'en ay enseigné. Ne subtilise pas tant, je te prie, tu serois en danger de t'émousser. Parle-moi des choses que tes jeunes années te permettent de dire, & ne vole pas si haut; ces discours subtils & trop relevez ne te menacent que d'une chute. Le Lieutenant demeuroit extasié. Mais comme il commençoit à se faire tard, les Egyptiennes prirent congé, & sortirent de la Ville. Elles y retournérent quelques jours après, & se mi-

mirent en chemin, selon leur coûtume, de fort bon matin. Elles se trouvérent insensiblement dans un petit Vallon, & le premier objet qui se presenta à leurs yeux, fut un jeune homme bien fait & de bonne mine. Son épée étoit dorée, de même que son poignard, & il avoit un chapeau où reluisoit un riche cordon avec un plumet de diverses couleurs. Les Egyptiennes ne l'eurent pas plûtôt aperçû, qu'elles s'arrêtérent & se mirent à le considerer, extrèmement surprises qu'un jeune homme de cet air-là, parût ainsi à pied, & tout seul à une telle heure. Mais elles le furent bien davantage, lors qu'elles virent que le jeune homme s'approchoit d'elles avec un air riant, & qu'il demanda de la maniére du monde la plus civile, à la vieille Egyptienne, qu'il pût entretenir un moment sans témoins, elle & la jeune Pretiosa; qu'il n'avoit rien à leur dire que pour leur profit. A la bonne heure, répondit la Vieille, on vous écoutera à condition que nous ne nous détournions pas beaucoup de notre chemin, & que nous ne nous arrètions pas longtems. Sur cela s'étant écartez tous trois de quelques vingt pas des autres, le jeune homme s'étant adressé à Pretiosa lui dit : Je n'userai point de détours, je suis amoureux de vous éperduëment, charmante Egyptienne, ne, j'ai résisté long-tems à mon étoile, je ne veux point vous le dissimuler; mais quelque résistance que j'aye faite, je n'ai pû me défendre de vous adorer, & je sens bien que je vous adorerai toute ma vie. Il n'eut pas plûtôt achevé sa déclaration, qu'il se tourna vers la Vieille, & ouvrant en même tems son manteau, il fit voir une Croix, qu'il portoit sur son habit. Je suis Chevalier, ma bonne Mere, mon Ordre, comme vous voyez, est des plus honorables d'Espagne, & je m'appelle D. Juan de Carcame, car je ne veux point vous céler mon nom. Je vis encore sous la puissance de mon pere, je suis fils unique, & j'espére une succession très-considérable. Mon pere se tient à la Cour, où il aspire à une Charge qui lui est en quelque maniére assurée; & de tout ce que je viens de vous dire, vous pouvez conclure que je n'ai pas à me plaindre de la fortune. Je m'en plains néanmoins, & je m'en plaindrai toute ma vie, si avec ces grands biens que je posséde, je ne posséde Pretiosa. Mes intentions sont pures, mes paroles sont sincéres, & il ne tiendra qu'à vous de vous en convaincre sans que vous risquiez rien. Je ne desire que de la servir de la maniére qu'elle m'ordonnera, sa volonté sera toûjours la mienne. En achevant de faire cette pro-

testation

testation à la Vieille Egyptienne, il lui aprit l'endroit de la Ville où étoit la maison de son pere, & à quelles marques elle la pourroit connoître, afin qu'elle pût s'éclaircir par elle-même de la vérité de ce qu'il disoit. Mais ce ne fut pas tout, afin qu'on ne l'en crût pas sur sa simple parole, il donna à la Vieille une bourse, dans laquelle il y avoit cent écus d'or, ce qui dédommagea avec usure les Egyptiennes du peu de butin qu'elles avoient fait chez la Lieutenante.

Pendant tout le tems que D. Juan de Carcame avoit parlé, Pretiosa l'avoit considéré avec attention: & il est certain que son air, sa bonne mine & sa taille ne lui avoient pas paru desagréables. Je répondrai à ce Chevalier si vous voulez bien me le permettre, se prit-elle à dire en s'adressant à la Vieille Egyptienne. Tu le peux faire, ma fille, repartit d'abord la Grand'-Mere, parce que je suis convaincuë que tu lui répondras pertinemment. Pretiosa prit donc la parole, & parla au Chevalier amoureux en ces termes. Quoi que je ne sois qu'Egyptienne, sachez, Seigneur, que j'ai l'ame aussi grande que si j'étois née Princesse, & qu'il n'y a promesses, ni présens qui puissent être capables de me fléchir, ni de m'ébranler le moins du de. Vous pouvez compter d'ailleurs que je suis insensible aux soûmissions des Amans; que je suis à l'épreuve de toutes les souplesses, & de tous les artifices, dont ils ont accoûtumé de se servir pour se faire aimer. Je suis jeune, comme vous voyez, mais je ne laisse pas de savoir, que l'amour est une passion impétueuse, qui aveugle ceux qui en sont possédez, & qui leur dérange entierement l'esprit. Un homme d'un tempérament amoureux, voit-il une jeune personne qui a quelques charmes? il donne dans cette personne tête baissée, sans considerer si sa passion lui fait tort dans le monde, & si elle est contraire à ses intérêts. Il se laisse entraîner dans un précipice qu'il eût pû éviter s'il eût sû faire usage de sa raison. Alors il ne pense qu'à posséder ce qu'il aime : alors il n'y a rien qu'il ne mette en œuvre pour parvenir à ses fins, & du moment qu'il y est parvenu, & qu'il ouvre les yeux, sa tendresse se change en mépris, & il prend de l'aversion pour la malheureuse qu'il idolatroit auparavant. Ces considerations font je vous l'avouë, que je n'ajoûte guéres de foi aux paroles, & il y a même des effets sur lesquels je ne compte pas beaucoup. Voulez-vous que je vous parle sincérement & avec franchise. Je veux me flater que vous m'aimez & que vous

brû-

brûlez du desir de me posséder. Il ne tiendra qu'à vous d'être heureux, si je puis faire votre bonheur; mais désabusez-vous une fois pour toutes, ce ne sera qu'en devenant mon Epoux, encore sera-ce à certaines conditions que je m'en vais vous proposer, car je ne prétens pas que nous nous donnions la main que je n'aye pris auparavant mes sûretés : on ne se marie pas à la volée; & il y a même des gens sages qui disent, que le mariage est une affaire où il faudroit penser toute sa vie. Pour venir à mes conditions, je veux savoir premiérement si vous êtes bien D. Juan de Carcame, & si cela est, il faut se résoudre, jeune Chevalier, à quitter la maison de votre pere, à venir faire votre demeure dans nos tentes, & à habiter deux ans parmi nous. Il faut tout ce tems pour voir si nous sympatiserons vous & moi : & si après ce terme, nous nous trouvons faits l'un pour l'autre, nous pourrons unir nos destinées par le sacré lien de l'Hymenée. Cependant jusqu'à ce moment-là, vous me regarderez comme une sœur, & je vous regarderai comme un frere; car il ne faut pas vous imaginer qu'il vous soit permis de prendre avec moi ces petites privautés, que la plûpart des Amans prennent aujourd'hui avec leurs Maitresses, c'est ce dont je ne saurois m'accommoder; je veux vous déclarer ce qui en est, afin que vous n'en prétendiez cause d'ignorance. La condition est un peu dure, & le Noviciat un peu long, mais qu'y feriez-vous, on ne sauroit prendre trop de précautions lorsqu'on s'embarque dans le mariage. Peut-être que pendant ce tems-là vous recouvrerez la vûë que vous avez perduë, ou que vous avez fort offusquée, & que vous vous apercevrez que vous devez fuir ce que vous suivez maintenant avec tant d'ardeur, & vous ne risquerez pas de me rendre malheureuse, & de vous rendre malheureux vous-même. Je vois tant de disproportion de vous à moi, que vous pourriez bien vous repentir de m'avoir aimée, & je ne saurois prendre là-dessus trop de mesures. Si vous pouvez vous accommoder de ces conditions, vous êtes maître de vous enrôler sous les étendarts de notre Compagnie.

D. Juan qui avoit écouté toutes ces choses fort attentivement, parut interdit, & ne savoit de quelle manière s'y prendre pour répondre. J'entrevois bien, dit alors Pretiosa, que tant de conditions vous font peur; mais je veux bien que vous preniez du tems pour vous déterminer. Aussi n'est-ce pas une affaire de si petite conséquence, qu'elle se doive, ni même qu'elle se puisse résoudre dans un moment. Retournez chez vous

vous, c'est le conseil que je vous donne, examinez-vous, & n'entrez dans aucun engagement, qu'après une meure délibération; le Sage ne doit rien entreprendre dont il se puisse repentir. Cependant, vous pourrez vous entretenir avec moi tous les jours de Fête dans l'endroit où nous sommes, soit que nous allions à Madrid, ou que nous en revenions.

Lors que je sentis que je vous aimois, répondit alors le Chevalier, je formai la résolution, charmante Pretiosa, de n'avoir d'autre volonté que la vôtre. J'avouë qu'il ne me fût jamais tombé dans la pensée que vous eussiez voulu exiger de moi tant de conditions, & des conditions si effarouchantes. Mais puis que vous ordonnez, c'est à moi à obéir. Je veux bien devenir Egyptien, & faire toutes les preuves que vous demandez, fussent-elles mille fois plus difficiles, il n'y a rien dont un véritable amour ne vienne à bout. Vous n'avez donc qu'à me prescrire le tems auquel vous voulez que je commence à changer de vie, & vous ne me l'ordonnerez jamais si-tôt que je le souhaite. Le plûtôt n'est que le meilleur pour moi. Je prendrai le prétexte d'aller en Flandres, où mes parens consentent que j'aille, & j'aurai par là le moyen de me pourvoir de tout l'argent qui me sera nécessaire.

cessaire. Je ne serai que huit jours pour le plus, à dresser mes équipages, après quoi je partirai, & je saurai si bien tromper ceux qui m'accompagneront, que je viendrai à bout de mon entreprise. La seule chose que je vous conjure de m'accorder, aimable Egyptienne, s'il m'est déja permis de vous faire des priéres, c'est de vous informer dès aujourd'hui même si je vous ai dit la vérité, lors que je vous ai parlé de mes biens & de ma naissance. La lenteur est nuisible en toutes choses, & elle me pourroit être funeste. Car enfin, quand on est pourvûë d'autant de charmes que vous l'ètes, on trouve des adorateurs à tous momens, & j'ose me flater que si vous êtes une fois convaincuë que je suis véritablement D. Juan de Carcame, vous me préférerez à tout autre, ayant déja comme vous avez, de si grands témoignages de ma tendresse & de l'excès de mon amour. Un peu de jalousie, sied bien à un Amant, répondit Pretiosa, mais il faut aussi qu'il ait de la confiance. Ayez-en D. Juan, je vous l'ordonne, & ne craignez rien quoi que vous voyez. Je sens bien que quand j'aurai des raisons pour cesser de vous aimer, je ne saurois en aimer un autre.

Je demeure toute ébahie de ton entretien, petite fille, s'écria la Vieille Egyptienne,

tienne, & combien de raisons, bon Dieu, toutes pertinentes & de bon aloi. Tu en fais déja tout autant qu'un Bachelier de Salamanque, & où as-tu apris tant de choses. Tu parles de l'amour, de la jalousie, de la confiance, & dequoi ne parles-tu pas ? Je t'écoute ma chére enfant, comme une personne qui est possédée, & qui parle Latin sans le savoir. Pretiosa se prit à rire de la naïveté de son Ayeule ; & la conversation s'étant liée entre tous trois, il fut résolu qu'ils se trouveroient dans le même lieu, huit jours après, & que D. Juan rendroit compte de l'état où seroient ses affaires. Dans ce tems-là la Vieille Egyptienne ouvrit la bourse, & se convainquit par ses propres yeux qu'il y avoit véritablement cent écus d'or. Rendons cet argent dit Pretiosa, & gardons seulement la bourse qui est d'une riche broderie ; car fille qui prend de l'argent semble se vendre. Que tu es folle petite fille, avec toute ta sagesse, dit la Vieille : Souviens-toi qu'il n'est rien tel que de prendre, & que nous sommes Egyptiennes. Tu n'y penses pas Pretiosa : & si quelcun de nos enfans & notre parentage tomboit par avanture entre les mains de la Justice, quels meilleurs amis peut on avoir que des écus d'or, pour se rendre favorable un Greffier & un Juge ? Je me

suis vûë trois fois, pour trois divers crimes sur le point de monter sur l'échaffaut, pour y être fustigée. Un bassin d'argent me délivra la première fois, un Colier de Perles, la seconde, & la troisiéme quarante Réales de quarante sols la piéce. Tu dois penser, ma chére fille, que nous exerçons un métier dangereux, & il est tout plein d'achopemens & d'occasions forcées; or il n'y a point de meilleure protection pour les malheureux, que les armes invincibles du Grand Philippe: ce sont les Colonnes d'Hercule que l'on ne peut pas outrepasser. Un Ducat à deux têtes répand la joye sur le visage triste d'un Procureur, & de tous les Satellites de la mort, qui sont des Harpies & des Sansuës, pour nous chétives & misérables Egyptiennes. Ils aiment mille fois mieux avoir à faire à nous qu'à des voleurs de grand chemin. Quelque malheur & quelque déroute que nous ayons euë, ils ne croyent jamais que nous soyons pauvres. Ils disent que nous sommes semblables aux Cazaquins des Gavaches de Velmont, tout déchirés & tout crasseux, mais tous cousus de pistoles. Au nom de Dieu, ma Grand-Mere, répondit Pretiosa, n'en dites pas davantage. Reposez-vous avec vos écus d'or, & que tout bien vous en arrive. Je souhaite de bon cœur que vous les empor-
tiez

tiez avec vous dans le Tombeau, & que vous n'ayez jamais besoin de leur faire voir la lumiére. Mais ce n'est pas tout, il faut en faire part à nos Compagnes, qui nous attendent depuis assez long-tems. Ma foi repliqua la Vieille, elles verront ces cent écus d'or, comme elles voyent à présent le Grand Turc. Mais il y a remède à toutes choses. Ce bon Chevalier prendra la peine de regarder s'il ne lui est point resté quelque monnoye, & elles se la partageront entr'elles ; car les pauvres filles, elles se contentent de peu de chose. J'ai quelque argent encore, dit D. Juan. Sur cela il tira de sa poche trois Réales de quarante sols, qu'il distribua aux autres Egyptiennes, qui furent plus satisfaites de ce présent, que ne l'est l'Auteur d'une Comédie, lors qu'il entend faire le Brouhaha sur quelque bon endroit de sa Piéce.

Après la distribution des trois Réales, D. Juan prit à part encore la Vieille Egyptienne & Pretiosa, & leur réïtéra la promesse qu'il leur avoit faite de se mettre de leur bande : il leur dit qu'il se feroit appeller André, qui est un nom assez commun parmi les Egyptiens ; ensuite dequoi il prit congé d'elles, mais il n'osa embrasser Pretiosa, ni lui donner un baiser, tant son amour étoit respectueux. André, car c'est ainsi que nous l'appellerons desormais, entra dans la Ville, & les Egyptiennes le suivirent un moment après, fort contentes de leur avanture.

Elles n'avoient traversé que deux ou trois ruës, lors qu'elles rencontrérent le jeune homme qui avoit donné les Stances, où s'étoit trouvé plié un écu d'or. Il s'approcha d'elles à l'inſtant, & s'étant adreſſé à Pretioſa, il lui demanda ſi elle avoit lû les quatrains qu'il lui avoit donnez. Avant que de répondre à votre demande, repartit l'Egyptienne, j'en ai une à vous faire, ou plûtôt c'eſt un doute ſur lequel je vous prie de m'éclaircir, mais ne me déguiſez point la vérité, parlez-moi ſincerement, êtes-vous par avanture Poëte? Le jeune homme parut d'abord interdit. Cependant ayant pris la parole un moment après, il ſe prit à dire, qu'il y avoit ſi peu de gens qui méritaſſent le nom de Poëte, qu'il pouvoit dire hardiment qu'il ne l'étoit pas, & qu'en cela il ne croyoit pas dire un menſonge; que véritablement il aimoit la Poëſie, & que quand il avoit beſoin de Vers, il n'alloit pas emprunter la veine d'un autre, qu'il en faiſoit enfin pour ſon uſage. Ceux que je vous donnai, ajoûta-t-il, ſont de ma façon, de même que d'autres que je vous deſtine. Toutefois je ne ſuis point
Poë-

Poëte, & Dieu m'en préserve. Et quoi, dit l'Egyptienne, est-ce une si mauvaise chose que d'être Poëte? Ce n'est pas une si mauvaise chose qu'on pourroit bien dire, repartit le jeune homme, néanmoins je tiens qu'elle n'est pas trop bonne, quand on ne fait point d'autre métier que celui de faire des Vers. Dites plûtôt, repliqua Pretiosa, parce que les Poëtes sont pauvres. C'est ce qui vous trompe, répondit le jeune homme, c'est tout le contraire. Il n'y a point de Poëtes qui ne soient riches, parce qu'ils sont toûjours contens. Excellente Philosophie à laquelle peu d'hommes atteignent. Il semble que ce ne soit que pour eux que l'Univers a été formé. Les fontaines les entretiennent, les prairies font leurs délices, les arbres les desennuyent, les fleurs les réjouïssent, ils se font un plaisir de tout, ce qui est la seule richesse à laquelle tous les hommes devroient aspirer. Mais que les Poëtes soient riches, ou qu'ils soient pauvres, c'est de quoi je me mets peu en peine. Dites moi seulement, Pretiosa, je vous en conjure, dans quelle vûë vous m'avez demandé si j'étois Poëte. Certes, répondit Pretiosa, m'étant imaginée, comme je me l'imagine encore, quoi que vous en ayez pû dire, que tous les Poëtes sont pauvres, & principalement les bons

bons Poëtes, je fus surprise de voir un écu d'or plié dans les Stances que vous me donnâtes, & je doutai fort que vous les eussiez composées. Toutefois comme je sais maintenant que vous n'êtes point Poëte, quoique vous sachiez faire des Vers, je pourrois bien croire que vous êtes riche, quoiqu'à vous dire la vérité j'aye encore là-dessus quelque petit doute. Car enfin, ceux qui font des Vers, soit qu'ils soient Poëtes, ou non, ne savent ni conserver le bien qu'ils possédent, ni acquérir celui qu'ils ne possédent pas; vous savez du moins que c'est le Proverbe. Je le sai repliqua le jeune homme; mais je ne suis pas de ce nombre. Je fais des Vers, & je ne suis ni riche, ni pauvre. En un mot, je puis sans m'incommoder donner un écu à qui bon me semble. Alors lui présentant un papier, prenez ce second papier, Pretiosa, se prit-il à dire en se radoucissant, sans vous embarrasser davantage, si je suis Poëte, ou si je ne le suis point. Je desire seulement que vous soyez persuadée, que celui qui vous fait ce présent, voudroit posséder les trésors de Crésus pour vous les offrir. La jeune Egyptienne n'eut pas plûtôt le papier entre les mains, qu'elle sentit qu'il y avoit un écu dedans. Je ne veux point de votre écu, se prit-elle à dire, ce seroit le monde de renversé. C'est aux Poëtes à recevoir, & non pas à donner. Je veux bien vous accepter pour faiseur de Vers, mais non pas pour faiseur de présens. Reprenez donc votre écu d'or & demeurons bons amis. Puis que vous voulez que je sois pauvre par force, repliqua le jeune homme, je le reprendrai, & je le conserverai précieusement toute ma vie, parce que vous l'aurez touché de vos belles mains. A ces mots, Pretiosa tira l'écu, le lui rendit, & garda les Vers, qu'elle ne voulut pas pourtant lire par les ruës, & le jeune homme se retira fort satisfait, dans la pensée qu'il eut que l'Egyptienne sentoit quelque chose pour lui, puis qu'elle lui avoit parlé si familiérement.

Comme le dessein de Pretiosa étoit de se rendre au logis d'André, le plûtôt qu'elle le pourroit, elle ne s'arrêta pas à danser, si bien qu'elle se trouva bien-tôt dans la ruë qu'elle souhaitoit. Elle n'y fut pas plûtôt entrée qu'elle haussa les yeux de tous côtés, & enfin elle apperçut un Balcon avec des Treillis de fer doré, qui étoient les enseignes qu'André lui avoit données. Là étoit un Seigneur d'environ cinquante ans, qui portoit une Croix rouge sur son habit, & à cette marque & à son air, il n'étoit pas difficile de juger que ce devoit être une per-

personne considérable. Le Seigneur n'eut pas plûtôt aperçû les Egyptiennes, qu'il leur cria de s'approcher, en leur promettant qu'elles se retireroient satisfaites. D'abord trois autres Cavaliers parurent sur le Balcon, entre lesquels étoit André, qui ne pût s'empêcher de rougir & de pâlir, ayant jetté les yeux sur sa chére Pretiosa. Toutes les Egyptiennes montérent, à la réserve de la Vieille qui demeura en bas, pour s'informer des Domestiques de la qualité d'André. Dans le tems que les jeunes Egyptiennes entroient dans une Sale où étoit la Compagnie, le Seigneur dont nous avons déja parlé, se prit à dire; cette jeune fille, en montrant Pretiosa, est sans doute cette belle Egyptienne qui fait tant de bruit, & dont on publie tant de merveilles. C'est elle-même repliqua André, & c'est sans rien exagérer, la plus belle personne qu'on ait jamais vûë. On le dit ainsi, dit Pretiosa, en soûriant; mais on me flate, ou tout le monde a de mauvais yeux. Par la vie du petit D. Juan mon fils, repartit alors le Seigneur, tu es mille fois plus belle qu'on ne publie, & j'ai bonne vûë, je t'en garantis. Et qui est ce petit D. Juan votre fils, repliqua la jeune Egyptienne? C'est ce jeune Chevalier que tu vois à ton côté, répondit le Seigneur,

gneur, en lui montrant André. Franchement, Seigneur, dit alors Pretiofa, je croyois que vous aviez juré par la vie de quelque petit enfant de deux ou trois ans. Voyez un peu je vous prie le petit D. Juan que c'eſt; il pourroit bien déja avoir une femme. Et à dire le vrai, à certaines lignes qu'il a ſur le front, je vous annonce qu'il ne paſſera point trois ans ſans en avoir une, ou il changeroit bien de ſentiment. Tu te connois donc en Phiſionomie, dit alors un des Cavaliers. Oui ſans doute que je m'y connois, répondit-elle, & qu'aurois-je fait ſi long-tems au monde, étant née Egyptienne, ſi je n'avois quelque petite connoiſſance de ces lignes que la nature a gravées ſur le viſage de tous les hommes, pour découvrir leur humeur & leur naturel. D. Juan eſt amoureux, il eſt bouillant, il eſt jaloux, & il lui arrive ſouvent de promettre des choſes un peu impraticables: Dieu veuille qu'il ne ſoit pas menteur. Il fera bien-tôt un long voyage; mais on ne donne pas toûjours où l'on viſe. Peut-être croira-t-il d'aller en Occident, & il ira en Orient; l'homme propoſe, & Dieu diſpoſe. Véritablement, petite Egyptienne, répondit D. Juan, tu as dit bien des choſes qui me conviennent; mais tu te trompes lorſque tu t'imagines que je ſuis menteur, ce

n'eſt

n'eſt là nullement mon caractére. Pour le voyage dont tu parles, tu as pronoſtiqué juſte. Je dois partir pour aller en Flandres dans quatre ou cinq jours pour le plus tard, & je t'avouë que tu me mortifies lors que tu dis que je pourrois bien prendre une autre route; car je ne voudrois pas pour tous les tréſors du Pérou, que tes prédictions fuſſent véritables. Ne craignez rien, mon petit Seigneur, repliqua Pretioſa, recommandez-vous ſeulement à Dieu, & tout ira bien. Que vous ſeriez bon ſi vous vous imaginiez qu'on doive prendre au pied de la lettre tout ce que dit une Egyptienne. Nous n'en ſavons pas plus que les autres: nous ne parlons qu'à l'avanture, & nous diſons tant de choſes, que ce n'eſt pas merveille ſi nous rencontrons quelquefois; ne vous allarmez pas, vous irez en Flandres, & ce n'eſt pas mon intention de vous en détourner. Mais il faut bien tuer le tems. Je veux bien pourtant vous donner un avis, modérez vos paſſions, ne faites rien à l'étourdie, ne promettez rien que vous ne teniez, fût-ce à votre dam; déteſtez le menſonge, & donnez-nous quelque choſe, je vous en conjure. Il vaut mieux donner que recevoir, & celui qui donne ne fait que prêter à celui qui a fait le pauvre & le riche. Tu

par-

parles très-bien, Pretiofa, dit D. Juan, & je te remercie de tes bons confeils. Mais je me plains d'une chofe: tu es revenuë encore à la charge au fujet de ma fincérité, tu me crois menteur, je ne le fuis point, & j'ai en horreur le menfonge, je le crois indigne de tout homme, & particuliérement de celui qui fait profeffion des armes. Croi-moi, petite Egyptienne, j'accomplirai à la Ville, & par tout, ce que j'ai promis aux champs. Promettez-nous donc, repartit Pretiofa, de nous donner quelque chofe. Vrayement je ne faurois, dit le jeune Cavalier; mais mon pere le fera pour moi. J'ai donné ce matin à des Dames tout ce que j'avois, & on ne fauroit donner ce qu'on n'a pas. Je meure, dit alors Chriftine, qui s'étoit retirée avec les deux autres Egyptiennes dans un coin de la Sale, pour parler enfemble fans être entenduës, je meure, fi ce n'eft le même Chevalier qui nous a fait préfent ce matin de trois Réales; mais n'en parlons point qu'il n'en parle le premier, peut-être y a-t-il quelque miftére là-dedans. J'en ay douté d'abord néanmoins, mais à préfent je n'en doute plus; c'eft de nous infailliblement qu'il parle. Je ne le penfe pas, repartit l'une de ces Egyptiennes. Il dit qu'il a donné fon argent à des Dames, & nous

fomsommes bien éloignées de l'être. Or étant aussi sincére qu'il vient de le protester, quelle apparence qu'il eût voulu mentir un moment après, & puis sans nulle nécessité. Il est vrai que tout homme est menteur, & les mensonges ne leur coûtent guéres. Lors que le mensonge, répondit Christine, tend directement à faire du bien au prochain, & à l'honneur, ce n'est pas proprement un mensonge, & on l'appelle ainsi abusivement. Mais ce n'est pas dequoi il s'agit. Je vois qu'avec tous ces beaux complimens on ne nous donne rien ici, & qu'on ne se soucie guéres de nous faire danser.

La Vieille Egyptienne monta dans ces entrefaites, & s'adressant à Pretiosa, elle se prit à lui dire: achève de parler il est tard, tu as encore beaucoup de choses à faire & auxquelles peut-être tu ne t'attens pas. Et qu'avez-vous ma Grand' Mere, répondit Pretiosa, avez-vous quelque fils, ou quelque fille, que vous soyez tant pressée. Tu as mieux rencontré que tu ne croyois, repartit la Vieille, j'ai un fils, & tu n'as jamais rien vû de plus gentil. Vien, Pretiosa, & je t'apprendrai bien des merveilles. Dieu veuille, dit la jeune Egyptienne, que ce ne soit pas un avorton, ou un de ces enfans infortunez, qu'un même jour voit naitre & mourir. Tout ira bien,

repli-

repliqua la Vieille, l'accouchement a été heureux, & l'enfant qui est beau comme le jour se porte à merveille. Quelqu'une des vôtres vient-elle d'accoucher, demanda alors le pere de D. Juan? Oui, Seigneur, répondit la Vieille; mais cet accouchement doit être tenu secret, & il ne nous est pas permis d'en dire davantage. Ne vous allarmez pas, ma bonne Vieille, dit un des Cavaliers, nous n'avons pas envie de connoître votre Accouchée. Cependant quelle qu'elle soit, je la plains un peu de s'être confiée à vous autres, le secret pourroit bien être éventé. Vrayement, repartit Pretiosa d'un air dédaigneux, nous ne sommes pas telles que vous pensez. J'avouë qu'à parler généralement, les femmes ne sont pas fort secrettes; mais il y a bien des hommes, croyez-moi, qui sont femmes sur ce chapitre. Alors elle se tourna vers la Vieille Egyptienne, & se prit à dire, retirons-nous, ma mere, ces Cavaliers ne sont pas notre fait, ils ont trop méchante opinion de nous, & c'est sans doute parce que nous n'avons rien volé céans, & que nous ne savons point faire de bassesses. Ne te fâche point, Pretiosa, dit alors le pere d'André, le Cavalier a voulu rire, tu ne te retireras point que tu n'ayez dansé avec tes compagnes, & je te prépare un Ducat d'or à deux têtes,

qui

qui ne sont pas si jolies que la tienne, quoi que ce soient deux têtes couronnées; mais un Ducat vaut toûjours son prix. Je l'ai toûjours ouï dire ainsi, dit la Vieille. Dansez donc, mes petites filles, continua-t-elle, & contentez ces bons Seigneurs. Pretiosa ne se le fit pas dire deux fois, elle prit d'abord son Tambour de Basque, & les Egyptiennes danserent avec tant de legereté & avec tant de grace, particuliérement Pretiosa, que chacun en demeura surpris. D. Juan eut toûjours les yeux attachez sur elle, & il seroit bien difficile d'exprimer sa joye. Mais cette joye fut un peu troublée par un petit accident qui arriva. Lors que les Egyptiennes achevoient leur danse, & que chacun se preparoit à leur donner des loüanges, Pretiosa laissa tomber les Vers, que le jeune homme dont nous avons parlé, lui avoit donnez sur la ruë. Un des Cavaliers les ramassa, & il se prit à dire à l'instant: bon voici un Madrigal, qu'on l'écoute, puisque les Egyptiennes ne dansent plus. A en juger par le premier Vers, il doit venir de bonne main, & il y a apparence que la chûte répondra au début. En tout cas la Piéce est nouvelle, & les plus méchans Vers sont passables, lors qu'ils ont la grace de la nouveauté. Pretiosa eut souhaité de toute son

ame

qu'on lui eût rendu les Vers sans les lire; car elle craignoit la jalousie d'André. Elle les demanda au Cavalier avec beaucoup d'instance. Mais ils étoient en trop bonnes mains, le Cavalier les voulut toûjours lire. Il lût donc à haute voix ce Dixain.

Lors que Pretiosa frape l'air de sa voix,
  Lors qu'un Instrument elle touche
  Et de sa main, & de ses doigts.
Il n'est point de cœur si farouche,
Qu'elle ne range sous ses loix.
Mais ce ne sont pas ses seuls charmes,
  Que ces accens mélodieux :
  Elle a des attraits dans les yeux
Qui forceroient les Rois à lui rendre les ar-
    mes ;
Ils forceroient même les Dieux.

Je meure s'écria celui qui venoit de lire le Madrigal, le Poëte qui l'a composé s'y entend. Ce n'est pas un Poëte, répondit Pretiosa, c'est un jeune homme galant & de bonne mine, qui fait quelquefois des Vers pour se divertir, & pour en regaler ses amis; c'est ici la seconde fois qu'il en a bien voulu faire pour moi : & vous conviendrez sans doute qu'il n'est pas Poëte, lors que je vous dirai que c'est peut-être de tous les hommes du monde celui qui
est

est le plus libéral ; j'en puis parler de science certaine.

La lecture du Madrigal avoit été un coup de foudre pour le pauvre André. Depuis le premier Vers jusqu'au dernier, il avoit sué sang & eau. Il avoit pourtant fait effort pour se surmonter, malgré mille transports jaloux qui l'avoit agité pendant cette lecture, & qui avoient failli à lui faire perdre entiérement contenance. Mais il ne pût tenir aux paroles de l'Egyptienne. Une sueur froide le saisit, la pâleur lui monta au visage, & il tomba dans une espéce d'évanouïssement, dont le pere qui l'aimoit avec la derniére tendresse fut allarmé. Ne craignez rien, dit Pretiosa, attendez un moment, permettez que je lui dise deux ou trois paroles à l'oreille, & vous verrez qu'il sera bien-tôt revenu ; j'ai un reméde infaillible contre les défaillances. Alors elle s'aprocha, & lui dit tout bas : vrayement te voilà bien courageux pour un Egyptien, reprens tes esprits, & que l'Auteur du Madrigal ne te fasse pas la moindre peine. Ce ne sera jamais lui qui possédera mon cœur, tu sais à qui je l'ai donné, & je t'ai déja dit, que je suis insensible aux libéralités & aux loüanges. Après cela, elle lui fit une demi-douzaine de Croix sur le cœur, & se retira. André respira dans
le

le moment, & déclara tout haut, que ce que venoit de lui dire l'Egyptienne étoit un reméde falutaire. Sur cela le Ducat à deux têtes lui fut donné. Vous le partagerez entre vous, lui dit le pere de D. Juan, & ce que tu feras, Pretiofa, avant que de te retirer, tu me laifferas par écrit les paroles que tu as prononcées à l'oreille de D. Juan, afin que je m'en puiffe fervir en cas de befoin. L'Egyptienne fut un peu interdite; mais faifant de néceffité vertu, elle répondit qu'elle les reciteroit volontiers, & qu'on n'avoit qu'à les écrire. Ce font des paroles, ajoûta-t-elle, qui ne vous parroîtront qu'un Galimatias ridicule: mais tout galimatias qu'elles font, elles ont une vertu finguliére, comme le jeune Chevalier vient de l'éprouver, & ce n'eſt pas la premiére fois que j'en ai fait une heureufe expérience; j'efpére que ce ne fera pas même la derniére. Ecoutez, & riez du charme tant qu'il vous plaira, je vous le permets. Là-deffus elle recita ces Vers, qu'elle fit fur le champ.

Petite tête fans cervelle,
Sujette à la Lune nouvelle,
Ne crains point, dors tranquilement,
N'entre jamais en défiance,
Tu recueilliras pleinement

Les fruits de ta persévérance:
Cependant S. Christophle & Dieu premiérement
Te soient en aide en ce moment.

Pourvû continua la jeune Egyptienne, que l'on recite la moitié de ces paroles, que l'on fasse six Croix sur le cœur de la personne qui est tombée en pâmoison, ou qui a quelque étourdissement de tête; pourvû qu'on ait l'intention & la foi, on voit des effets surprenans, où toute la Science des plus grands Docteurs ne sauroit atteindre. La Grand' Mere qui avoit aprehendé, que Pretiosa ne tombât en confusion dans cette rencontre, & qui étoit dans des inquiétudes mortelles, demeura surprise agréablement à l'ouïe de cet Impromptu: mais D. Juan le fut bien davantage, voyant que son esprit lui avoit si bien servi dans une occasion où il avoit encore bien plus à craindre que la Vieille Egyptienne. Pretiosa prit alors congé, & laissa le Madrigal à celui qui en avoit fait la lecture, pour achever de guérir André: car par ce qu'elle venoit de voir, elle avoit reconnu que la jalousie devoit être une terrible chose, & qu'il y auroit eu de l'imprudence de l'avoir emporté avec elle. Celui que la jeune Egyptienne salua le dernier fut D. Juan,

à

à qui elle se prit à dire avec un sourire agréable : Souvenez-vous, Seigneur, que tous les jours de cette semaine sont heureux pour ceux qui entreprennent des voyages, & partez incessamment si vous m'en croyez. Toutes sortes de bonheur vous attendent. Ne vous rendez pas indigne par votre négligence, des douceurs & de la gloire que vous préparent vos destinées; & concourez avec le Ciel, qui vous est si favorable, à vous rendre le plus fortuné de tous les mortels. Ces paroles causèrent à D. Juan mille transports de joye, l'Egyptienne venoit de lui parler sans équivoque, & il eut beaucoup de peine à cacher son contentement. Tout le monde fut satisfait, & particuliérement les Egyptiennes, qui un moment après se partagèrent le double Ducat, à la maniére que les Egyptiens font leurs partages. C'est-à-dire, que la Vieille s'en reserva la moitié, comme étant la maîtresse de la Bande, ensuite dequoi elle prit la portion de l'autre moitié, ce qui se fit sans la moindre contestation, tant cette loi est religieusement observée.

Les Egyptiennes ne se furent pas plûtôt retirées, que l'amoureux D. Juan, qui ne se sentoit pas de joye, pensa tout de bon à exécuter le dessein qu'il avoit formé de se jetter parmi les Egyptiens, pour se rendre

dre digne par ce sacrifice, de posséder son aimable Egyptienne. Le jour qu'il avoit promis de l'aller joindre arriva enfin, & ce jour-là il se rendit tout seul au rendez-vous, monté sur une mule de loüage. La Vieille Egyptienne, & Pretiosa ne manquérent pas de s'y trouver; & elles le reçûrent avec mille témoignages d'une véritable tendresse. Me voici, dit André, entre vos mains, prêt à exécuter aveuglément tout ce que vous exigerez de moi, je ne trouverai rien de difficile, puisque je suis certain qu'au bout de ma carriére, je trouverai une recompense que je préfére à la conquête de tout l'Univers. Cependant, comme je crains d'être poursuivi, & que ce seroit le plus grand malheur qui me puisse arriver pendant ma vie, si je venois à être découvert, conduisez-moi avant que le jour paroisse, là où notre troupe est logée. La demande d'André lui fut accordée, & ils joignirent la troupe peu de tems après, qui étoit campée sous des Cabannes couvertes de feüilles. André fut conduit dans celle qui étoit la plus propre, où d'abord entrérent dix ou douze Egyptiens. Ils étoient tous jeunes, gaillards & dispos, & la Vieille les avoit déja avertis qu'elle leur améneroit un Compagnon ce matin-là. Ces égrillards jettérent aussi-tôt les yeux sur

sur la Mule, que sur André, & l'un d'eux se prit d'abord à dire: cette Mule n'est pas impertinente, elle trouvera bien-tôt Marchand, & nous la pourrons vendre jeudi prochain à Toledè. C'est ce que vous ne ferez pas, répondit André, c'est une mule de loüage, & il n'y a point dans toute l'Espagne, si miserable Valet d'Ecurie de Maquignon, qui ne reconnoisse ces sortes de Mules; or j'ai trop d'intérèt que personne ne la reconnoisse. Que vous êtes bon, repliqua l'un de ces éveillez; quand la Mule auroit plus de marques qu'il n'y aura de signes dans le Ciel, avant les derniers jours, que ceux qui doivent précéder celui du Jugement épouvantable, nous la transformerons de telle sorte, que la mere même qui l'a portée, ne la sauroit reconnoitre, & moins encore le maitre qui l'a nourrie. N'importe, repartit André, j'ai un meilleur conseil à suivre, & je vous prie que vous vous y rendiez. Il faut tuer la Mule, & la mettre ensuite si profondement en terre, qu'il soit aussi peu parlé d'elle à l'avenir, que si elle étoit anéantie. Et qu'a fait cette pauvre créature, dit un autre Egyptien, doit-on faire mourir ainsi les innocens? Qui nous a constituez ses bourreaux? Commet-on ainsi des crimes impunement? Tenez un meilleur langage, je vous en prie, & ne vous mettez point en peine. Considérez bien la Mule seulement, & gravez tant qu'il vous plaira dans votre mémoire, toutes les marques qu'elle peut avoir; qu'après cela on me la livre, si vous la reconnoissez d'ici à deux heures, je veux bien être berné & foüetté jusqu'à ce qu'on dise que c'est assez; nous en avons bien métamorphosé d'autres. Je veux croire toutes vos métamorphoses, poursuivit André, cependant la Mule mourra & sera enterrée, dussiez-vous la rendre mille fois plus méconnoissable que vous ne dites, le sort en est jetté, il faut pour cette fois que ma volonté s'execute. Vous avez beau dire & promettre, il n'en sera ni plus ni moins, on doit toûjours prendre le plus sûr dans ce monde. Car après tout, qui peut savoir s'il ne se trouveroit pas quelqu'un aussi habile que vous, qui auroit le secret de lui rendre sa première forme; le sage ne court jamais de tels risques. Mais je vois bien ce que c'est, si cette Mule meurt, comme elle mourra, elle ne sera jamais venduë, & vous n'en retirerez aucun profit, voilà votre grief, voilà ce qui excite votre pitié, & qui vous fait faire tant de réflexions morales. Vous n'y perdrez rien, mes amis, n'apprehendez rien, je ne suis pas venu parmi vous si dépourvû, que je ne vous puisse bien donner d'entrée, des choses qui vaudront quatre fois plus que la Mule. Et bien se prit à dire alors un autre, que la Mule meure, nous ne serons pas les premiers Juges qui se sont laissé corrompre par des présens, & qui ont fait le procès à l'innocence la plus reconnuë. Cependant, à dire la vérité, j'ai fort regret à cette pauvre bête; mais aussi faut-il mourir tôt ou tard.

Chacun étant demeuré d'accord, qu'il n'étoit pas de la politique que la Mule vécût, quoi qu'on en eût pû faire de bon argent, il fut résolu qu'on attendroit la nuit pour lui prononcer sa sentence, & on commença à se preparer pour la réception d'André, ce qui se fit de cette maniére. On vuida d'abord tout ce qui étoit dans l'une des Cabannes, on la tapissa de verdure, & on la joncha d'herbes & de fleurs. Dès que la Cabanne eut été préparée, on fit asseoir sur une piéce de Liége le nouvel Egyptien, & on lui donna un marteau & des tenailles. Deux Egyptiennes ayant pris leurs Guitarres, en jouërent d'abord, & on lui fit faire trois ou quatre Cabrioles au son de cet Instrument. Après cela, on lui fit dépouiller un bras qu'on lui serra fort doucement avec une Ceinture de
soye.

foye. On ne fit que deux tours seulement, ensuite de quoi on lui fit ferrer deux bâtons; Pretiosa, & plusieurs autres Egyptiennes vieilles & jeunes, étant présentes, & toutes demeurérent enchantées de l'air & de la bonne mine de D. Juan. Ces Cérémonies & quelques autres étant finies, le plus vieux Egyptien de la troupe, ayant pris Pretiosa par la main, s'alla planter avec elle devant le jeune Chevalier, auquel il parla en ces termes. Nous te donnons cette jeune fille, qui est la fleur & l'ornement de toutes les Egyptiennes qui sont en Espagne; il est en ton pouvoir de la prendre ou pour Epouse, ou pour Maîtresse: tu peux procéder dans cette rencontre, selon que bon te semblera: nous n'y cherchons pas d'autre façon, & n'en sois point surpris, c'est un des priviléges de la liberté de notre vie, qui nous affranchit de ces pratiques fatigantes, auxquelles le reste des hommes sont sujets, lors qu'ils entrent dans quelque engagement. Considére donc Prétiosa, pense meurement si elle t'agrée, vois si tu trouve en elle quelque défaut; & si tu viens à t'appercevoir que vous ne soyez pas fait l'un pour l'autre, jette les yeux sur les autres Egyptiennes qui t'environnent; tu auras celle à qui tu donneras la pomme. Mais nous te déclarons

clarons que quand une fois tu auras choisi, il faudra t'en tenir à ton choix, & te contenter de ta destinée. Nous observons inviolablement les loix de l'amitié. Nul ne solicite ce qu'un autre possède, & de là vient que nous ne sommes jamais tourmentez de la jalousie. Il se peut bien trouver parmi nous des incestes; mais on n'y souffre point d'adultére: car si quelqu'une de nos femmes, ou de nos Maîtresses est surprise en flagrant délit, nous ne leur faisons aucun quartier. Et ne t'imagine point que nous ayons recours à la Justice, nous faisons justice de nous-mêmes, nous sommes leurs Juges & leurs Executeurs; & après que nous nous en sommes défaits, nous les enterrons dans les montagnes & dans les deserts; & il n'y a qui que ce soit, non pas même ceux qui leur ont donné le jour, qui s'en formalisent & qui nous fassent rendre compte de leur mort. C'est cette crainte & cette frayeur, qui les retient dans les bornes de la chasteté, & de là vient, comme je te l'ai déja dit, que nous vivons en assurance de ce côté-là. Il y a peu de choses de celles que nous possédons, que nous ne les possédions en commun; mais les femmes & les Maîtresses en sont exceptées; une de nos régles inviolables, étant „ qu'elles doivent appartenir uniquement à ceux à qui le fort les a données. Il n'y a que la mort qui puisse séparer ceux que l'Hymen ou l'Amour ont unis : ou un âge extremement disproportionné ; car dans ce cas, qui est l'unique, il nous est permis de donner la lettre de divorce à une vieille, & de jetter les yeux sur une autre qui soit à peu près de notre âge. Avec ces Loix & quelques autres de cette nature, nous nous conservons, & passons heureusement notre vie. Nous sommes les maîtres de tout l'Univers, des campagnes, des fruits, des moissons, des forêts, des montagnes, des fleuves & des fontaines ; des Astres & de tous les Eélemens. Accoûtumez de bonne heure à souffrir, nous ne souffrons rien à proprement parler. Nous dormons aussi tranquilement & aussi commodément sur la dure, que sur les lits les plus molets, & le cuir brûlé de notre corps, nous est comme une cuirasse impénétrable contre les injures de l'air. Insensibles à la douleur, la torture la plus cruelle ne nous émeut point ; & sous quelque forme qu'on nous fasse envisager la mort, nous n'en palissons pas ; nous avons apris à la mépriser. Nous ne faisons nulle distinction entre le oui & le non, lors que nous le jugeons nécessaire : nous pouvons bien être Martyrs ; mais nous ne sommes jamais Confesseurs.

fesseurs. Nous chantons chargez de chaînes & de fers, dans les cachots les plus profonds; mais nous sommes toûjours muëts à la gehenne. Notre unique profession, est de nous approprier les biens des autres, & comme pour venir à nos fins, nous n'avons pas besoin de témoins qui nous éclairent, nous nous occupons par politique pendant le jour à quelque petit travail, & nous faisons ordinairement la nuit notre véritable métier. La gloire, le point d'honneur, ni l'ambition ne nous rongent point, & nous sommes par là exempts de cette lâche servitude, qui fait de la plûpart des Grands, d'illustres malheureux, ou pour mieux dire, des Esclaves. Nos Palais sont des Pavillons portatifs: & rien ne peut être comparé aux ornemens de ces maisons mobiles. Ce sont les beautez que la nature étale elle-même, & qui sont fort au dessus de ces lambris dorez, & de ces somptueux ameublemens qu'ont inventés un ridicule orgueil, & la molesse efféminée des hommes. Nous vivons sous ces tentes, occupez du présent sans nous trop soucier de l'avenir. Nous regardons tout avec indifférence, & vivant de notre industrie, nous nous abandonnons aveuglément à notre étoile, évitant ces trois seules choses, l'Eglise, la Mer, & la Cour des Rois. En un mot,

nous

nous possédons tout, parce que nous sommes toûjours contens des seules choses que nous possédons. Je me suis un peu étendu ; mais ce long discours n'est pas inutile ; parce qu'enfin il n'est pas juste que tu ignores qu'elle est la vie que tu veux mener, & la profession que tu dois faire. Je l'ai dépeinte grossiérement, & à la hâte ; mais avec le tems tu y découvriras plusieurs autres choses qui ne seront pas moins dignes de considération, que celles que tu viens d'entendre.

Le vieux & éloquent Egyptien, ayant mis fin à son discours, le Novice lui répondit. Il lui dit d'abord, qu'il étoit charmé de tant de sages Constitutions, toutes fondées sur le bon sens, & sur une fine Politique, qu'il étoit faché de n'avoir pas eu plûtôt connoissance de la vie des Egyptiens ; qu'il renonçoit dès l'heure même à la Profession de Chevalier, & à la vaine gloire de ses Ancêtres ; qu'il se soûmettoit de tout son cœur à leurs Loix, qu'il les observeroit religieusement, & que s'il se dévoüoit à leur service, il sentoit bien qu'il en étoit dignement récompensé, puis qu'il devoit posséder la divine Pretiosa, pour laquelle, ajoûta-t-il, je quitterois toutes les Couronnes, & tous les Empires du monde, lesquels je desirerois posséder néanmoins, pour les offrir

offrir à cette beauté. Pretiosa ne demeura pas muette. Si nos Législateurs se prit-elle à dire, ont trouvé dans leurs Loix, que je suis tienne, & si comme telle, ils m'ont livrée à toi, ils le peuvent, & je dois me soûmettre à ces Loix. Mais il y a une autre Loi à laquelle tu te dois soûmettre à ton tour, c'est de remplir la condition que je t'ai déja imposée, & qui nous sera salutaire à l'un & à l'autre, si tu y fais la moindre attention. Quelque peu d'expérience que j'aye, je sens néanmoins que toutes les passions sont violentes, qu'elles font faire des faux pas aux plus sages, & qu'on se repent le plus souvent des choses qu'on a faite trop à la hâte. De la maniére dont sont faits la plûpart des hommes, ils se dégoûtent facilement des plaisirs, lorsqu'ils les ont une fois goûtez, sur tout, lorsque ce sont des plaisirs qui leur ont coûté un peu cher, & qui les ont portés à se métamorphoser de la maniére que tu as dessein de le faire. On veut aujourd'hui ce qu'on ne veut plus le lendemain, parce qu'on vient à ouvrir les yeux. Le sage ne se hâte que lentement, il ne fait rien qu'avec réflexion, l'amour est une Divinité aveugle, & le lit nuptial est le tombeau de la tendresse, comme je l'ai toûjours ouï dire. J'avouë que la régle n'est pas générale.

rale. On voit des Epoux qui se chérissent jusqu'à la mort; il y a des amitiez éternelles. Mais je soûtiens en même-tems, que ces amitiez ne sont durables que parce qu'elles sont fondées sur l'estime; l'amour seul ne les produit pas. Je veux t'aimer, je veux que tu m'aimes; mais je veux que que nous nous aimions, parce que nous nous trouverons dignes d'être aimez, & il faut nécessairement nous connoître avant que d'en pouvoir venir-là. Et comme on n'y vient pas dans un moment; car ce n'est pas l'ouvrage d'un jour, je desire, & je te l'ai déja fait connoître, que tu vives au milieu de nous pendant deux années entiéres, & que ce ne soit qu'à la fin de ce terme, qu'il te soit permis de joüir des privautez qu'une Epouse ne sauroit refuser à un Epoux, lors qu'elle est entiérement liée par les chaines de l'Hymenée. Cette épreuve est longue; mais elle est nécessaire, & c'est même l'unique voye qu'il y a à prendre pour que tu me posséde sans t'en repentir, & que je ne sois point abusée. Il ne tient qu'à toi à présent de te déterminer, il est encore en ta puissance d'accepter la condition, ou de ne la pas accepter, si elle te paroît trop dure. Tu es libre, la Mule n'est pas encore morte, tu as tes habits & tout ton argent, & il t'est permis pendant tout
le

le reste de cette journée, de penser à ce qui te paroîtra le plus convenable; mais tu ne me posséderas qu'à ce prix-là. Si tu demeures au milieu de nous, nous nous en réjouïrons, & tu seras toûjours distingué; & si tu te retires, nous te plaindrons; mais tu ne perdras jamais notre estime, car nous voyons bien qu'il y a du pour & du contre au sujet de ton entreprise; il faut rendre justice à chacun. Mais qu'y ferois-tu? Je suis délicate sur la matiére, & tu ne dois pas désaprouver ma délicatesse, si tu m'aimes véritablement. Aimons-nous par raison, ajoûta-t-elle, ou séparons-nous pour jamais.

Non, Pretiosa, nous ne nous séparerons point, lui dit alors André, j'entre dans tous tes sentimens, & la condition que tu m'imposes, fût-elle encore mille fois plus pesente, je la veux subir. Il n'y a point d'assurance que je ne sois prêt a te donner, ni de serment que je ne fasse, que je ne résisterai de ma vie un seul moment à tes volontés. Les sermens & les promesse, que fait un Esclave, qui veut obtenir sa liberté, dit Pretiosa, sont des choses dont il ne se souvient pas le plus souvent, dès que ses chaînes sont brisées. Il en est de même des Amans. Pour obtenir ce qu'ils désirent, ils promettent les choses
les

les plus impossibles. Chacun promet selon ses esperances. Je ne veux, André, ni sermens, ni promesses; il n'y a que les imprudens qui s'y fient. Je ne veux que l'épreuve que je te demande, & ce sera à moi à me tenir sur mes gardes, & à empêcher que tu ne m'offenses. J'obéis, dit André; mais la seule chose que je demande de mes compagnons, c'est qu'ils m'accordent, que pendant un mois il me sera permis de ne point dérober. J'ai besoin ce me semble, de ce tems d'inaction, pour me former à un métier que je n'entens point, & sur lequel il me paroît nécessaire que j'aye quelques instructions. Ne sois point en peine de ce côté-là, répondit le vieux Egyptien, nous te donnerons des régles si certaines, que tu y deviendras expérimenté, & tu te feras un plaisir dans la suite, d'une profession qui a plus d'agrémens que tu ne penses; car enfin que peut-on concevoir de plus doux dans la vie, que de posséder sans travail ce qui fait suer le reste des hommes, que de sortir le matin les mains vuides & de revenir dans la nuit chargé de tout ce qui peut remplir nos besoins? J'en ai vû plusieurs retourner chez eux, repartit André, qui n'étoient chargés que des coups qu'ils avoient attrapés dans leurs expéditions nocturnes, & qui n'avoient pas trop sujet

de

de s'applaudir de leur habileté & de leur expérience. J'en veux convenir, repliqua l'Egyptien, il y a des defagrémens par tout, à prendre les choses à la rigueur. On n'est pas tous les jours chanceux, & celui-là n'est pas Marchand qui toûjours gagne. Chaque profeſſion a ſes périls, celle des Larrons n'en eſt pas exempte; mais le bien y abſorbe le mal. Elle conduit quelquefois au Gibet; mais pour l'ordinaire elle fait vivre dans la profuſion & dans l'aiſe. Le malheur d'un ſeul ne doit pas rebuter tous les autres. Parce qu'un Navire a été agité de la tempête, & qu'il a fait enfin naufrage, cela doit-il empêcher les autres de naviger & de continuer leur route? Ne ſeroit-il pas riſible de dire, qu'un ſoldat doit renoncer à la guerre, parce que des millions de gens y périſſent, & qu'on y trouve plûtôt la mort ou de bonnes bleſſures que des avancemens & des récompenſes? Parce que quelques-uns parmi nous, n'ont pû échaper à la Galére, ou au foüet, demeurerons-nous les bras croiſés & dans une oiſiveté criminelle? On nous châtie quelquefois, & quel ordre d'hommes y a-t-il au monde qui ne ſoient jamais châtiés? On ne meurt pas deux fois, mon cher André, & quand une fois on eſt mort, on n'a beſoin de quoi que ce ſoit : & pour la rame, & ces petites marques qu'on peut imprimer sur nos épaules, voilà de belles Coquecigruës, c'est notre Bâton de commandement, & nos Armes de Chevalerie. André, mon fils, ne t'épouvante point, les choses grandes sont difficiles : repose-toi seulement sous nos aîles, & avec le tems, semblable à l'Aigle, nous t'apprendrons si bien à voler, que tu ne reviendras jamais sans proye, & tu ne seras jamais plus content, que lors que tu auras fait quelque capture.

Je le veux croire, dit André, mais quoi qu'il en soit, j'ai de bonnes raisons pour ne me donner pas si-tôt ce plaisir, & vous m'en dispenserez s'il vous plaît, pour le tems que j'ai demandé. Cependant, comme il n'est pas juste que personne perde, je vais distribuer deux cens écus d'or à la Bande qui seront partagés fraternellement, afin que je la dédommage des larcins que je pourrois faire pendant le tems de ma dispense. A peine André eut-il proféré cette parole, qu'il fut entouré de tous les Egyptiens, qui l'élevérent sur leurs bras & sur leurs épaules, & le portant ainsi comme en triomphe, on n'entendit que cris de joye, & acclamations. Les Egyptiennes firent la même chose à l'égard de Pretiosa. Elles donnérent toutes des marques

de

de leur allegresse. Il n'y eut que Christine & deux ou trois de leurs Compagnes, qui en furent mortifiées dans leur cœur; car enfin l'envie se glisse par tout, aussi bien dans les tentes des pauvres, & dans les Cabannes des Bergers, que dans les Palais des Monarques. Elles ne laissérent pas néanmoins de témoigner une joye apparente, car l'envie est une passion timide & honteuse qu'on tâche toûjours de cacher.

Les acclamations ne furent pas plûtôt finies, qu'on se mit à faire bonne chére. La somme promise fut partagée, les loüanges d'André furent renouvellées, & la beauté de Pretiosa fut élevée jusqu'au Ciel. Cependant, la nuit vint, on écorcha la Mule, & on l'enterra si bien, qu'André n'eut plus de peur qu'elle se découvrit jamais. On ensévelit ensemble tous les harnois, à la maniére des Indiens, qui ensévelissoient avec leurs morts les choses qui leur avoient été les plus chéres.

André étoit tout surpris des choses qu'il avoit vûës & ouïes. Il admiroit en lui-même l'esprit des Egyptiens, résolu de poursuivre son entreprise, sans donner néanmoins dans leurs vices & dans leurs mœurs. Le larcin lui paroissoit quelque chose de si bas, & de si indigne, qu'il le regardoit avec horreur, & il savoit bien qu'il avoit en main

main pour s'en exempter, des moiens si sûrs & si efficaces; qu'il ne lui seroit pas difficile de donner le change à ses Compagnons.

Le lendemain André pria la Compagnie de vouloir changer de demeure, & de s'éloigner de Madrid, parce qu'il appréhendoit d'être reconnu dans cette Contrée. On lui répondit, qu'on avoit résolu de marcher vers les montagnes de Tolede, & d'aller fourager de là toutes les plaines circonvoisines. Ils partirent le jour suivant, & l'on fit présent d'une jument à André, qui la refusa, déclarant qu'il vouloit aller à pied, & marcher auprès de sa charmante Maitresse, qui montoit une petite Haquenée. Jamais Amans ne furent plus satisfaits que le furent André & Pretiosa dans cette marche, ils se dirent mille tendresses, & se réitererent les protestations qu'ils s'étoient faites de s'aimer éternellement. Est-ce ainsi, ô Amour, que tu nous abaisses? Est-ce le traitement que tu fais à ceux que tu soûmets sous ton Empire? André est Chevalier, c'est un jeune Gentil-homme doüé d'esprit, il a été élevé toute sa vie à la Cour. Il étoit hier les delices d'un riche pere, & aujourd'hui le voilà métamorphosé de la manière du monde la plus incompréhensible. Il a trompé ses domestiques & ses amis, & a frustré de leurs espérances

pérances ceux qui lui avoient donné la naiſſance. Il a quitté le chemin de Flandres,
où il devoit aller exercer ſa valeur, & accroître la gloire de ſa Maiſon, pour s'aller proſterner aux pieds d'une Egyptienne.
Que ta puiſſance eſt grande, ô Amour!

Quatre jours après, ils arrivérent à un
Bourg à deux lieuës de Tolede, où ils plan-
térent leur camp, ayant eu la précaution,
avant toutes choſes, de mettre entre les
mains de l'Alcaïde, ou Juge de ce territoire, quelques piéces de Vaiſſelle d'argent,
pour aſſurance qu'ils ne déroberoient rien
dans les lieux de ſa Juriſdiction. Enſuite
de cela, toutes les Vieilles Egyptiennes, &
quelques jeunes, ſe répandirent d'un côté &
d'autre à quatre ou cinq lieuës de l'endroit
où la Bande s'étoit arrêtée. André & deux
ou trois Egyptiens les ſuivirent, & ce fut
dès ce jour-là, qu'on commença à lui donner des inſtructions pour le métier qu'il
leur avoit promis de faire, dès que le mois
ſeroit expiré. Mais il ne ſe mit guére en
peine de les mettre dans ſon eſprit, réſolu
qu'il étoit, quoi qu'il en pût arriver, de
ne les mettre jamais en pratique. Il étoit
tout ému, au contraire à la vûë du moindre larcin, & il arriva plus d'une fois, qu'il
paya de ſon propre argent les vols que ſes
Camarades avoient faits; ſon cœur ne pouvant

vant tenir contre les larmes d'une infinité de misérables, à qui on enlevoit le plus souvent jusqu'aux habits. On peut bien juger que les Egyptiens ne s'accommodoient guéres des maniéres de leur Novice. Cela lui attira quelque petite Mercuriale, & en effet c'étoit contrevenir à leurs régles, & le métier n'eut plus rien valu si chacun en eut fait autant. André en demeura d'accord. Il promit même qu'il feroit enfin comme les autres ; mais il leur déclara en même tems, qu'il vouloit faire ses coups tout seul, qu'il ne vouloit être accompagné de qui que ce fût. Je ne manque, se prit-il à dire, ni d'habileté pour me tirer du péril, ni de courage pour m'y exposer, & puis il est juste que celui qui fait quelque prise, en ait seul la gloire & la récompense, comme il en doit avoir la confusion, & en être puni s'il a le malheur d'être surpris, & d'avoir manqué son entreprise. Ces raisons étoient bonnes & convainquantes ; mais les Egyptiens ne pûrent se résoudre à s'y rendre. Ils s'efforcérent de le détourner de cette résolution, lui alléguant qu'il lui pouvoit arriver mille accidens imprévûs, où il auroit besoin de secours, & qu'en un mot un homme seul ne pouvoit pas faire des captures fort considérables, qu'il se mettoit des chimères dans la tête, & qu'il seroit bien-tôt seul à se repentir de prendre un parti si extraordinaire & si singulier. On eut beau s'opposer à son sentiment. André voulut être Larron solitaire, & l'on voit bien quelle étoit sa vûë. Il vouloit de tems en tems acheter quelque chose, & dire qu'il l'avoit dérobé. En effet, ce fut ce qu'il pratiqua, & par cette superchérie, il fit plus de bien à la Bande que tous les autres Egyptiens ensemble. Cela charmoit Pretiosa. Mais comme l'on craint toûjours pour les personnes que l'on aime, lors qu'elle avoit un peu refléchi, elle se disoit mille fois en son cœur, que son Amant s'exposoit trop, & qu'elle lui souhaiteroit un peu plus de timidité, & moins de courage & d'adresse : car après tout, disoit-elle, quoique la fortune semble se déclarer pour les plus entreprenans & les plus courageux, ce sont ceux-là néanmoins, si l'on y fait bien réflexion, qui sont les plus sujets aux disgraces & aux avantures tragiques. Mais que faire, continuoit-elle, personne ne peut éviter sa destinée.

Les Egyptiens furent un peu plus d'un mois dans le territoire de Tolede, où ils firent assez bien leurs affaires. Ils passèrent de là dans l'Estremadure, qui n'est pas un Païs moins riche : & si Pretiosa paroîs-
soit

soit toûjours charmante à André, André paroissoit de plus en plus à Pretiosa, l'Amant le plus accompli qu'il y eut au monde. Il étoit tendre, modeste, discret, & il avoit d'ailleurs tant d'adresse, que c'étoit toûjours lui qui gagnoit le prix de la course & du saut, ce qui le faisoit admirer dans tous les endroits où ils arrivoient. Il joüoit admirablement au Mail, à la Paume & à tous les Jeux d'exercice, ce qui lui attira une si haute renommée, qu'on parloit de lui comme d'un prodige. La beauté de Pretiosa ne fit pas moins de bruit dans l'Estremadure que les qualités admirables d'André : si bien qu'il n'y avoit ni Ville, ni Village, où ils ne fussent appellés aux jours de leurs Fêtes, ou dans les réjoüissances particuliéres. Ainsi la Bande marchoit riche, heureuse & contente.

Peu de tems après, la Bande ayant planté ses tentes sous des Chênes, qui étoient un peu écartez du chemin, on entendit environ sur le minuit aboyer les chiens, plus fort & plus haut que de coûtume. André & quelques Egyptiens sortirent, pour voir qui étoient ceux à qui les chiens en vouloient, & ils trouverent un jeune homme vêtu de blanc, qui se défendoit comme il pouvoit, contre deux de ces animaux, qui s'étoient lancez sur lui, & qui l'avoient
pris

pris à la cuisse. Ils ne furent pas plûtôt arrivez qu'ils firent lâcher prise aux chiens, & l'un des Egyptiens lui parla de cette maniére. Et qui vous meine ici, bon homme, à une telle heure, & ainsi hors du chemin? Est-ce dans le dessein de faire quelque capture? Si cela est, vous n'êtes pas arrivé à bon port. Je ne viens pas pour dérober, répondit le jeune homme, & je ne sais si je chemine dans le bon chemin, ou si je me suis égaré; mais tout ce que je sais, c'est que je n'ai pas pris un sentier fort bon. Tout ce que je vous demande pour le présent, c'est que si par avanture il y a près d'ici quelque Hôtellerie, ou quelque lieu pour me retirer cette nuit, & pour me faire pancer des playes que vos chiens m'ont faites, vous me le montriez. Il n'y a lieu ni Hôtellerie dans ce Territoire, où nous vous puissions conduire, répondit André. Mais pour pancer vos morsures, & pour vous reposer cette nuit, nous vous accommoderons de cela. Vous n'avez pour cet effet qu'à nous suivre, car quoique nous soyons des Egyptiens, nous ne sommes pas si méchans que nous sommes noirs. Dieu vous rende votre charité, repartit l'inconnu; mais pour la faire toute entiére, portez-moi, je vous prie, car la douleur que je ressens est si

Tom. I. D gran-

grande, que je ne saurois faire un seul pas. André & un autre Egyptien, le prirent alors & le portérent dans une de leurs tentes. La nuit étoit claire, & ils s'apperçurent que c'étoit un jeune homme bien fait & de belle taille. Son équipage étoit assez singulier. Il étoit habillé d'une toile blanche, ayant par-dessus une maniére de chemise qu'il avoit ceinte autour de ses reins.

La Cabane où on le porta fut celle d'André. On alluma promptement du feu & de la chandelle, & l'Ayeule de Pretiosa accourut aussi-tôt pour lui pancer ses morsures. Elle prit quelques poils de ces chiens qui l'avoient mordu, elle les fit frire dans de l'huile, & ayant lavé la playe avec du vin, elle y apliqua les poils fricassés avec un peu de romarin verd, qu'elle mâcha auparavant. Elle banda ensuite la playe avec des linges blancs, & y fit quelques signes de croix.

Tandis qu'on pançoit ce jeune homme, Pretiosa qui étoit présente le regarda fort attentivement. Pour lui il eut toûjours les yeux attachez sur elle. André ne manqua pas de s'en apercevoir; mais il ne s'en formalisa point, regardant comme une chose impossible que la chose put arriver autrement; car disoit-il en soi, qui peut avoir vû une fois Pretiosa, & n'avoir pas toûjours

jours ſes regards ſur elle ? L'inconnu s'alla repoſer, & dans le moment Pretioſa tira à part ſon cher André. Te reſſouviens-tu, lui dit-elle, d'un Papier que je laiſſai tomber dans ta maiſon, lors que j'y danſois avec mes compagnes, & qui te donna bien de la jalouſie. Je m'en reſſouviens, très-bien, repondit André, c'étoit un Madrigal fait à ta loüange, & qui étoit fort bon. Celui qui l'avoit compoſé, continua-t-elle, eſt ce même jeune homme qui a été mordu par nos chiens, & que nous venons de quitter. Je ne me trompe nullement, c'eſt lui-même, & je l'ai vû depuis ce tems-là deux ou trois fois, & il me donna même encore un Romance qui valoit bien le Madrigal. Il étoit vêtu alors en Page, non pas comme les Pages ordinaires ; mais comme ceux des Princes qu'on nomme Pages d'honneur, ou de la chambre. Je t'aſſure, André, que ce jeune homme eſt diſcret. Il parle bien, il a de l'éducation, je lui ai connu beaucoup de mérite, & je ne puis concevoir par quelle avanture il ſe trouve ici, & d'où vient qu'il paroît dans cet équipage. Je ſai bien qu'en penſer moi-même, repartit André, la même conſtellation qui m'a transformé en Egyptien, lui a fait prendre l'habit qu'il porte. Ha ! Pretioſa, je commence à m'apercevoir que tu es comme les autres personnes de ton sexe, que tu aimes à faire des conquêtes, & que je ne suis pas le seul à qui tu as rempli l'esprit d'espérances : ce jeune homme ne s'est pas transporté ici sans mystére, & tu en as trop dit, pour ne pas reconnoître que ton cœur pourroit bien être partagé. Commence si cela est, par me faire mourir, & fais mourir ensuite cet Amant nouveau, ne nous sacrifie pas tous deux ensemble. Qu'on est ingénieux à se procurer des chagrins quand on est jaloux, s'écria Pretiosa toute allarmée, & qu'une Amante est malheureuse, lors qu'elle trouve un Amant de ton caractére. Tu soupçonnes ma sincérité, tu m'accuses de coquetterie & d'inconstance, & sur quels fondemens, sur un aveu qui devoit te convaincre de mon innocence, & de la tendresse que j'ai pour toi, si tu faisois le moindre usage de ta raison. Car enfin, s'il y avoit en ceci de l'artifice & de la tromperie, qui m'eût empêché de dissimuler & de garder un profond silence ? Ne m'eût-il pas été permis de feindre que ce jeune homme m'étoit inconnu, & quel pouvoit être mon but dans la confidence que je t'ai faite, s'il y avoit ici quelque mistére ? Mais il faut te désabuser, & guérir tes injustes incertitudes, il y a un moyen très-sûr fûr pour le faire. Examine toi-même, dès demain le jeune homme. Il ne te sera pas difficile de savoir où il va, & d'où il vient, & quel peut être le sujet de son déguisement. Il te répondra; & quelles que puissent être ses réponses, ordonne lui de se retirer. Tous nos Egyptiens ont tant d'égard pour toi, qu'aucun n'aura garde de le retenir dans sa tente, & quand cela seroit, demeure persuadé qu'il ne me verra point, que j'éviterai sa conversation, que je fuirai même sa vûë, & celle de tout autre que tu me défendras de voir. J'avouë que je ne suis point fâchée de te voir jaloux; mais je le serois extrêmement si tu continuois à être injuste. Non Pretiosa, je ne le serai point, répondit André, & tu dois demeurer d'accord que l'amour s'allarme quelquefois à moins, & que mes doutes sont pardonnables. Cependant j'executerai ce que tu m'ordonne. Je saurai s'il est possible ce que demande ce jeune Page, & quelle est la proye qu'il cherche. Je demeure toûjours convaincu, que son déguisement est mistérieux, & qu'il ne court pas le monde ainsi travesti, qu'il n'ait quelque vûë. Où auroit-il laissé ce grand esprit que tu lui trouves, s'il courroit ainsi sans dessein & dans un si ridicule équipage? Je le tournerai par tant d'endroits,

qu'il

qu'il aura besoin de tout cet esprit pour se dérober à mes yeux, & il faudra malgré qu'il en ait, qu'il découvre ce qu'il a dans l'ame, avec son habit de mascarade. La jalousie est une terrible passion, dit là-dessus Pretiosa, elle cherche à tous momens de nouveaux sujets d'inquiétude, elle renverse l'imagination, & dérange l'esprit le mieux fait. Comme elle ne subsiste que dans des soupçons le plus souvent chimériques & imaginaires, tout devient incertain pour ceux qui sont attaqués de cette maladie, & ils n'ont plus l'usage de leurs sens. Ils voyent tout autrement que les autres hommes, un Pygmée leur paroît un Géant, & les doutes les plus mal fondés sont pour eux les vérités les plus réelles. Reprens ta première situation, André, suspens ton jugement pour un peu de tems: doute en ma faveur un seul moment, tu viendras par là à bout de t'éclaircir, tu te repentiras de ton injustice, tu en auras mille secrets remords, & je sens bien que je te pardonnerai; rien n'est difficile à quiconque aime. Cette conversation étant finie, Pretiosa laissa André qui s'alla coucher, attendant la venuë du jour, pour tâcher de s'éclaircir de ses doutes. Quoique la nuit fût fort avancée, elle lui parut extrêmement longue. Pretiosa avoit eu beau

pro-

prodiguer ses tendresses, & s'épuiser en raisonnemens, pour lui faire entendre raison, tout cela fut fait inutilement : jamais homme ne fut moins raisonnable : il se mit dans l'esprit mille visions, se fit toûjours des montagnes des moindres atomes, & ne ferma pas l'œil un seul moment. Le jour vint enfin, il se leva; & vola, pour ainsi dire, dans l'endroit où le jeune homme étoit couché. Il s'informa d'abord de ses morsures, & après ce compliment qui fut fort succint, il lui demanda quel étoit son nom, où il alloit, & dans quelle vûë il cheminoit ainsi de nuit & à travers champs. Le jeune homme répondit, qu'il se trouvoit mieux, qu'il étoit absolument sans douleur, qu'il étoit en état de se mettre en chemin, & de poursuivre son voyage.

Quand à son nom, & pour réponse aux autres choses qu'André vouloit savoir, il dit qu'il s'appelloit Alonzo Hurtado, qu'il alloit à Notre-Dame de la Roche de France, que pour y arriver plûtôt, il cheminoit ainsi de nuit; & que dans l'obscurité & les ténébres, il s'étoit égaré du chemin, dont mal lui avoit pris, graces aux chiens qui gardoient ces tentes. Cette déclaration ne sembla pas légitime à André, ses soupçons s'acrurent : & dans les transports de sa jalousie, il lui répondit en ces termes. Savez vous bien, mon ami, ce que je ferois de vous si j'étois votre Juge? Je vous ferois pendre haut & court sur vos réponses. Vrayement vous nous la donnez belle. Il m'importe peu de savoir qui vous êtes, quel est votre nom, ni où vous allez. Je vous avertis seulement; que s'il y a pour vous de la nécessité à mentir, vous le fassiez avec un peu plus d'apparence de vérité. Vous dites que vous allez à Notre-Dame de la Roche de France, & vous la laissez à main droite, & bien trente lieuës pour le moins du lieu où nous sommes. Vous cheminez de nuit pour y arriver plûtôt, & vous marchez hors du chemin dans des forêts, où à peine voit-on le moindre sentier. Levez-vous, mon ami, aprenez à mentir moins grossiérement, & vous en allez à la bonne heure. Cependant, en récompense du bon avis que je vous donne, m'éclaircirez-vous sur un fait dont j'ai grand désir d'être éclairci; me direz-vous la vérité? J'ai lieu de l'espérer en quelque maniére, puisque vous savez si mal mentir. Dites-moi donc, n'êtes-vous pas par avanture, un jeune homme que j'ai vû souvent à la Cour, avec l'habit que l'on porte quand on sort de Page, & qu'on est prêt d'être Cavalier? Si vous êtes celui dont je parle, vous avez le bruit d'être grand

Poëte,

Poëte, & vous composâtes un Romance & un Madrigal pour une de nos Egyptiennes qui étoit à Madrid il y a quelque tems, & qui passe pour être assez belle. Ne vous cachez point de moi. Je vous promets foi de Cavalier Egyptien de garder le secret s'il est nécessaire. Mais n'allez pas tergiverser, & me repaître de nouveaux contes, car après tout je vous reconnois. Ce visage que je vois ici maintenant, est le même sans aucun doute que celui que j'ai vû très-souvent à Madrid, & me nier cette vérité, ce seroit me nier que vous avez été mordu de nos chiens, ou que l'Aurore, cette belle fourière du jour, pour parler le langage des Poëtes, dore le sommet de nos montagnes. La renommée que vous vous êtes aquise, faisoit que je vous regardois fixement, de sorte que j'ai si bien imprimé votre figure dans ma mémoire, que je vous reconnoîtrois sous un déguisement plus bizarre encore. Ne vous troublez pas, prenez courage, vous n'êtes pas parmi des Brigands, vous êtes parmi des amis, & des amis même qui vous défendront contre tout venant. Mais il y a plus, & c'est un aveu que je vous demande encore. Je m'imagine une chose, & si ce que je pense est véritable, je vous tiens heureux de ce que vous êtes tombé entre mes mains. Je m'imagine donc qu'étant amoureux de la belle Egyptienne pour laquelle vous fîtes des Vers, vous êtes venu pour la voir : & si cela est, tant s'en faut que je vous blâme de ce dessein, qu'au contraire je vous en estime davantage. Quoique je sois Egyptien, je ne laisse pas de savoir par experience la force de l'amour & son pouvoir. Je n'ignore pas les changemens & les métamorphoses qu'il fait faire à ceux qu'il a soûmis à ses loix. Il est le plus petit & le plus grand des Dieux. Or si cela est, comme je n'en doute en aucune maniére, je vous annonce que la belle Egyptienne est dans notre Bande. Je le sais interompit le jeune Poëte, & je l'a vis hier au soir.

Ces paroles furent un coup de foudre pour André, la jalousie acheva de s'emparer de son cœur, il ne sût plus où il en étoit, il parut confus & interdit. Je l'a vis hier au soir, poursuivit le jeune homme, cependant je ne voulus pas me découvrir, parce que je ne le crus pas à propos. Vous êtes donc, repartit André, le Poëte que je disois. Oui répondit-il, je le suis ; je ne puis, ni ne le veux nier, après tant d'assurances que vous m'avez données, & sur lesquelles je me flatte que je puis compter, quoique la fidélité ne se trouve guéres dans les forêts & sur les montagnes. Elle s'y trou-

trouve néanmoins, dit André, & principalement nous qui sommes Egyptiens, faisons profession d'être les gens les plus secrets qu'il y ait au monde. Avec ces assurances vous pouvez m'ouvrir votre cœur, & vous ne vous en repentirez jamais. La jeune Egyptienne est ma proche parente, elle fera tout ce que je voudrai. Si vous desirez de l'avoir en mariage, je vous répons de tous ses parens, & si c'est simplement pour Maitresse, nous n'userons pas de tant de cérémonies, pourvû que vous ayez quelque argent; avec ce précieux métal quelles difficultés n'aplanit-on pas? J'ai de l'argent, repartit le jeune homme. Il est cousu dans une manche de cette espéce de chemise que je porte, ceinte au travers du corps, & il y en a pour quatre cens écus d'or pour le moins. Ces derniéres paroles causérent un nouveau trouble dans l'esprit d'André. Il s'imagina que cet homme ne portoit pas sur lui sans dessein, une somme si considérable, & que la vûë qu'il se proposoit, étoit de conquerir à force d'argent le cœur de la charmante Egyptienne. Ce trouble parut dans ses yeux, sur tout son visage, dans ses paroles. Cette somme n'est pas à mépriser, se prit-il à dire, tout interdit. Il faut seulement que vous me découvriez votre intention, & que nous mettions la main à l'ouvrage : la jeune fille ne fera pas la difficile, je m'assure, l'argent dans le siécle où nous sommes fait tout, avec un tel passeport, il n'est point de porte qui ne s'ouvre, point de cruelle qui ne s'humanise. Helas, dit alors le jeune homme, je veux que vous sachiez que la violence qui m'a contraint à me travestir, & à errer de contrée en contrée, ne procéde en aucune maniére, de l'amour dont vous me parlez. Je n'aspire point à Pretiosa. Il y a dans Madrid assez de beautés qui auroient pû m'y arrêter, & qui ne cédent en rien à vos plus belles Egyptiennes, quoique je sois contraint d'avoüer que Pretiosa a des charmes qui pourroient bien produire un pareil effet. Il n'est guéres de mortelle plus parfaite, & j'ai chanté souvent sa beauté comme vous savez. Mais, quoi qu'il en soit, ce n'est pas l'amour qui m'a conduit ici, & qui me fait courir les champs, dans le triste équipage où vous me voyez, c'est le caprice de mon étoile, ma mauvaise destinée, mon infortune.

Ce discours remit un peu André, qui s'attendoit à toute autre chose. Il le pressa alors de lui conter ses avantures, & le jeune Poëte le fit sur le champ.

Je me tenois à Madrid, se prit-il à dire, & j'étois dans l'Hôtel d'un grand Seigneur
que

que je servois, non en qualité de Maître; mais en qualité de parent. Il avoit un fils unique à peu près de mon âge, & nous avions lié ensemble une amitié si tendre & si étroite, qu'il me seroit bien difficile de la dépeindre, ni de l'exprimer. Ce jeune Seigneur se rendit amoureux d'une Demoiselle, d'une Maison assez qualifiée, & il l'eut épousée volontiers, si en enfant obéissant, il ne se fût soûmis aux volontés de son pere & de sa mere qui s'y opposerent, parce qu'ils aspiroient à un plus grand parti. Il la voyoit néanmoins & il la servoit. J'étois le seul confident de cette passion secrette, que ses parens croyoient entiérement éteinte, & qui n'avoit pourtant jamais été plus forte; car qui ne sait que la défense aigrit les passions, qu'elle les rend plus vives & plus véhémentes. Nous passions une nuit devant la porte de la Maîtresse de mon parent, ce qui étoit notre coûtume ordinaire. Mais que cette nuit fut funeste. Nous aperçûmes dans l'obscurité, deux hommes qui nous parurent de très-bonne mine! Nous nous mimes en devoir de les reconnoître, & à peine fumes nous à portée de leurs épées, qu'ils les tirérent & nous chargérent avec une vigueur inimaginable. Nous tirâmes les nôtres, & les ayant reçûs avec la même vigueur,

gueur, le combat se trouva engagé, & il fut terminé dans un moment. Le jeune Comte que la jalousie animoit, devint furieux comme un Lion. Je ne parus pas moins animé que lui. Enfin ; car je veux abréger, nous portâmes des coups si à propos, qu'il en coûta la vie aux deux Cavaliers qui nous avoient attaquez avec tant de furie. Nous les blessâmes tous deux presque dans le même instant, & ils tombèrent morts sur la place. Nous n'eûmes pas plûtôt vû nos ennemis renversés par terre & sans mouvement, que nous commençâmes à prendre la fuite. Nous nous rendimes d'abord chez nous, & ayant pris autant d'argent que nous en pûmes emporter, nous fumes nous réfugier dans le Monastére de S. Jerôme, aprehendant les poursuites des parens des morts, qui à leurs habits & à leur bravoure, nous parurent des personnes distinguées. On nous reçut dans cette maison de la maniére que nous le pouvions desirer, & nous sûmes le lendemain qu'on ne nous soupçonnoit en aucune maniére; de sorte que les Réligieux qui nous avoient recueillis, nous conseillérent de retourner à l'Hôtel du Comte, afin que par notre absence, nous ne donnassions une occasion légitime de faire soupçonner que nous étions les auteurs de ce meurtre.

Com-

Comme le conseil étoit sage, nous n'eûmes pas beaucoup de peine à le suivre ; mais dans le moment que nous l'allions executer, nous fûmes avertis que les Juges du Grand Prévôt de l'Hôtel, s'étoient saisis du Pere & de la Mere de la Demoiselle, sous les fenêtres de laquelle s'étoit donné le combat ; qu'on avoit arrêté la Demoiselle elle-même ; & que les Domestiques ayant été examinés, une femme de Chambre avoit déposé, que le jeune Comte mon parent, voyoit sa Maîtresse tous les jours & toutes les nuits ; que sur cette déposition, on nous avoit cherchez, & que comme nous manquions justement, tout le monde étoit convaincu que nous avions assassiné ces deux Cavaliers, qui étoient des Principaux de la Cour. Nous fumes bien embarrassés, & enfin après bien des délibérations, de l'avis de mon parent, & par le conseil des Réligieux, nous sortimes quinze jours après de leur Monastére ; car nous ne pouvions pas toûjours demeurer-là. Le jeune Comte en habit de Moine, suivit un Religieux, & prit le chemin d'Arragon, pour de là passer en Italie, & se rendre en Flandres, & pour ce qui me regarde, je crus que je devois me séparer de lui, & prendre une autre route. Ainsi m'abandonnant à la Providence, je me travestis

tis de la manière que vous voyez, & ayant accompagné un Moine qui me faisoit passer pour son valet, nous nous rendîmes à Talavera, où nous nous quittâmes. Je partis un moment après de cette Ville, & pour éviter les grands chemins, je marchai à travers champs, comme un criminel qui croit d'être poursuivi, & je fis tant enfin, que je me trouvai hier au soir à ces Chênes, où je fûs si mal reçû de vos chiens. J'avouë que je vous dis que j'allois à Notre-Dame de la Roche de France; mais ce ne fut que pour répondre bien ou mal à ce que vous me demandiez; car à vous parler sincérement, je ne sais en quel endroit est située cette Notre-Dame; la seule chose que j'en puis savoir en gros, c'est qu'elle est au-de-là de Salamanque. Il est vrai, dit André, & vous l'avez laissée bien loin, mais poursuivez. Le seul dessein que j'ai, continua le jeune Gentilhomme, est de me rendre à Seville. J'ai là un Chevalier Génois, grand ami du Comte mon parent, qui envoye de tems en tems de grosses remises d'argent à Génes, & je me flate que par son moyen je pourrai me rendre à Cartagène, & de là passer sûrement en Italie, sur une des Galéres dont il dispose; car, qui l'empêchera de dire que je suis un de ses Facteurs. Voilà l'histoire de mes

avan-

avanture, & voilà quel est mon dessein. Mais ma grande difficulté est, que je ne sais de quelle maniére m'y prendre, pour me rendre en sûreté à Seville : mon ame est agitée de mille craintes, tout me paroît suspect, tout me fait peur, & quoique je voye bien dans le fonds que ce ne sont que des terreurs paniques, & que je m'allarme le plus souvent sans aucun sujet, il me semble que j'ai pourtant à mes trousses tous les Archers de l'Univers. J'ai une pensée, je ne sais si elle est praticable, je voudrois prier vos Egyptiens de me laisser entrer dans leur troupe, & je les suivrois jusqu'à Seville, si vous marchiez de ce côté là. Je vous garantis qu'ils seroient satisfaits de moi, & je sens bien en même tems que ce seroit l'unique moyen de me délivrer de mes frayeurs ; car apres tout, qui s'iroit jamais aviser que je puisse être au milieu de vous. Mais à vous dire le vrai, je me défie en quelque maniére, qu'il veuillent me recevoir en leur compagnie. Ils vous y recevront, répondit André, vous pouvez compter là-dessus, & si vous n'entrez point dans notre troupe ; car je ne sais si nous prendrons la route de l'Andalousie, vous entrerez dans une autre, que nous devons rencontrer dans deux ou trois jours. Il vous en coûtera quelque petite chose ; mais

mais qu'y faire, rien ne se fait pour rien dans ce monde, trop heureux encore, quand à la faveur d'une somme modique, on peut mettre son esprit en repos, & faire réüssir ses desseins.

Cet entretien ne fut pas plûtôt fini, qu'André se retira, & alla informer les autres Egyptiens de ce qui se passoit. Après leur avoir fait un recit succint des avantures de ce jeune homme, il leur déclara le dessein qu'il avoit de se mettre pour quelque tems dans leur Bande, & tous unanimement furent d'accord de l'y recevoir, excepté Pretiosa & son Ayeule. Vous irez à Seville avec ce jeune Inconnu, tant qu'il vous plaira, dit la vieille Egyptienne ; mais je sai bien que je ne serai pas de la partie. C'est un Païs, où il ne m'est pas permis d'aborder, & où les Egyptiens ne sont pas en fort bonne odeur. Surtout pour ce qui me regarde, je n'y trouverois pas mon compte. Il y a fort peu de tems que nous y étions, & j'y joüai un tour à un Bourgeois appellé Triguille, qu'il n'a pas oublié, je m'assure, & dont je suis fondée à croire, qu'il se dédommageroit libéralement si je tombois entre ses mains. Cet homme qui étoit crédule & avare, s'étoit mis dans l'esprit que j'étois grande Devineresse, & que je pourrois à coup sûr, lui in-

indiquer un tréfor qu'il croyoit qu'un de ſes Ancêtres avoit caché dans ſa maiſon. Il avoit fouillé partout ſans aucun ſuccès, & comme c'eſt un préjugé aſſez général parmi le peuple, que nous ſommes toutes Magiciennes, ſurtout lorſque nous ſommes ſur l'âge, il s'adreſſa à moi avec beaucoup de confiance. Il commença par me mettre une piéce d'argent dans la main, & après cet exorde, qu'il crut être plus capable qu'aucun autre, de captiver ma bienveillance, en quoi il ne ſe trompoit pas tout-à-fait, il me ſupplia avec des empreſſemens qui me firent rire, & en me donnant des loüanges que certainement je ne méritois pas, que je miſſe en pratique toute ma ſcience noire pour découvrir ce prétendu tréſor. J'avoüe que je fus mille fois ſur le point de lui rendre le préſent qu'il m'avoit fait, & de lui répondre que j'avois oublié mon grimoire. Mais enfin, comme ce qui entre dans nos mains n'en ſort guéres, & que d'ailleurs, j'eus envie de me divertir, & de le guérir en même tems de cette ridicule imagination, dont ſa pauvre cervelle étoit coëffée, je ne voulus pas l'éconduire. Je lui dis donc d'un ton aſſuré, que j'en ſavois aſſez long depuis pluſieurs années pour lui donner ſatisfaction, qu'il n'auroit pas regrèt à ſon préſent, qu'il n'avoit qu'à faire re ce que je lui prescrirois, & que foi de Magicienne des plus Vieilles de la Compagnie, je lui garantissois, que s'il y avoit chez lui de l'argent caché, il le trouveroit, fût-il en la puissance & en la garde de Beelzebud, & de tous les Démons ensemble. Triguille eut tant de foi à mes discours, & à mes promesses, que je le fis mettre tout nud dans une Cuve, où il avoit de l'eau jusques au cou, après avoir marmoté quelques paroles qui ne signifioit rien, & lui avoir mis sur la tête une Couronne de Cyprès, & une baguette à la main, que je lui dis être d'un certain arbre, dont je ne me souviens plus du nom. La Cuve étoit dans une petite Cave bien pavée & bien cimentée, circonstance que je ne dois pas oublier, parce que pour l'intelligence de mon Histoire, il est nécessaire qu'on la sache. L'ayant donc fait mettre dans son bain, je me retirai, lui ayant recommandé fortement d'y demeurer tout le long du jour sans s'impatienter, & de n'en sortir que lorsqu'il entendroit sonner une cloche, qui ne sonne que vers le commencement du soir, ajoûtant qu'il n'en seroit pas plûtôt dehors, que la Baguette le conduiroit dans le lieu où seroit le trésor, s'il étoit vrai qu'il y en eut un. Le Badaut demeura fort tranquilement dans cette posture,

ture, en attendant que la cloche sonnât; étant déja tout transi de froid; car on peut bien s'imaginer qu'il ne pouvoit pas avoir grand chaud. La cloche sonna à la fin, & la grande avidité qu'il eut d'aller où le conduiroit la Baguette, le fit agir avec tant de précipitation, qu'il renversa la Cuve & deux petits bancs sur lesquels elle étoit posée, s'étant donné un si grand coup à la tête, qu'il en demeura étourdi. Ce ne fut pas tout, la couverture de la Cuve, lui tomba encore sur le corps, & lui fit donner du nez par terre. Il se trouva dans cet état au milieu de l'eau, qui s'étoit répanduë dans la petite Cave; & comme il étoit nuit, qu'il avoit une blessure à la tête, & une contusion sur le corps; & que le froid & la peur l'avoient saisi, il se prit à crier à pleine tête, qu'il se noyoit. Sa femme qui ne le savoit pas là, accompagnée de quelques voisins, accourut avec de la lumiére, entendant les cris redoublés de ce misérable, & on le trouva faisant tous les gestes d'un homme qui nage, soufflant, & traînant le ventre par terre, remuant legérement les pieds & les mains, & criant toûjours de toute sa force qu'on le secourût, qu'il se noyoit. Cette femme qui n'avoit guéres plus d'esprit que lui, ou qui ne savoit ce qu'elle faisoit, tant la vûë de ce

spectacle l'avoit troublée, lui dit sottement, mon cher mari, quel méchant Ange vous a jetté là, que signifient ces bancs & cette Cuve? Mon Dieu! dites-moi, je vous prie, & d'où est-ce qu'est venue cette eau? Tirez moi d'ici, ma chere femme, répondit dolemment le pauvre Triguille, en l'interrompant, & puis nous parlerons de cela, je pers la respiration & mes forces, & il est tems de me secourir. On le tira donc de ce bourbier, & lorsque ses esprits lui furent un peu revenus, il raconta de point en point la piéce que je lui avois faite. Chose étrange, & qui fait bien voir quelle est la puissance des préjugés; tout cela ne fut pas capable de le rendre sage. Il n'y eut si petit coin dans sa maison, où il ne fît creuser le lendemain & les jours suivans, & si défenses en bonne & dûe forme ne lui eussent été faites, de ne pas creuser davantage, il eut renversé sa maison, & peut-être celles de ses Voisins; mais comme je viens de le faire sentir, ses voisins y donnerent bon ordre. Tout le monde s'est moqué de Triguille, & comme les petits enfans le montrent encore au doigt, lorsqu'il passe dans les rues, il est si irrité contre les Egyptiens & les Egyptiennes, que vous trouverez bon que je n'aille pas m'exposer à recevoir quelque affront sanglant,

glant, ainſi donnons congé à ce jeune homme, & qu'il ſe rende à Seville comme il pourra.

Nous n'en ferons rien, notre bonne Mere, s'écriérent les Egyptiens tout d'un accord, il ne vient pas tous les jours de telles Aubaines, nous le recevrons au milieu de nous. En effet, ils réſolurent de le recevoir, lui promettant de le cacher, & de le garder tout autant de tems qu'il le jugeroit néceſſaire. Cependant, pour ne pas expoſer la Vieille Egyptienne, & peut-être toute la troupe à la vengeance de Triguille, il fut arrêté, qu'on ſe détourneroit à main gauche, qu'on entreroit dans la Manche & au Royaume de Murcie, & qu'on n'iroit point à Séville. On appella en même tems le jeune homme, & du moment qu'on lui eut déclaré ce qu'on avoit réſolu de faire pour lui, il en parut ſi content & ſi ſatisfait, qu'il diſtribua cent écus d'or aux Egyptiens, qui furent d'abord partagés. Jamais joye n'a été ſi grande que celle que firent paroître les Egyptiens, il n'y eut que Pretioſa qui en témoigna du mécontentement, & qui par rapport à André, eût voulu ſavoir à Madrid Don Sancho, c'eſt ainſi que s'appelloit ce jeune homme. Au reſte comme ce nom paroiſſoit un peu trop noble pour un Egyptien,

on

on crut qu'il étoit nécessaire de lui en donner un autre, & on convint qu'il seroit appellé Clément; & c'est ainsi que nous l'appellerons dans la suite. Ce qu'il y a de particulier, & qui marque que la jalousie est un mal qui est presque incurable, André eut dans son cœur un chagrin sensible qu'on eut retenu ce jeune Cavalier, quoique c'eut été, pour ainsi dire, à sa seule sollicitation. Ses premiers soupçons se réveillérent, lorsqu'il vint à faire réflexion, que ce jeune homme qui avoit témoigné tant d'ardeur pour aller à Seville, n'y pensoit plus; qu'il n'avoit pas fait la moindre instance pour obliger les Egyptiens à prendre la route de cette Ville, & qu'en un mot, il avoit méprisé l'offre qu'il lui avoit faite d'abord, de le faire entrer dans une autre Troupe, qui devoit marcher vers cette Capitale de l'Andalousie. Dans le tems qu'il étoit occupé de mille pensées qui le troubloient, & qui se multiplioient de moment à autre, Clément le prévint, quoique sans dessein; car il étoit bien éloigné de pénétrer les troubles qui l'agitoient & qui faisoient tant de desordres dans son ame. Je suis bien aise, mon cher André, se prit-il à lui dire d'un air riant, que nous allions tout droit dans le Royaume de Murcie, je ne serai pas éloigné de Cartagé-
ne,

ne, si j'y puis arriver sain & sauf, je m'embarquerai là pour l'Italie, & j'abrége fort mon chemin. André en demeura d'accord, cependant afin de veiller mieux sur lui, & pour ne le perdre point de vûe, il voulut qu'il fût son Camarade, ce que Clément prit à grande faveur; car il ne pensoit nullement qu'il lui pût causer la moindre jalousie. André & Clément étoient donc toûjours ensemble, & ils faisoient beaucoup de dépense. Ils n'épargnoient rien, les écus pluvoient; car ils en avoient encore suffisamment l'un & l'autre. Ils sautoient, ils dansoient & tiroient au bâton mieux que pas un des Egyptiens. Ils étoient respectés & aimés de tous, & particuliérement des Egyptiennes. Ils laissèrent enfin l'Estremadure, entrèrent dans la Manche, & se rendirent peu à peu dans le Royaume de Murcie. Ils ne passèrent dans aucun endroit, où il n'y eût des défis à la paume, à la lute, à la course, au saut, à tirer au bâton, & à tels autres exercices de force & d'adresse; mais André & Clément étoient ceux qui emportoient toûjours le prix. Pendant tout ce tems-là, qui fut de plus d'un mois & demi, Clément ne trouva jamais l'occasion de parler à Pretiosa, aussi à dire la vérité, il ne l'a cherchoit point. Enfin un jour qu'elle étoit seule

Tom. I. E avec

avec André, elle l'appella. Je te reconnus du moment que tu fus arrivé dans nos tentes, lui dit la jeune Egyptienne, & je me ressouvins d'abord des Vers que tu me donnas à Madrid. Cependant je voulus bien feindre que je ne te connoissois pas, parce que je ne savois dans quelle vûë tu étois tombé au milieu de nous. J'apris tes infortunes, & j'en fus affligée. Mais je veux bien t'en faire un aveu sincère. Je n'eus pas plûtôt jetté les yeux sur toi, que mon ame fut agitée de mille troubles : Car enfin je m'imaginois, que la même Puissance qui a métamorphosé D. Juan, pouvoit bien avoir métamorphosé D. Sancho, & tu n'auras pas peine à demeurer d'accord que ma crainte étoit légitime. Ne sois pas surpris, mon cher Clément, que je te découvre la passion d'André, je sais qu'il t'en a fait déja confidence lui-même, ainsi ce n'est point un secret dont je te fais part. Mon unique dessein en te confirmant la même chose de ma propre bouche, est de te donner une marque sensible de mon amitié & de mon estime ; & de prendre de là occasion de te supplier de vouloir être de mes amis, de ne m'être jamais contraire, d'entrer dans tous mes intérêts. Tu dois être convaincu, & je ne doute point que tu ne le sois, que la connoissance ce que j'ai eu de toi ne t'a pas porté préjudice. Ce n'est que par rapport à moi que tu as été si bien reçû au milieu de nous, & que tu as été admis aisément dans notre Troupe. Dieu veuille que cela te serve pour faire réüssir tes desseins. Mais je veux bien te dire moi-même, que tu n'en as l'obligation qu'à moi seule, & que je prétens que tu m'en tienne compte. Une véritable tendresse s'allarme de tout, sois-en persuadé, mon cher Clément. Je vois tant de disproportion entre la naissance d'André & la mienne, que je crains qu'enfin il n'ouvre les yeux, & qu'il ne vienne à s'appercevoir, que le parti qu'il a pris, n'est pas celui qu'il devoit prendre. Nous ne sommes pas les maîtres des premiers mouvemens que l'amour fait naître; mais je comprens bien qu'avec un peu de raison, on peut triompher des passions les plus violentes, surtout si l'on vient à écouter la voix d'un ami sincére & désintéressé. André ne seroit pas le seul qui reviendroit d'un égarement, où l'a conduit la plus aveugle de toutes les passions, & quelques petits attraits dont j'avoue que le Ciel m'a pourvûe. Tu sens bien, Clément où je veux aller. Tant qu'André n'a été que parmi nos Egyptiens, je n'ai rien craint; mais aujourd'hui je crains tout, parce que j'appréhende qu'en fidelle ami, tu ne lui représente que l'attachement qu'il a pour une Egyptienne lui fait tort, & que se rendant à tes raisons, qui sans doute seroient justes & véritables, il ne m'abandonne & ne me fasse mourir de douleur. Tu n'as rien à craindre de ce côté-là, repondit Clément, & pour te répondre pied à pied, sois persuadée, divine Pretiosa, que ce n'est ni par legéreté, ni par une vaine présomption que D. Juan s'est découvert à moi, & je suis devenu le confident de la plus pure flamme dont Amant ait jamais brûlé. Aux premiers regards que je jettai sur lui, je le reconnus, & il ne me fut pas difficile en même-tems de reconnoître, que c'étoient tes charmes puissans qui l'avoient transformé en Egyptien, comme ce furent autrefois les charmes d'une simple mortelle, qui transformérent en Taureau Jupiter lui-même. Je lui dis d'abord qui il étoit, & qu'il ne m'avoit pas été difficile de pénétrer ce qui me le faisoit rencontrer dans vos tentes. Il ne s'en défendit point, & se confiant en moi dès ce moment-là, il me déclara toute sa passion, & me fit toute son histoire. Il te peut rendre témoignage, que bien loin de désaprouver sa résolution, je la loüai, & que je le fis ressouvenir, qu'il s'est trouvé plus d'une fois des Princes, qui ont soû-

piré

piré pour des Esclaves. Je n'ai pas si peu d'expérience, que je ne sache bien quelle est la puissance de la beauté; & comme la tienne n'a point de pareille, on excusera toûjours les égaremens où elle a entraîné D. Juan; si toutefois on peut appeller de ce nom, des fautes où tombent tous les jours ce qu'il y a de plus éminent parmi les hommes, comme nous l'ont fait sentir les Poëtes, en nous décrivant les avantures du Pere des hommes & des Dieux. Je te rends cependant mille graces, Pretiosa, de la tendre amitié que tu me témoigne; je ne m'en rendrai jamais indigne; & veüille le Ciel couronner bien-tôt ton Hymen, fléchir en ta faveur les parens d'André, & te rendre aussi fortunée que tu es parfaite & accomplie. Clément dit toutes ces choses avec tant d'ardeur, qu'André ne savoit s'il avoit parlé en Amant, ou en ami, tant la jalousie est difficile à se déraciner de nos cœurs. Cependant il revint à soi, & rendit justice à Pretiosa & à Clément. On cesse d'être jaloux dès que l'on est éclairé de ce qui causoit la jalousie. André & Clément étoient à tous momens ensemble. Ce dernier étoit Poëte, comme on l'a déja vû, & pour André, quoi qu'il ne le fût pas naturellement, l'Amour lui faisoit faire quelquefois des Vers. Ils se montroient ordinairement ceux qu'ils avoient faits, & les chantoient enfuite. La troupe qui s'avançoit toûjours, étoit à quatre lieuës de Murcie, logée dans le fond d'un Valon, lorfque ces deux amis qui n'aimoient rien tant qu'à être feuls, fe tirérent à l'écart dans la nuit, pour s'entretenir fans témoins. Ils s'affirent l'un au pied d'un Liége, & l'autre au pied d'un vieux Chêne, & tenant chacun leur Guitarre, ils chantérent ce Dialogue.

ANDRÉ.

Vois-tu du Firmament les Globes étoilés ?
Tant de feux dont la nuit pompeufement fe
pare,
Si tu n'as d'un bandeau tes yeux encore voi-
lés
Ne dépeignent-ils pas cette beauté fi rare ?

CLEMENT.

Je dis plus, la beauté que tu viens de loüer,
Eft telle que le Ciel n'en a point de pareille,
Et nous devons ici l'un & l'autre avoüer,
Qu'un mortel ne fauroit chanter cette merveille.

AN-

ANDRÉ.

Divine Egyptienne, ah! que n'ai-je la voix
Ou du Chantre d'Auguste, ou du Savant Homere!
Je pousserois ton nom un million de fois
Jusqu'au Trône de feu de la plus haute Sphere.

CLEMENT.

Sage Pretiosa, prodige de beauté,
Il n'est point de mortel qui résiste à tes charmes,
Et l'amour, pour montrer son pouvoir indompté,
N'employe que tes yeux, il n'a point d'autres armes.

Sur le ton qu'avoient commencé ces deux amis, il n'y a guéres d'aparence que leur intention fût d'en demeurer-là. Ils étoient en train de pousser fort loin leurs exagérations poëtiques; mais ils furent interrompus par une voix qui les arrêta tout court : ce fut celle de Pretiosa, qui avoit écouté leur concert, & qui chanta les Vers qu'on va voir. Je ne sai si elle les composa sur le champ, ou si elle les avoit faits dans une autre occasion; mais quoi qu'il en soit, ils furent chantés fort à propos, & ils furent comme une réponse à ceux qu'elle venoit d'entendre : il ne sera pas difficile d'en juger.

CHANSON.

Dans notre flamme mutuelle
L'Amour lui-même m'est soûmis :
Aussi sans cesse je me dis ;
Soyez chaste, & soyez moins belle.

Lors qu'avec beaucoup de tendresse,
On peut conserver sa pudeur,
Il n'est point de plus doux bonheur
Que le bonheur d'une Maîtresse.
Sans voir une Troupe importune
D'Amans à mes pieds abattus,
J'espére un jour par mes vertus
Me faire une grande fortune.

Richesses grandeurs, je vous céde
A quiconque en fait ses plaisirs,
La vertu borne mes desirs ;
On a tout quand on la posséde.

Ce fut par cette sage réflexion que Pretiosa finit. Alors André & Clément se levérent & la furent joindre. Ils liérent une conversation, où l'Egyptienne fit paroître tant de bon sens, tant d'esprit, tant de solidité, & tant de sagesse, que Clément acheva de se convaincre qu'elle étoit digne du choix d'André; car il est certain, quoi qu'il en eût dit, qu'il ne pouvoit pas tout-à-fait s'empêcher de croire que ç'avoit été par un bouillon de jeunesse, qu'il avoit suivi cette fille, digne d'une meilleure destinée.

La Troupe se leva à la pointe du jour, & alla loger dans un Bourg qui dépendoit de la Jurisdiction de Murcie, & qui n'en étoit éloigné que d'environ trois lieues. Ce fut dans ce Bourg qu'il arriva une disgrace aux Egyptiens, qui faillit à coûter la vie à André. Voici de quelle maniére se passa la chose.

Après que la Bande, selon la coutume, eut donné en gage quelque Argenterie, pour donner des assurances aux habitans de ce lieu, qu'ils ne voleroient rien chez eux, Pretiosa, son Ayeule, Christine, les deux autres jeunes Egyptiennes, Clément & André, allérent loger dans la maison d'une Veuve, qui étoit fort riche. Cette Veuve avoit une fille appellée Carduche, de dix-sept à dix-huit ans, qui étoit extrémement éveillée, qui n'étoit pas tout-à-fait mal faite, & qui avoit bon appétit. Cette fille ayant vû danser les Egyptiens & les Egyptiennes, & ayant jetté sur-tout les yeux sur André, elle en devint si éperduement amoureuse, qu'elle prit la résolution de lui déclarer la passion qu'elle avoit pour lui. Cette folle résolution n'eut pas été plûtôt formée, qu'il lui tarda de l'executer, & sans perdre tems, ayant vû entrer l'Egyptien dans une basse-cour, où il étoit allé chercher quelques hardes, elle le suivit; & l'ayant abordé, elle lui dit sans autre préliminaire : André, car elle savoit déja son nom, je suis fille unique, je suis riche, & il y a des gens qui ne me trouvent pas tout-à-fait laide, si tu voulois t'accommoder de moi, il ne tiendroit qu'à toi d'être mon Epoux. Répons-moi promptement, & si tu es sage ne laisse pas échaper l'occasion, il ne s'en trouve pas tous les jours de semblables. André demeura fort surpris du début, & de tout le compliment de cette fille. Vous serez satisfaite, se prit-il d'abord à lui dire, ma réponse ne vous fera pas languir. Vous vous adressez mal, ma chére Carduche, mon cœur a déja pris parti, je suis engagé de parole, pour un mariage qui se doit consommer au premier jour, & à vous parler franchement, nous autres Egyptiens, ne nous marions guéres qu'à des Egyptiennes. Je vous dirai pourtant que je suis fâché de ne pouvoir pas jouir d'une si bonne for-

tune :

tune : mais fussiez-vous encore plus belle & plus riche que vous ne dites, vous ne me rendrez pas infidelle, ma parole vaut un Contrat.

Carduche faillit à tomber de son haut; elle ne s'attendoit pas à cette réponse. Elle alloit repliquer cependant; mais quelques Egyptiennes étant survenuës, elle sortit brusquement de la basse-cour, bien résoluë de se vanger si la chose lui étoit possible. André qui savoit combien le sexe est délicat sur cette matiére, & qui d'ailleurs avoit lû dans les yeux de cette jeune fille, la rage dont elle étoit transportée, voulut en homme prudent & sage, prévenir tout mauvais accident. Il pria les Egyptiens de vouloir déloger dès l'heure même, & comme on lui déféroit en toutes choses, on se mit en devoir de recouvrer les gages qu'on avoit donnés, & on se prepara à la retraite. Si André avoit ses vûës, Carduche, dont il avoit méprisé les avances, avoit les siennes. Elle s'étoit flatée d'abord, qu'elle auroit pû fléchir avec le tems le cœur de son Egyptien, & voyant qu'il se retiroit, & qu'elle ne pouvoit le retenir par amitié, elle crut qu'il falloit l'obliger de demeurer dans son Bourg par force. Il s'agissoit de trouver les moyens de venir à bout de cette entreprise; elle n'avoit pas beaucoup de tems à perdre. L'amour & la vengeance lui en fournirent un sur le champ, qui ne lui réussit que trop bien. Dans l'embarras où étoient les Egyptiens, par la précipitation de leur départ, ils ne pouvoient pas veiller à toutes choses ; & Carduche se prévalant de se desordre, prit la valise d'André, qu'elle connoissoit fort bien, & y mit une petite chaîne d'or, des brasselets de corail, quelques bagues, & autres choses semblables. La Bande commença enfin à se mettre en marche ; mais à peine avoit-elle levé le pied, que Carduche se mit à faire mille lamentations tragiques, & à crier aussi haut qu'elle pût, que les Egyptiens l'avoient volée, qu'ils lui emportoient ses joyaux. La Justice accourut à ces cris, & tous les habitans du Village. Les Egyptiens firent alte, & il n'y en eut aucun qui ne fît des juremens épouvantables, qu'ils n'avoient rien pris, qu'on les accusoit à faux, & qu'on n'avoit pour s'en convaincre qu'à ouvrir leurs sacs, qu'à les fouiller, & qu'à visiter toutes leurs hardes. C'étoit en effet l'unique moyen & le plus prompt qu'il y avoit à prendre pour se justifier ; mais la Vieille Egyptienne en fut allarmée, parce qu'elle craignoit qu'on ne trouvât les habits d'André, qu'elle conservoit soigneusement ; & un petit coffre rempli de bijoux,

qu'il

qu'il étoit nécessaire qu'elle tint cachez Ce fâcheux contretems l'avoit consternée; mais dans le tems qu'elle méditoit quelque tour de souplesse, pour se tirer de cet embarras. Carduche l'en tira tout d'un coup. Elle n'accusa que le grand Egyptien, c'étoit André; elle dit qu'elle étoit convaincuë qu'il avoit fait le coup, & qu'on n'avoit qu'à visiter sa valise. André se prit à rire; mais il n'eut pas sujet de rire longtems. Le brasselet, les bagues, la chaîne d'or, furent trouvées parmi ses hardes; quel moyen de se justifier? Jamais homme n'a été plus surpris, ni plus confus que le fut André. L'Alcaïde commença à le maltraiter en paroles, lui & tous les Egyptiens. André ne répondit pas un seul mot. Insensible aux injures d'un Juge, qui prétendoit l'avoir convaincu d'un vol domestique: il étoit interdit, muet & immobile comme une statuë. Un soldat qui étoit parent de l'Alcaïde, fut celui qui le réveilla de l'étourdissement où l'avoit jetté le tour cruel que lui avoit joüé Carduche; car après avoir vomi contre lui mille vilains mots, dont ces sortes de gens sont assez prodigues, il lui déchargea un si furieux soufflet, qu'il faillit à le jetter par terre. Ce ne fut pas André dès ce moment-là, ce fut D. Juan. Animé d'une noble fureur, il s'élance sur

ce

ce soldat brutal, lui arrache l'épée qu'il portoit, & lui porte un coup si avant, qu'il le laisse mort sur la place. Le Juge crie, il demande main forte, chacun court aux armes, le peuple se jette sur l'Egyptien, Pretiosa tombe évanouie, & cet infortuné Amant, se mettant plûtôt en devoir de secourir sa Maîtresse que de se défendre, se laisse saisir par une populace qu'il eût dissipée aisément, si son amour & sa douleur lui eussent permis de se servir de son adresse, & de l'épée qu'il avoit encore. André fut d'abord chargé de fers, & le Juge qui regrettoit fort son parent, l'eût fait pendre sur le champ sans autre forme; mais il n'en avoit pas le pouvoir; il falloit qu'il le remît à Murcie, dont le Bourg, comme on l'a déja dit, étoit de sa Jurisdiction. Il se contenta de le faire serrer, & de lui faire essuyer mille indignités, & tous les mauvais traitemens possibles. On se saisit encore de tous les Egyptiens & de toutes les Egyptiennes qu'on pût attraper, & Clément eût été du nombre: mais heureusement pour lui, il ne s'étoit pas trouvé à ce desastre; il étoit déja hors du Village avec une partie du bagage, & il n'eut pas plûtôt sû que le soldat avoit été tué, qu'il pensa à prendre la fuite. Le lendemain on fit partir André & les autres pri-

prisonniers, que l'Alcaïde accompagna lui-même, à la tête de ses Archers & de plusieurs Soldats. Toute la Ville sortit pour voir ce spectacle; & Pretiosa, qui toute accablée qu'elle étoit, n'avoit jamais eu tant de charmes que ce jour là, s'attira les acclamations de tout le peuple, qui s'écria tout d'une voix, qu'on n'avoit jamais rien vû de si accompli. La beauté extraordinaire de cette Egyptienne fit tant de bruit, que la femme du Sénéchal, ou du Gouverneur de la Ville, la voulut voir; & pour cet effet, elle pria son mari qu'on ne l'a mît pas en prison; mais pour le pauvre André, il fut jetté dans un profond cachot pieds & poings liés. Pretiosa & son Ayeule furent conduites chez la Gouvernante, qui fut éblouïe de tant de charmes, & sentit émouvoir son cœur. La jeune Egyptienne ne fut pas plûtôt dans la chambre, où cette Dame l'attendoit, qu'elle l'a fit aprocher d'elle. Elle l'embrassa en même tems avec une tendresse inexprimable, & elle ne pouvoit cesser de la regarder. Quel âge a cette aimable fille, se prit-elle à dire, en s'adressant à son Ayeule? Madame, répondit la Vieille Egyptienne, elle a quinze ans moins deux ou trois mois. La Sénéchale dit alors, en poussant un profond soupir, c'est l'âge qu'auroit maintenant mon infortunée

tunée Constance. Hélas ! ajoûta-t-elle, cette jeune fille me fait ressouvenir que je suis la mere la plus malheureuse qu'il y ait au monde, elle renouvelle dans mon ame une douleur qui me fait verser des larmes jusqu'à ce que la mort ait fermé mes yeux. Cependant, Pretiosa qui se voyoit reçûë avec tant de tendresse, avoit pris les mains de la Sénéchalle. Elle les baisa mille fois, & en versant des torrens de pleurs, elle tâcha de lui persuader que l'Egyptien qui étoit prisonnier, n'étoit pas coupable. Elle lui protesta que si l'on avoit trouvé des joyaux dans ses hardes, c'étoit un piége qu'on lui avoit tendu, & pour ce qui regardoit le Soldat qui avoit été tué, elle lui dit qu'il s'étoit attiré sa mort par sa brutalité & son imprudence ; qu'en un mot, l'Egyptien n'avoit fait que suivre en cette occasion les maximes établies du point d'honneur, qui portent, que lorsqu'on a reçû un soufflet, on doit tuer sur l'heure celui qui a eu l'audace de le donner. J'avoüe, ajoûta-elle, fondant toûjours en larmes, que ces maximes sont criminelles, mais elles sont autorisées par les hommes, & il y a même de la lâcheté & de la honte à ne les point suivre. Mais qu'il soit coupable, qu'il soit criminel, je le veux, la seule grace que je demande, est qu'on ne précipite pas son jugement, & le châtiment dont

dont les loix le menacent; peut-être serai-je assez heureuse pour le faire trouver innocent. Si le peu de beauté que j'ai vous a touchée, conservez-là, Madame, en conservant ce malheureux prisonnier. Ma vie dépend de la sienne, il doit être mon Epoux, & de justes & sages empêchemens, ont été la cause que nous ne nous sommes pas encore donnez la main. S'il faut de l'argent pour obtenir sa grace, & pour apaiser les parens du mort, nous sommes prêts à vendre ce que nous avons. Pardonnez, Madame, aux sollicitations pressantes d'une Epouse qui intercede pour un Epoux.

Tandis que Pretiosa tenoit ces discours, elle avoit ses yeux attachez sur ceux de la Sénéchalle, qui de son côté ne pouvoit se rassasier de contempler cette Egyptienne, qui lui serroit toûjours les mains, & les arrosoit de ses larmes. Cette Dame qui l'avoit écoutée avec beaucoup d'attention, fut si attendrie, qu'elle ne pût s'empêcher de pleurer à son tour. Le Sénéchal entra sur ces entrefaites, & il ne fut pas moins surpris de cette Scene que de l'éclat de Pretiosa. Il voulut savoir ce que c'étoit, & la jeune Egyptienne s'étant détachée au même tems de la Sénéchalle, fut se jetter aux pieds de son mari. Je vous demande grace pour mon Epoux, s'écria-t-elle, t-elle toute éplorée, & accablée de douleur, ou plûtôt je vous demande justice; car il est innocent, son malheur & sa grandeur d'ame font tout son crime. Cependant, si sa mauvaise étoile le persécute jusques là, qu'il soit trouvé coupable, & qu'il doive mourir, qu'il me soit permis de mourir à sa place; & si cette victime n'est pas suffisante, du moins, Seigneur, différez pour quelques jours de prononcer sa Sentence; car je ne desespere pas de vous mettre dans peu, des preuves en main, qui justifieront son innocence; le Ciel écoute à la fin les cris de ceux qui ne sont criminels, que parce qu'ils n'ont pû se défendre de l'être.

Le Gouverneur fut si interdit des raisons & des réflexions de cette jeune fille, qu'il lui fut impossible de dire un seul mot, tant il étoit ravi en admiration.

Cependant l'Ayeule de Pretiosa, rouloit mille pensées différentes dans son esprit, elle formoit mille résolutions, & ne se déterminoit à aucune, tant elle se trouvoit embarrassée, tant elle voyoit de précipices de tous côtés. Mais enfin le danger où elle voyoit qu'étoit D. Juan, lui ayant fait prendre un parti, elle dit tout haut, en s'adressant au Sénéchal, permettez, Seigneur, que je sorte, j'ai médité un dénouement qui vous surprendra, & qui changera

gera ces plaintes en joye, quoique je sois bien persuadée, ajoûta-t-elle tout bas, que ce que je vais faire ne sauroit que m'être funeste. Elle eut la permission de sortir, & Pretiosa versant toûjours des larmes, redoubloit ses instances pour obtenir quelque délai. Son dessein étoit de faire avertir le pere de D. Juan de ce qui se passoit, voyant bien qu'il n'y avoit que ce seul expédient pour le délivrer, quoique par rapport à elle, ce fût le moyen le plus violent qu'elle pouvoit mettre en œuvre; car enfin, c'étoit renoncer pour toûjours, à l'espérance dont elle s'étoit flatée de le voir un jour son Epoux.

La Vieille Egyptienne ne fut pas longtems à revenir. Elle entra avec une Cassette sous le bras, & pria le Gouverneur & sa femme de s'enfermer avec elle pour un moment, ajoûtant qu'elle avoit à leur faire part d'un mistére, qu'elle ne pouvoit révéler qu'en secret. Le Sénéchal qui crut qu'elle vouloit découvrir quelque vol des Egyptiens, afin de se le rendre plus favorable, entra avec sa femme dans une Antichambre. L'Egyptienne les suivit, & se jettant d'abord à genoux, si les bonnes nouvelles, dit-elle, que je vous apporte, ne méritent point que vous me pardonniez un crime dont je viens m'accuser aujourd'hui, d'hui, je suis prête à subir toutes les peines dont je suis digne, & qu'il vous plaira de m'imposer. Mais avant que je confesse ce crime, ajoûta-t-elle, je vous supplie de me dire si vous ne reconnoissez point ces joyaux. En disant ces choses, elle prit la Cassette où étoient ceux de Pretiosa, & la mit entre les mains du Sénéchal qui n'y connut rien. La Sénéchalle les considéra aussi, & après les avoir examinez, elle se prit à dire, tout ce que j'y connois, c'est que ce sont les parures d'un jeune enfant. Il est vrai, repartit l'Egyptienne, & ce papier vous enseignera à quel enfant elles appartiennent. Elle présenta alors un papier plié, au Sénéchal, qui l'ayant ouvert avec beaucoup de précipitation, y lût ces paroles.

La petite fille s'appelloit Doña Constance d'Azevedo & de Menesses ; Sa mere Dona Guiomar de Menesses, & son pere Don Fernand d'Azevedo, Chevalier de l'Ordre de Calatrave. Elle disparut le jour de l'Ascension de Notre Seigneur, à huit heures du matin, l'an mil cinq cens quatre vingt quinze. La petite fille portoit les joyaux qui sont gardés dans cette Cassette.

La Sénéchalle n'eut pas plûtôt entendu prononcer le nom de Constance, qu'elle reconnut les joyaux. Elle les prit, elle
les

les baisa mille fois ; mais il lui prit un si grand saisissement de cœur, qu'elle tomba évanoüie. Elle reprit enfin ses esprits, & s'adressant à la Vieille Egyptienne, helas! lui dit-elle, avec un transport mêlé de crainte & de joye, & où est la maitresse de ces joyaux, où est l'enfant à qui ces dorures appartiennent? Vous me demandez où elle est, répondit la Vieille, vous l'avez dans votre maison. Cette jeune Egyptienne qui vous a arraché des larmes, en est la maitresse, c'est votre fille, c'est votre Constance. Je l'a dérobai chez vous à Madrid, le jour & l'heure qui est marquée dans le papier qu'on vient de vous lire ; vous ne sauriez avoir de plus clairs témoignages. Je puis me convaincre par d'autres, s'écria Dona Guiomar; & alors courant à la chambre où étoit Pretiosa, qu'elle trouva environnée de tous les Domestiques, qui ne pouvoient se lasser de la contempler & de l'admirer : elle la délaça dans le moment, & lui ayant découvert le sein, elle y trouva une marque naturelle que sa fille avoit apportée en naissant; mais que l'âge avoit beaucoup accruë. Ce ne fut pas tout, elle l'a déchauffa, & elle aperçût ce qu'elle cherchoit encore : c'étoit deux doigts du pied droit qui s'entretouchoient par le moyen d'une petite peau,

qu'on

qu'on n'avoit pas voulu lui couper lorsqu'elle vint au monde, de peur de lui faire du mal. La marque du sein, les doigts, les joyaux, le jour remarquable du larcin, la confession de l'Egyptienne, la joye qu'elle avoit pressentie du moment qu'elle l'avoit vûë, toutes ces choses, la confirmérent que Pretiosa étoit sa fille. Aussi redoubla-t elle ses embrassemens & ses tendresses, & l'ayant prise par la main, elle l'a mena dans l'Atichambre, où elle avoit laissé le Sénéchal & la Vieille Egyptienne. Pretiosa étoit toute interdite, elle ne comprenoit rien à tout ce qui s'étoit passé à son égard, & moins encore à tant de caresses que cette Dame lui faisoit; car elle l'accabloit de baisers. Dès que Dona Guiomar fut auprès de son mari, elle se prit à lui dire toute transportée de joye : voici notre fille Constance, c'est elle-même, nous ne saurions le révoquer en doute. J'ai vû de mes propres yeux la marque de son sein, & les deux doigts qui se joignent. Mais ce qui me confirme bien plus que c'est elle, ce sont ces pressentimens que j'ai eus au premier instant que je l'ai vûë. Je ne fais aucun doute que ce ne soit elle, répondit le Sénéchal, qui tenoit entre ses bras Pretiosa, j'ai eu des pressentimens pareils aux vôtres, le Ciel nous l'a rend par un un miracle que nous ne saurions assez adorer.

Cependant le Sénéchal pria son Epouse & sa fille, de tenir encore cette avanture secrette. Il ordonna la même chose à la Vieille Egyptienne, ajoûtant qu'il lui pardonnoit. La joye d'avoir recouvré ma fille me dédommage du déplaisir que j'avois eu de l'avoir perduë, & je n'ai qu'un chagrin contre vous, continua-t-il, en parlant à l'Egyptienne, qui est, que sachant quelle étoit la naissance de Pretiosa, vous l'ayez fiancée à un Egyptien, à un larron, & à un meurtrier. Ha! Seigneur, interompit Pretiosa, il ne mérite aucun de ces noms: & s'il est vrai qu'il ait donné la mort à un homme, cet homme lui avoit fait un affront si sanglant, qu'il ne pouvoit s'attendre qu'à une pareille destinée, & ce n'est qu'en suivant les loix que les hommes ont bien voulu attacher au point d'honneur, qu'il a tué de sa propre épée, un soldat brutal & insolent, qui l'avoit deshonoré, en lui donnant un souflet. On ne donne, Seigneur, le nom de meurtrier, qu'à ceux qui tuent de guet à pens, & non à ceux qui ne mettent la main à l'épée que dans le dessein de vanger leur honneur. Quoi! dit la Sénéchalle, toute surprise, ce prisonnier n'est donc pas Egyptien? Alors la Vieille raconta

conta en peu de paroles l'histoire d'André. Elle dit qu'il étoit fils de Don Francisco de Carcame, Chevalier de l'Ordre de S. Jacques, & qu'il s'appelloit D. Juan de Carcame, Chevalier du même Ordre. Elle ajoûta, qu'elle avoit encore les habits qu'il avoit quittés lors qu'il prit celui d'Egyptien, & elle fit le récit de l'accord passé entre Pretiosa & D. Juan, auquel elle donna toutes les loüanges qu'il méritoit véritablement. Ce Seigneur & cette Dame ne furent pas moins surpris de ce recit, qu'ils l'avoient été de l'avanture de leur fille. Le Sénéchal ordonna d'abord à la Vieille, d'aller chercher les habits de D. Juan, ce qu'elle fit, & un moment après elle revint avec un Egyptien qui les avoit en garde. Avant que la Vieille Egyptienne fût de retour, le Sénéchal & la Sénéchalle, firent mille demandes à Pretiosa, & elle leur répondit toûjours avec tant de jugement, & avec tant de grace, qu'elle eût été capable d'attirer toute leur affection, quand même ils ne l'eussent point reconnuë pour leur fille. Ils lui demandérent avec beaucoup d'instance, si elle n'avoit pas de l'amour pour D. Juan, cela l'embarrassa un peu; mais enfin elle se prit à dire, que l'amour qu'elle avoit pour lui n'étoit qu'un amour de reconnoissance; que D. Juan s'étant abaissé

jus-

jusques-là que de se faire Egyptien pour elle, elle se sentoit obligée de lui tenir compte d'un si extraordinaire sacrifice; mais que cependant, cette reconnoissance ne passeroit jamais les bornes de leur volonté. Ne parlons point de ces choses repartit le pere, ma chére Pretiosa; car je prétends que ce nom te demeure en mémoire de ce que nous t'avions perduë, & que nous t'avons recouvrée. Je suis ton pere, tu es ma fille, & je n'oublierai rien, sois en persuadée, pour te faire une destinée digne de ta naissance & de tes vertus. Pretiosa soûpira à louïe de ces paroles, & sa mere qui étoit fort judicieuse, comprit bien qu'elle avoit de la tendresse pour D. Juan. Sa destinée est toute faite se prit-elle à dire, en s'adressant à son mari; D. Juan est d'une maison distinguée; il aime tendrement notre fille, le Ciel les a faits l'un pour l'autre, ne nous opposons pas à leur union. A peine avons-nous recouvré Pretiosa, répondit le Gouverneur, & vous voulez que nous la perdions de nouveau, joüissons-en pour un peu de tems, si elle est une fois mariée, elle sera à son mari, elle ne sera plus à nous. Vous avez raison, repliqua-t-elle, & la seule chose à laquelle nous devons penser pour D. Juan à l'heure présente, c'est de le tirer de sa prison. Je veux aller voir dit le Gouverneur; car c'est moi qui le dois interroger. Cependant, je vous recommande encore de ne rien dire de cette avanture, jusqu'à ce que je trouve à propos de la publier. En disant cela il embrassa sa fille, & partit pour se rendre à la prison. Il entra tout seul dans le Cachot où étoit Don Juan, ayant les fers aux pieds & aux mains. Comme le lieu étoit obscur, il fit ouvrir une petite fenêtre en haut, afin qu'il le pût voir, & l'ayant envisagé quelque tems, il lui dit en prenant un air extrèmement sévére. Je suis ravi, compagnon de te voir ici; mais ma joye seroit bien plus parfaite, si tous les Egyptiens d'Espagne y étoient avec toi; j'en exterminerois en un jour toute la race, comme Neron desiroit d'exterminer tout le genre humain, lorsqu'il soûhaitoit que tous les hommes ensemble n'eussent qu'une tête, pour avoir le plaisir de la couper. Je ne doute point que tu ne me connoisses, ou que tu ne présumes du moins quel est mon office; mais afin que tu n'en prétende cause d'ignorance, sache que je suis le Juge Souverain de cette Ville, que je viens pour te faire divers interrogats sur tes vols, & le meurtre que tu as commis, & premiérement, pour te demander s'il est véritable, qu'une jeune Egyptienne qui est

dans

dans ta Troupe, soit ta femme, & ta légitime Epouse. André n'eut pas plûtôt entendu ces dernieres paroles, qu'il crut que le Sénéchal s'étoit rendu amoureux de Pretiosa, & cette pensée n'étoit pas sans fondement. Cet interrogat auquel il ne s'attendoit point, le remplit de surprise & le troubla. Cependant comme il s'agissoit de répondre catégoriquement, il le fit en ces termes. Si cette jeune Egyptienne vous a dit que je suis son Epoux, elle vous a dit la vérité, & si elle vous a dit que je ne le suis pas, elle ne vous a pas pourtant dit un mensonge; car en un certain sens elle est mon Epouse, & dans un autre elle ne l'est point; il n'y a ici aucune contradiction. Il est vrai repartit le Juge, qu'elle a dit simplement qu'elle t'avoit été fiancée, & je veux bien le croire; car au fonds peu m'importe que vous soyez mariez, ou non; mais il étoit pourtant nécessaire que vos réponses à cet égard se trouvassent conformes. Cette jeune fille qui à cause de sa grande beauté, mérite bien que je lui accorde quelque legére priére, quand ce qu'elle demandera n'ira point contre le dû de ma Charge, ayant bien vû que tu ne pouvois qu'être condamné à la mort, m'a supplié avec tant d'instance, que je permisse que tu l'épousasses avant que ta Sentence

tence soit executée, que je suis quasi résolu de lui octroyer ce qu'elle desire. S'il m'étoit permis de mêler mes prières aux siennes, repartit André, ce seroit l'unique grace que j'aurois à vous demander, & je sens bien que si vous veniez à me l'accorder je n'aurois nul regret à la vie, encore que je meure innocent, & pour m'être vengé d'un lâche que je ne pouvois laisser en vie, par les loix établies du point d'honneur ; car enfin ces loix sont de tout païs & de toute profession. Tu aimes teriblement à ce que je vois cette petite créature, dit alors le Gouverneur. Oui, Seigneur, je l'aime, répondit André, je l'aime au-delà de ce que je pourrois vous en dire, & je ferois consister tout mon bonheur à lui donner ma foi & ma main, quand après cela vous me condamneriez aux supplices les plus rigoureux qui ayent été jamais mis en usage. Et bien, lui dit d'un air dédaigneux le Juge, je t'envoyerai chercher cette nuit chez moi, tu y épouseras Pretiosa, & demain à midi tu seras attaché à un gibet. André bien loin de se troubler, le remercia en soûriant, & le Sénéchal étant sorti, fut raconter à sa femme tout ce qui s'étoit passé dans son interrogatoire, & ce qu'il avoit résolu de faire.

Dans le tems que le Sénéchal étoit allé exami-

examiner André, Pretiosa avoit fait à sa mere l'histoire de toute sa vie. Elle lui avoit dit, qu'elle se croyoit véritablement Egyptienne; mais qu'elle avoit toûjours senti qu'elle avoit des inclinations bien différentes de celles des autres Egyptiennes, & qu'elle ne pouvoit se reprocher aucune action qui fût indigne de sa véritable naissance. Sur cela la Sénéchalle la conjura de lui dire, si elle n'avoit point de la tendresse pour D. Juan. La rougeur lui monta alors au visage, & baissant les yeux elle lui avoüa, qu'ayant consideré qu'elle étoit Egyptienne, & qu'elle pouvoit changer sa misérable condition, en épousant un homme qui étoit Chevalier, & dont elle connoissoit l'amour & le mérite, elle n'avoit pû s'empêcher de le regarder avec affection; mais que toutefois, comme elle l'avoit protesté déja, elle n'auroit de sa vie d'autre volonté que la sienne, & celle du Sénéchal son pere.

Comme la nuit fut venuë, environ sur les dix heures du soir, on tira André de son Cachot; après qu'on lui eut ôté les fers des mains & des pieds. Il avoit pourtant une grosse chaîne qui lui lioit tout le corps. On l'amena de cette maniére dans la maison du Sénéchal, sans qu'il fût vû que de ceux qui le conduisoient: on le mit d'abord dans une chambre, où on le laissa seul. Peu de tems après, un Prêtre entra dans cette chambre, & cet Ecclesiastique lui dit, qu'il étoit là pour le préparer à la mort, qu'il devoit être executé le lendemain, & qu'il l'exhortoit à faire une bonne confession. Je suis prêt à le faire, lui dit André, & la mort toute horrible qu'elle est ne m'épouvante point; mais d'où vient qu'on ne permet point que j'épouse, avant que de mourir, la jeune Egyptienne que j'ai fiancée, puisqu'on m'a flaté de cette douce espérance, ou plûtôt puisque cette grace m'a été promise. C'est à ce coup, ajoûta-il, que j'avouë que la mort me paroit affreuse, & que je ne saurois la voir approcher qu'en tremblant. La Sénéchale à qui l'on raportoit ces choses, dit à son mari, qu'il n'y avoit pas de la sagesse à s'y prendre de cette maniére, qu'il y avoit trop de péril à laisser D. Juan dans les aprehensions où on l'avoit jetté, qu'il lui falloit laisser entrevoir au contraire quelques petits rayons d'espérance, qu'il ne falloit point s'y joüer, que D. Juan ne seroit pas le seul qui seroit mort d'amour, de douleur & de desespoir. Le Sénéchal en demeura d'accord, & sur cela étant entré dans la chambre où étoit André, il dit au Confesseur qu'il falloit avant toutes choses, qu'il le mariât avec l'Egyptienne dont

il

il lui avoit parlé, & qu'il le confesseroit après cela. Cependant, jettant les yeux sur André, il lui dit en se radoucissant, qu'il l'exhortoit à se recommander à Dieu de bon cœur, & à ne desespérer pas de sa miséricorde; car cette miséricorde, ajoûta-t-il, est si grande, qu'il est arrivé bien des fois, que d'aussi grands criminels que toi, ont obtenu leur grace par miracle, & qui sait si le Ciel ne te reserve pas une pareille destinée? Cette petite exhortation finie, on fit entrer André dans une Sale où étoit le Sénéchal, Dona Guiomar, Pretiosa & deux Domestiques. Comme Pretiosa ne savoit point dequoi il s'agissoit, elle fut troublée à la vûë de D. Juan, lorsqu'elle le vid encore enchaîné. Elle devint pâle & tremblante, & peu s'en fallut qu'elle ne tombât évanouïe. La Sénéchalle qui s'en apperçût, l'embrassant alors, lui dit, qu'elle n'avoit rien à craindre pour D. Juan, & qu'elle éprouveroit dans le moment combien la tendresse qu'on avoit pour elle étoit extrême. Ces paroles ne consolérent pas Pretiosa, parce qu'elle ignoroit ce que vouloit dire la Sénéchalle; la Vieille Egyptienne étoit dans des allarmes mortelles, tous les assistans étoient interdits. Alors le Sénéchal qui avoit été quelque tems sans parler, rompant le silence, se prit à dire, en s'adressant à l'Ecclesiastique, qu'il se disposât à épouser l'Egyptien & l'Egyptienne. Je ne le saurois faire répondit l'Ecclesiastique. Il y a des formalités requises, qui doivent précéder cette Cérémonie; & je ne vois pas qu'elles ayent été observées. Où est la publication des Bans, ajoûta-t-il, où est en tout cas la permission de mes Supérieurs? Je ne vois rien de tout cela. Remettons, Seigneur, la partie à une autrefois. Après ces paroles il sortit. Le bon pere a raison, dit là-dessus le Sénéchal, & peut-être que cet inconvénient n'est qu'un effet de la Providence, afin que le supplice du Criminel soit différé; car comme je m'y suis engagé par ma parole, il doit épouser cette jeune Egyptienne; & pour que les choses se fassent dans les formes, leurs Bans doivent être auparavant publiés, je le confesse. Je tire de ce délai un bon augure pour toi, poursuivit l'Officier, en se tournant vers l'Egyptien, & tu ne serois pas le premier qui éprouveroit la vérité de ce commun dire, que *qui a tems a vie*. Cependant, continua-t-il, si la fortune t'étoit favorable jusques-là, qu'en même tems que tu épouseras l'Egyptienne, ta grace te fût annoncée, en qu'elle qualité t'estimerois-tu heureux? Seroit-ce, comme le Cavalier André, ou

com-

comme Don Juan de Carcame. Don Juan fut surpris de se voir nommer par son nom; mais cette surprise ne l'empêcha pas de répondre, & il répondit ce qu'il sentoit vérirablement. Je vois bien, se prit-il à dire, que Pretiosa n'a pû garder le silence, & qu'elle vous a découvert qui j'étois. N'importe je ne trahirai point mon cœur. Si j'étois comblé du bonheur dont vous me parlez, je m'estimerois mille fois plus heureux, que si j'étois le maître de toute la terre, & je bornerois là tous mes vœux & tous mes desirs. Puisque tu me fais un tel aveu, D. Juan repartit le Sénéchal, je ne te regarde plus comme Criminel. Pretiosa est a toi, je te la promets aujourd'hui, tu la posséderas un jour, & en la possédant tu posséderas ce que j'ai de plus cher au monde; car enfin, en te donnant Pretiosa, je te donne Dona Constance de Menesses, ma fille unique. Si elle t'égale en tendresse, elle n'est pas au dessous de toi du côté de la noblesse du sang.

Chacun peut concevoir qu'elle fut la nouvelle surprise du jeune Don Juan de Carcame; il ne s'attendoit pas à un dénouëment si agréable. La Sénéchalle raconta dès-lors en peu de mots, de quelle maniére Pretiosa lui avoit été ravie, & à quel quelles marques en la recouvrant, elle avoit achevé de se convaincre que c'étoit véritablement sa fille. Don Juan, qui avoit été attentif à tout ce recit, ne savoit s'il veilloit ou s'il dormoit. Il crut que ses sens lui faisoient illusion, que c'étoit-là un enchantement, & il étoit dans une espéce d'extase dont il ne revint que quelques momens après. Revenu de son ravissement, & convaincu par ses propres yeux & par ce qu'il venoit d'entendre, que son bonheur étoit réel; que ce n'étoit pas là un de ces agréables songes dont les malheureux se bercent quelquefois, il se jetta aux pieds du Sénéchal & de la Sénéchalle, qui le relevérent en fondant en larmes; & dans le moment, s'approchant de Pretiosa, ils se témoignérent mille douces & innocentes tendresses. La nouvelle de cette Avanture fut bientôt rendue publique, les Domestiques la divulguérent, & toute la Ville en fut remplie un moment après. Don Juan prit ses premiers habits, que la Vieille Egyptienne avoit aportés, on laissa aller les Egyptiens qu'on combla même de présens, & on ne parla que de joye. On promit deux mille Ducats à l'Officier, Oncle du mort, afin qu'il ne poursuivit pas D. Juan, & Pour comble de satisfaction, on aprit que

Clément dont D. Juan étoit extrêmement en peine, s'étoit embarqué dans l'une des deux Galéres qui étoient à Cartagène. Tout concouroit à rendre heureux D. Juan: le Sénéchal lui aprit qu'il avoit des nouvelles certaines, que D. François de Carcame son pere, étoit pourvû en sa place du Gouvernement de Murcie, qu'il ne tarderoit pas à en venir prendre possession, & que jamais circonstance n'avoit été plus favorable, puisqu'il se trouveroit à ses nôces. Célébrons-les avant ce tems-là, Seigneur, répondit D. Juan, ne différons plus mon bonheur, je vous garantis de l'approbation de mon pere. On donna les mains à ce que cet Amant impatient souhaitoit ; l'Archevêque se contentant de quelques petites formalités, accorda une dispense telle qu'on la pouvoit soûhaiter, les nôces furent célébrées, & on ne vid cette journée que Bals, feu de joye, courses de bague, tournois & autres semblables divertissemens ; toute la Ville fut en fête, parce que D. Fernand d'Azevedo étoit extrêmement aimé. On sût bien-tôt à la Cour cette Avanture, & le mariage de la belle Egyptienne ; car c'étoit sous ce nom qu'elle étoit connuë dans toute l'Espagne. On en félicita D. François de Carcame, qui ne pouvoit contenir sa joye. La beauté de Pretiosa lui fit excuser les irrégularités de son fils, qu'il croyoit perdu, & ce qui acheva de rendre sa joye accomplie, fut l'alliance qu'il venoit de faire en épousant la jeune Constance, qui non-seulement étoit d'une naissance noble & illustre ; mais qui possédoit de très-grands biens. Ce Seigneur hâta son départ, pour embrasser plûtôt ses enfans, & se rendre dans vingt jours à Murcie. Les Nôces furent encore célébrées avec la même magnificence qu'elles l'avoient été auparavant. Les Poëtes chantérent cet heureux Hymenée, & un fameux Historien décrivit si bien cette Avanture, que la renommée de Pretiosa durera autant que les siécles. J'oubliois de dire, que la Vieille Egyptienne ne voulut point quitter Pretiosa, & que Carduche découvrit que le vol dont elle avoit accusé l'Egyptien étoit supposé. Elle confessa son amour & son crime, & comme la fin de cette Scene ne devoit avoir rien de desagréable, on ne lui infligea aucune peine.

Tom. I. pag.

L'AMANT LIBERAL.

NOUVELLE II.

TRISTES & déplorables ruines, de la malheureuse Nicosie! Tristes & lamantables masures, que je vois teintes encore du sang de vos Vaillans, mais infortunés Défenseurs! Helas! si vous étiez capable de quelque sentiment, nous pourrions déplorer ensemble nos infortunes: & peut-être trouverions-nous en cela du soulagement; car enfin il y a quelque espéce de consolation à n'être pas tous seuls malheureux, & à avoir nos disgraces partagées. Tours, qui n'êtes qu'à demi abattuës, vous avez encore quelque espérance d'être relevées un jour; mais pour moi, je ne dois m'attendre qu'aux plus cruelles destinées, mes malheurs sont

d'une

d'une telle nature, qu'ils ne sauroient être changés. Le passé ne m'est qu'un trop triste garant pour l'avenir, que je dois être infortuné toute ma vie.

C'étoit les plaintes que faisoit un Esclave Chrétien, en jettant les yeux sur les murailles renversées de Nicosie, dont les Infidelles s'étoient rendus maîtres. Il comparoit sa destinée à celle de cette infortunée Ville, & s'adressant à ces masures, comme si elles eussent été capables de l'entendre, il marquoit qu'il étoit véritablement affligé ; car les affligés s'égarent dans l'excès de leurs douleurs, & ne savent, ni ce qu'ils font, ni ce qu'ils disent.

Tandis que Richard poussoit ces plaintes, c'est ainsi que s'appelloit l'Esclave, un jeune Turc de fort bonne mine, propre & très-bien fait dans sa taille, sortit tout d'un coup d'un Pavillon ; car il y en avoit alors quatre, qui étoient dressés en pleine campagne. Je suis convaincu, lui dit d'abord le jeune Mahometan en s'approchant de lui, je suis convaincu que tu ne t'es transporté en ces lieux, que pour t'entretenir sans témoins, de ces pensées tristes & lugubres qui t'agitent continuellement. Je te le confesse, répondit Richard ; mais tout cela ne me sert de rien. Je ne trouve nulle part aucun soulagement à mes maux, &
ces

ces ruines où j'ai présentement ma vûë attachée, ne font que les accroître, bien loin de les diminuer. Tu parles des ruines de Nicofie, ajoûta le Turc : en effet, de quelles ruines pourrois-tu parler, puisqu'il n'y a que celles-là qui soient présentes à nos yeux. Certainement elles font affreuses, & rien sans doute n'est plus lamentable. Qui a vû, il n'y a que deux ans, cette fameuse & riche Isle de Chypre; qui a vû ses habitans, qui étoient si heureux, dont la vie étoit si douce & si tranquile; qui a vû l'abondance de toutes choses qui régnoit au milieu d'eux; & qui les voit aujourd'hui, bannis, dispersés, errans, ou chargés de fers, ne peut s'empêcher de soupirer; car enfin on n'a guéres vû de plus pitoyable métamorphose. Mais ne parlons plus de ces calamités, trop capables de nous attendrir, puisque nous n'y pouvons apporter aucun changement. Parlons de tes infortunes, & tâchons s'il est possible, d'y trouver quelque reméde. Ce n'est que dans cette vûë que je te conjure de ne m'en faire plus un myſtére. Découvre-moi tes maux. Tu me dois cette confidence, pour répondre à l'affection que je t'ai si souvent témoignée, & de la sincérité de laquelle je me flate que tu ne doute point. Te cacherois-tu éternellement

à

à un Compatriote qui t'aime, & qui ne s'est fait aucune peine de se découvrir entiérement à toi. Je veux bien croire, que l'état où tu te vois réduit, peut avoir produit ta tristesse, comme tu sembles me l'avoir voulu insinuer plus d'une fois. Mais cette tristesse est trop excessive, il y a quelque chose de plus. Car outre qu'il n'appartient pas aux grandes ames de se laisser entiérement abattre à ces sortes de malheurs, je vois que tu n'es pas dans l'impuissance de te racheter. Tu ne te vois pas renfermé dans les Tours de la mer noire, comme ces Esclaves qui ne peuvent jamais recouvrer leur liberté, ou qui ne la recouvrent qu'avec des peines infinies. Il t'est permis d'espérer d'être libre un jour, & il ne tiendra même qu'à toi de l'être. Ainsi je conclus que tes maux ont une autre cause que ton esclavage; je te conjure donc encore une fois de m'ouvrir ton cœur aujourd'hui. Je t'offre tout ce que je puis, tout ce que je posséde, tout ce qui peut dépendre de moi. Peut-être que la Providence m'a fait prendre l'habit & le Turban que j'abhorre, pour te tirer de tes détresses. Tu sais, Richard, que mon Maître est le Cadi de cette Ville. Tu sais le pouvoir qu'il a, & ce que je puis auprès lui. Tu n'ignores pas d'ailleurs le désir ardent que j'ai d'abandonner une Religion que je ne professe qu'extérieurement, dans laquelle je ne suis engagé que par un cruel effet de ma destinée, ayant été arraché dès mon enfance, de celle où j'avois eu le bonheur de naître, & dans laquelle je prétends mourir. Ce n'est rien que la vie du corps, quand on peut en la perdant sauver son ame, dût-on souffrir mille & mille morts, & les plus horribles supplices. C'est l'aveu que je t'ai souvent fait, & c'est un aveu dans lequel je persiste. Je ne te répéte ceci, que pour te convaincre que tu dois te confier en moi : & comme un malade pour être guéri, ne doit point cacher son mal à son Médecin, tu ne dois plus me cacher celui qui t'accable. Parle Richard, c'est avoir trop long-tems gardé le silence, & sois persuadé qu'il n'y aura rien que je ne mette en œuvre pour t'en délivrer. Je le puis par l'ascendant que j'ai sur l'esprit du Cadi mon Maître, & je le dois par le double lien qui nous doit unir; car nous avons une même foi, & un même lieu nous a donné la naissance.

Richard l'écoutoit sans dire mot, & voyant que ses raisons, & que la nécessité l'obligeoient à répondre, il lui répondit en ces termes. Mon cher Mahamut, c'est ainsi que se nommoit le Turc, tu connois mes maux,

maux, je le vois bien ; mais si cette connoissance te pouvoit donner les moyens d'y remédier, je regarderois mon esclavage comme un grand bonheur, & je ne changerois pas cette disgrace pour la plus grande fortune du monde. Mais helas ! ces maux sont si grands, ils sont si extrèmes, qu'il ne se trouvera jamais personne qui les puisse soulager tant soit peu, bien loin d'y pouvoir apporter du reméde. Je te les découvrirai pour t'en convaincre, & je le ferai en aussi peu de paroles qu'il me sera possible. Cependant avant que d'entrer dans ce triste détail, je voudrois bien savoir pour quel sujet Azam Bacha, mon Maître, a fait planter en cette campagne ces Pavillons, avant que d'entrer dans Nicosie, où il vient pour faire les fonctions de Bacha. Je te satisfairai en peu de mots, répondit Mahamut. C'est une coûtume parmi les Turcs, que ceux qui doivent être Bachas de quelque Province, n'entrent en aucune maniére dans la Ville où ils doivent faire leurs résidence, que leur Prédécesseur n'en soit sorti. C'est pourquoi, lorsque le nouveau Bacha arrive, l'ancien sort, & se tient quelques jours à la Campagne, en attendant qu'on lui expédie des Lettres, sans lesquelles il n'oseroit se présenter devant le Sultan. Ces Lettres ne sont à proprement parler qu'une enquête de sa conduite, & c'est pour cette raison qu'il ne lui est pas permis d'être présent lorsque cette enquête se fait, afin que chacun puisse se plaindre & parler avec liberté. Ces Lettres lui sont remises entre les mains, scellées & cachetées, & c'est ainsi qu'il les présente lorsqu'il est arrivé à la Porte. Le Visir Bacha, & les autres quatre moindres Bachas, qui sont comme les Chanceliers & les Conseillers d'Etat, décachettent ces Lettres, les lisent, & c'est sur cette information qu'il est récompensé ou puni. Il est vrai que s'il se trouve coupable, il peut éviter le châtiment qu'il mérite; mais il faut pour cela qu'il donne des sommes excessives. Si sa conduite est approuvée, & que néanmoins on refuse de le recompenser, ce qui arrive fort souvent, il se voit obligé d'ouvrir sa bourse, s'il veut entrer dans quelque autre Charge. Le mérite est rarement récompensé dans l'Empire Ottoman, tout s'y vend, & tout s'y achète; & pour qu'il y ait plus de Charges à vendre, on en prive le plus souvent sous de legers prétextes, ceux qui en sont pourvû. Voilà le manége des Visirs & des autres Ministres qui gouvernent, je ne dis rien en cela qui ne soit véritable. Tout est violent dans cet Empire, ce qui marque qu'il ne sera pas de longue durée: & s'il s'il subsiste encore, s'il se soûtient, ce n'est qu'à cause de nos péchés, ce n'est que pour notre punition ; car Dieu rend aux hommes selon leurs œuvres. Pour revenir à notre sujet ; c'est pour la raison que je t'ai dite, que le Bacha ton Maître a été pendant quatre jours dans cette Campagne. Si celui auquel il doit succéder n'est point sorti, comme il le devoit, une indisposition qui lui est survenuë en a été la cause ; mais comme il se trouve un peu mieux, il sortira aujourd'hui, ou demain, & ira loger sous des Pavillons que tu n'as pas vûs encore, & qui sont derriére cette Colline : ton Maître entrera dans la Ville après cela, c'est tout ce que je te puis apprendre, pour répondre à la demande que tu m'as faite. Ecoute maintenant, dit alors Richard ; mais je ne sais si je pourrai être aussi succint que je te l'ai promis, dans le recit que je te dois faire de mes infortunes. Elles sont si grandes, & j'ai tant de choses à dire, qu'il sera bien difficile que je me borne ; je le ferai néanmoins autant que la chose sera possible. Mais avant toutes choses, répons à une demande qu'il est nécessaire que je te fasse. N'as tu point connu en notre Ville de Trapane, une jeune personne, qui passoit pour la plus belle de toute la Sicile ? On peut dire sans rien exagérer que

que les siécles passés n'ont rien vû de plus parfait, & que les siécles à venir ne verront jamais rien de semblable. Sa beauté est accomplie en tout sens, l'envie n'y a trouvé jamais à redire. Aussi les Poëtes n'ont pû se lasser de la célébrer dans leurs Vers; mais quelques brillantes qu'ayent été leurs expressions, quelques éclatantes, quelques finies qu'ayent été leurs peintures, ils n'ont rien dit néanmoins qui ne soit infiniment au-dessous de ses charmes, & de tant de différens attraits, qui la distinguent des autres mortelles. Mais est-il possible, Mahamut, que tu ne m'ayes pas déja interrompu, pour me dire le nom de cette beauté incomparable? Tu ne m'as pas écouté sans doute, ou si tu m'as écouté, il falloit que tu fusse insensible lorsque tu étois à Trapane. Je n'ai pas voulu t'interrompre, dit Mahamut; mais pour te répondre maintenant, je te dirai, que si celle dont tu viens de parler, n'est pas Leonise, fille de Rodolphe Fleurance, je ne saurois penser de qui tu parles; car il n'y a qu'elle qui puisse ressembler au portrait que tu viens de faire. C'est elle-même, repliqua Richard, & c'est elle seule qui est la cause de toutes mes infortunes. C'est pour elle, & nullement pour la perte de ma liberté, que mes yeux ont versé des torrens de larmes :

mes : c'est pour elle qu'ils en versent encore aujourd'hui, & qu'ils en verseront jusqu'à-ce que la Parque les ait fermez, & que leur lumiére soit éteinte. C'est elle qui me fait sangloter, qui me fait soûpirer à tous momens, qui m'arrache des plaintes & des discours qui importunent ceux qui les écoutent. C'est elle, en un mot, qui fait que je passe dans ton esprit pour un insensé, ou pour un homme qui se laisse accabler au moindre revers de la fortune, qui n'a ni résolution, ni courage. Cette Leonise si sévére pour moi, tandis qu'elle l'est si peu pour un autre, est celle qui m'a réduit, mon cher Mahamut, dans le triste & déplorable état où tu me vois. Je l'aimai dès mes plus tendres années ; car à peine avois-je l'âge de raison, ou pour mieux dire je l'adorai, & lui rendis les mêmes assiduités que si c'eût été une Déesse. Son pere, sa mere, tous ceux à qui elle appartenoit, eurent connoissance de mon amour, je puis même me flater qu'ils l'approuvérent, & qu'ils tâchérent plus d'une fois de porter Leonise à me regarder comme un Amant, qui pourroit bien être un jour son Epoux. Ils la solicitérent adroitement à favoriser ma recherche, & de ce côté-là, j'avois tout sujet d'être content. Aussi me flatai-je pendant quelque tems

tems, de l'espérance de la posséder un jour; mais les destins en avoient décidé autrement. Leonise se déclara coutre moi, en se déclarant pour Corneille, le fils d'Ascanio Rotulo, que tu connois bien. Comme il est riche, beau & bien fait, toûjours propre dans ses habits, se donnant des airs de grandeur, & affectant des maniéres tendres, l'ingrate se laissa enchanter à ces dehors. Corneille lui plût en un mot, sans qu'il se souciât trop de lui plaire; car c'est un jeune présomptueux, qui croit tout au-dessous de lui. Et comme je suis bien éloigné de ces maniéres efféminées, comme je fais consister le mérite d'un homme, en tout autre chose qu'à conserver son teint, qu'à friser ses cheveux, qu'à ajuster proprement un rabat, & qu'à se charger de dorure; ce fut par cet endroit que Leonise me regarda comme indigne de ses moindres regards, & qu'elle n'eut pour moi que des dédains & les derniers mépris; tandis que son cœur fut tout entier pour le jeune & superbe Corneille. Ses froideurs loin de me dégoûter, ne firent que m'enflammer davantage. Ses rigueurs irritérent mon amour, elles le rendirent plus violent. Plus elle affecta de me regarder avec indifférence, plus je parus ardent à l'aimer, tant il est véritable que nous sui-

vons

vons ce qui nous fuit, & que c'est l'étoile de ceux qui aiment, de se roidir contre les plus grandes difficultés. Les faveurs qu'elle accorda à mon Rival, quelques innocentes qu'elles fussent, me parurent insupportables. Je souhaitai mille fois de mourir, & je fusse mort avec joye, si j'eusse pû avoir quelque assurance en quitant la vie, que Corneille n'eut plus été favorisé, ou qu'il ne l'eût plus été si ouvertement qu'il l'étoit. Mais c'étoient des vœux impuissans. Corneille devoit être heureux, sans qu'il se mit trop en peine de l'être, & je devois être exposé aux cruautés d'une ingrate que j'aimois jusqu'à l'adoration, & aux fureurs de la jalousie : juge de la situation où étoit mon cœur. Le pere & la mere de Leonise faisoient semblant de ne se pas apercevoir du penchant qu'elle avoit pour Corneille. Ils se flatoient que c'étoit un Amant, qui seroit un jour un Epoux, & qu'ils auroient un Gendre qui auroit plus de biens de la fortune que moi. Ils se trompoient, comme l'événement l'a fait voir. Cependant ils se flatoient avec raison de cette espérance. Car sans compter que les charmes de leur fille avoient assez de pouvoir pour rendre Corneille sensible, Corneille n'étoit pas d'un sang plus illustre que ceux qui aspiroient à lui donner

la

la main; je puis avancer cela sans me trop vanter. Quoi qu'il en soit, tandis que par des soins infinis, & toutes les soumissions imaginables, je tâchois de faire réussir ma recherche, je sûs que Leonise & Corneille accompagnés de leurs peres & de leurs meres, de leurs parens les plus distingués, & de tous leurs Domestiques, avoient fait une partie pour se rendre au Jardin d'Ascanio, qui est près du rivage de la mer, sur le chemin des Salines; c'étoit dans la belle saison; car ce fut dans le mois de Mai, il y a environ un an. Tu connois ces lieux, Mahamut, ces lieux autrefois enchantés, mais aujourd'hui affreux & horribles, pour avoir été la Scene de l'événement le plus tragique dont on ait jamais entendu parler. Du moment que j'eus la nouvelle de cette partie qui me devoit être si funeste, la rage & la jalousie s'emparérent de mon esprit avec tant de violence, que je ne sûs plus où j'en étois. Je puis dire que dès cet instant, je perdis entiérement la raison. Je courus comme un insensé au Jardin fatal, où la compagnie s'étoit déja renduë, & j'y arrivai dans le tems que chacun se mettoit en état de jouir des plaisirs de cette journée. Corneille & Leonise étoient assis sous un arbre, éloignés néanmoins un peu l'un de l'autre.

Je ne saurois te représenter le chagrin qu'ils firent paroître lorsqu'ils m'apperçûrent. Mais pour ce qui me regarde, je te dirai, que je perdis l'usage de tous mes sens, lorsque j'eus jetté la vûë sur Leonise. Je fus sans sentiment, sans voix, & entiérement immobile, comme si j'eusse été métamorphosé en une Statuë. Le charme ne dura pas longtems. Ma douleur le rompit tout d'un coup. La colére étincella dans mes yeux, je fus transporté de fureur ; & ne sachant ce que j'allois dire, parce que j'étois hors de moi-mème, je parlai en m'adressant d'abord à Leonise.

N'attens pas que je t'apprenne ici ce que je dis à cette injuste fille. Comme c'étoit l'amour, le dépit & le desespoir qui parloient, ma langue ne cessa d'extravaguer. Je lui dis mille duretés. Je lui reprochai son mauvais goût, de la maniére du monde la plus insultante. Je tournai en ridicule par mille expressions ironiques son Ganimede, qui paroissoit si froid auprès d'elle ; & parce que je voulois bien que le ridicule de son Amant, tombât autant sur elle que sur lui, il n'y eut point de termes offensans dont je ne me servisse pour la déconcerter sur son choix. Mes discours étoient dérangés, mais ils ne laissoient pas d'être intelligibles, ils ne l'étoient même que

que trop; car enfin, j'achevois de me perdre dans son esprit; je l'appercevois bien. Mais est-on maître de ce que l'on dit, lorsque l'on aime, lorsqu'on est malheureux, lorsqu'on est transporté de jalousie? L'amour que j'avois pour Leonise n'a jamais été plus violent qu'il l'étoit dans ce moment-là. Je puis dire, que je fusse expiré de douleur à ses yeux, ou que je me fusse donné la mort moi-même, si pour se vanger de mon indiscrétion, elle eût témoigné quelque tendresse à Corneille, qui étoit comme immobile auprès d'elle. Je l'y sollicitai néanmoins. Aproche-toi plus près de lui, cruelle, lui dis-je plus d'une fois, prodigue-lui toutes tes faveurs, & achéve de m'arracher la vie en m'arrachant toute esperance. Je fis ensuite des portraits fort desagréables de cet heureux & indigne Amant, cependant je ne le caracterisai que tel qu'il étoit; car après tout, se croyant beau & bien fait, se voyant riche & d'assez grande extraction, & d'ailleurs étant vain, sans expérience, & n'ayant aucune idée du véritable mérite, Corneille étoit assez foible pour prétendre plus haut que Leonise. J'eus beau le lui dire sans détour, il ne m'appartenoit pas, Mahamut, de la désabuser là-dessus. Lorsque nous avons du penchant à aimer quelqu'un, nous sommes aveugles, & les conseils d'un Rival sont toûjours suspects. Leonise ne répondit à rien. Enfin me tournant vers Corneille, je m'adressai directement à lui, & tu peux bien comprendre que je ne le ménageai guéres. Je l'insultai dès les premiers mots, & je poursuivis sur le même ton. Et toi, jeune homme, ce furent à peu près mes paroles, & toi jeune homme qui t'imagines de remporter un prix, qui est plûtôt dû à mes soins qu'aux tiens, qui ne sont que les fruits de ton oisiveté, d'où vient que tu ne te léves pas de ce tapis de fleurs, où tu es couché? Pourquoi ne viens-tu pas m'arracher une vie qui a tant d'horreur pour la tienne? Si tu ne parois point offensé de tout ce que je viens de dire, c'est que tu ne sais point estimer le bonheur que la fortune aveugle te présente: on voit bien que tu en fais peu de cas, puisque tu ne fais aucun effort pour le conserver & t'en rendre digne. Tu as peur sans doute de déranger ta chevelure, de chiffonner ton rabat, ou de faire prendre à ton habit quelque méchant pli. Si Achille eût été de ton caractère, Ulysse ne fût jamais venu à bout de le reconnoître dans son déguisement; lui eût-il mis devant les yeux de plus belles & de meilleures armes que celles qu'il lui fit présenter. Va Corneille,

neille, va prendre tes ébats avec les femmes de Chambre de ta mere, elles t'ajusteront, elles te friseront les cheveux, elles auront soin de tes mains, qui sont bien plus propres à tenir une quenouille qu'à manier une épée.

J'eus beau dire, mes paroles ne firent aucune impression sur l'esprit de Corneille. Il n'osa ouvrir la bouche pour parler. Il demeura confus & interdit, & se contenta de me regarder sans faire le moindre mouvement du monde. Comme j'avois parlé fort haut, tout le monde s'approcha, je redoublai alors mes insultes, & il n'y eut rien de mortifiant que je ne lui disse. Corneille, qui vit arriver le secours, prit cœur, il fit du moins mine de se lever. Mais avant qu'il fût sur ses pieds, j'eus la main à l'épée, & je fondis non-seulement sur lui, mais sur tous ceux qui s'étoient approchés pour le défendre. Leonise tomba évanouie dès qu'elle vit reluire mon épée. Cela ne fit que redoubler mon courage, parce que mon desespoir redoubla. J'avoue que je devois périr mille fois, ayant à combattre moi seul, un si grand nombre d'ennemis. Mais le Ciel qui me reservoit à de plus grands maux que la mort, me voulut conserver dans cette rencontre. Quoi qu'il en soit, je blessai sept ou huit de ceux qui s'étoient opposés à moi, & pour Corneille, à qui j'en voulois uniquement, il trouva le secret de se garantir, en cherchant son salut dans la fuite. Je ne le dois point dissimuler, il y eut des parens de Leonise, & même de ceux de Corneille, qui se défendirent vigoureusement, quelque étourdis qu'ils fussent des coups que je leur portai d'abord; car enfin je m'étois jetté sur eux à l'impourvû, & je poussois à droit & à gauche, comme un homme qui est furieux. Ils furent dissipés d'abord, & mis en desordre, parce qu'ils avoient été surpris, & qu'ils ne s'étoient point attendus à être chargés comme ils le furent. Mais ils se ralliérent bien-tôt, & j'étois dans le plus grand péril, où un homme se puisse trouver, lorsque j'en fus délivré, par un effet de ma mauvaise fortune; car la mort m'eut été plus douce que la vie. Trop heureux si je l'eusse perduë dans cette occasion, je ne la perdrois pas mille & mille fois à tous momens. Tandis que nous en étions aux mains, & que je me voiois sur le point de succomber, ne pouvant plus résister au nombre, une grosse Troupe de Turcs, qui avoient abordé dans deux Galéres, remplies de Corsaires de Biserte, & qui s'étoient mis à l'abri dans une Cale tout proche, entérent à l'improviste dans le Jardin où nous

nous étions. Les Pirates n'avoient été découverts, ni par les Sentinelles qui sont posées sur les Tours du Rivage, ni par les Coureurs, ni par les Visiteurs de la Côte. Dès que mes ennemis les apperçûrent, ils me quittérent, & prirent la fuite avec tant de diligence, que les Turcs ne pûrent se saisir que de moi, & de Leonise, qui étoit évanouïe. Pour moi je tâchai de me défendre; mais je tombai enfin entre les mains des Corsaires, après avoir reçû quatre blessures, que les Turcs achetérent chérement; car j'en étendis quatre, morts à mes pieds. Les Pirates firent leur coup avec leur diligence ordinaire, & ils s'embarquérent en même tems, peu contens de leur entreprise. Ils firent à force de voiles, & de rames, si bien qu'ils arrivérent en très-peu de tems à la Fabiane. Ils firent d'abord la revûë de leurs hommes, pour savoir ceux qu'ils avoient perdus, & ayant trouvé que c'étoit quatre Soldats de ceux qu'ils nomment du Levant, qui sont ceux qui sont estimés les meilleurs, comme ils le sont effectivement, ils voulurent se vanger sur moi de cette perte. La résolution ne fut pas plûtôt prise, que le Patron de la Galére commanda qu'on abaissât l'Antenne, afin de me pendre. Leonise, qui commençoit à reprendre ses esprits, consideroit toutes ces

ces choses, & se voyant au pouvoir des Corsaires, soûpiroit & versoit des larmes. La Belle étendoit ses mains délicates, sans proférer aucune parole, & prêtoit attentivement l'oreille, pour tâcher d'entendre ce que disoient les Turcs. Dans ce tems-là un Esclave Chrêtien, qui étoit à la rame, lui dit en Italien, que celui qui commandoit dans la Galére avoit donné ordre qu'on me pendît, parce qu'en me défendant, je lui avois tué quatre de ses meilleurs Soldats. Leonise fut émuë de ces paroles, & je puis dire, que ce fut la premiére fois que j'eus le bonheur de l'attendrir. Elle pria en même tems le Forçat Chrêtien, de représenter aux Turcs, que j'étois une Personne distinguée, que s'ils me faisoient mourir, ils perdroient une rançon considérable, qu'ils n'avoient qu'à retourner à Trapane, que je serois racheté sur le champ. Ce fut la premiére fois, comme je l'ai dit, que Leonise eut pitié de moi, & ce fut aussi la derniére, ce qui met le comble à mes infortunes. Les Turcs ajoûtérent foi à ce que leur dit l'Esclave, & l'espérance d'avoir une rançon extraordinaire, leur fit ouvrir les yeux ; ils changérent de résolution. Dès le lendemain, ils arborérent un Pavillon blanc, en signe de paix, & retournérent à Trapane. Je te laisse se à penser dans quelles inquietudes je passai cette triste nuit. Mes blessures étoient considérables ; mais ce n'étoit pas ce qui me faisoit de la peine. C'étoit la seule destinée de Leonise, que je voyois entre les mains des Infidelles. Les Corsaires s'étant approchés de Trapane, une Galére entra dans le Port, l'autre demeura dehors. D'abord tout le Port & tout le Rivage furent bordés de tout ce qu'il y eut de gens dans la Ville, Corneille fut le seul qui regarda de loin, à quoi aboutiroit cette avanture. Celui qui a le soin de mes affaires, se présenta dans la Galére pour traiter de ma rançon avec les Pirates. Je lui dis d'abord, qu'il ne s'agissoit point de moi ; qu'il ne s'agissoit que de Leonise. Je lui ordonnai de donner pour elle, tout ce que je possédois au monde, s'il en étoit besoin, & d'aller dire à son pere & à sa mere, de ne se mettre nullement en peine de leur fille, que je me chargeois de la racheter & que je la rachêterois à quelque prix que ce fût. Je n'eus pas plûtôt achevé de parler, que le Capitaine principal, qui étoit un Grec Rénégat, appellé Yzuf, demanda six mille écus pour Leonise, & quatre mille pour moi, ajoûtant qu'il ne relâcheroit point l'un sans l'autre. Il exigea cette somme excessive, parce que comme je l'ai sû depuis, il s'étoit rendu amoureux de Leonise. Son dessein n'étoit point de la rendre, & il me devoit donner au Capitaine de l'autre Galére pour quatre mille écus, & lui en compter encore mille, & prendre pour sa part Leonise pour une pareille somme. Voilà quel fut le sujet pour lequel nous fûmes mis à si haut prix. Le pere & la mere de Leonise n'offrirent rien, parce qu'ils comptérent sur la promesse que je leur avois faite. Pour Corneille, il ne fit aucune démarche, pour procurer la liberté à cette infortunée fille ; ce fut ainsi que son aveugle tendresse fut récompensée. Mon homme d'affaires conclut bien-tôt avec les Turcs. Il s'engagea à donner cinq mille écus pour Leonise, & trois mille pour moi. Yzuf accepta le parti à la persuasion & aux fortes remontrances de l'autre Capitaine & de tous les Soldats. Cependant comme l'homme qui avoit soin de mes affaires, n'avoit point dans ses coffres une si grande somme, il demanda trois jours de terme, résolu d'engager tout mon bien, ou d'en vendre la meilleure partie à vil prix, plûtôt que de laisser passer l'occasion de nous délivrer. Yzuf ne fut pas fâché que cette somme ne se fût pas trouvée sur le champ. Il se pouvoit passer dans l'espace de trois jours bien des choses, qui pouvoient rompre le marché ; le Pirate ne se trompa point. Il retourna à l'Isle de la Fabiane, promettant qu'au bout de trois jours, il iroit recevoir la rançon. Mais la fortune cruelle qui n'étoit point lasse de me maltraiter, favorisa le Tiran de Leonise, & fit échoüer toutes mes espérances. Une Sentinelle qu'on avoit posée au plus haut de l'Isle, découvrit sept voiles, qui étoient apparemment sept Galéres de Malte, ou une des Escadres de Sicile. L'allarme fut parmi les Pirates, ils levérent l'Ancre dans le moment, & ayant pris le large, ils voguérent avec tant de vitesse vers les Côtes de Barbarie, qu'ils perdirent de vûë en moins de deux heures les Vaisseaux que la Sentinelle avoit découverts.

Je te laisse à penser mon cher Mahamut, en quel état je me vis réduit, lorsque je fis réflexion sur le caprice de mon étoile, lorsque je vis tout d'un coup toutes mes espérances évanouïes. Nous arrivâmes le lendemain à l'Isle de la Pantaralée, du côté du midi, les Turcs sautérent d'abord à terre, & ce fut-là qu'ils commencérent le partage de leur butin. Nous fûmes partagés enfin Leonise & moi. Yzuf donna six Chrétiens à Fetale, c'est ainsi que se nommoit le Capitaine de l'autre Galére, quatre pour tirer à la rame, & deux

beaux

beaux jeunes garçons. Je fus donné de surplus, afin que Leonise lui demeurât; Fetale se contenta de ce partage. Quoi que je fusse présent lorsque ces choses se passoient, je n'y pûs absolument rien comprendre. Mais Fetale s'étant approché de moi m'expliqua tout. Chrêtien, me dit-il en langue Italienne, tu es à moi, & tu me coûtes deux mille écus. Si tu desires de recouvrer ta liberté, il faut que tu m'en donnes quatre mille, ou bien il faut te résoudre à mourir ici. Je lui demandai si l'Esclave Chrêtienne lui demeuroit. Il me répondit que non, qu'Yzuf l'avoit retenuë dans le dessein de la rendre More, & de se marier avec elle. C'étoit en effet ce qu'il avoit projetté, la chose me fut confirmée par un Forçat qui entendoit fort bien la langue Turque, & qui avoit ouï tout ce qui s'étoit passé à ce sujet, entre Yzuf & Fetale. Juge de la consternation où je fus. Je suppliai Fetale qu'il fit en sorte que l'Esclave Chrêtienne lui demeurât, & que je lui promettois pour sa rançon dix mille écus d'or. Il me répondit que je demandois une chose impossible, que cependant il parleroit à Yzuf, de la grande somme que j'offrois pour la Chrêtienne, & que peut-être cela l'ébranleroit, & lui feroit changer de sentiment. Il le fit, & néanmoins

moins, il ordonna à ſes équipages de s'embarquer inceſſamment, parce qu'il deſiroit d'être bien-tôt à Tripoli de Barbarie, lieu de ſa naiſſance & de ſa demeure. Yzuf réſolut auſſi de ſe rendre à Biſerte, ſi bien qu'ils s'embarquérent avec la même précipitation qu'ils ont accoûtumé de faire, lorſqu'ils découvrent quelques Galéres qu'ils craignent, ou quelques Bâtimens Barbares qu'ils veulent piller. La raiſon qu'ils eurent de ſe hâter ainſi, fut qu'ils apperçûrent que le tems alloit changer & qu'ils étoient menacés d'une tempête. Leoniſe étoit alors à terre, il me fut néanmoins impoſſible de la voir, ſi ce n'eſt au tems de notre embarquement; car nous nous embarquâmes à la même heure. Son nouveau Maître, ou plûtôt ſon nouvel Amant, la menoit par la main, & lorſqu'elle monta par l'échelle, qui de la terre touchoit à la Galére, elle tourna ſes yeux pour me regarder. Comme j'avois eu ma vûë toûjours attachée ſur elle, nos yeux ſe rencontrérent; mais dans le moment que nous nous regardions, je fus ſaiſi d'une ſi grande douleur, que je perdis tout ſentiment, & demeurai renverſé ſur le Rivage. La même choſe arriva à Leoniſe, elle ſe laiſſa tomber de l'échelle; mais Yzuf qui étoit derriére elle,

elle, eut le tems de la retenir & de la recevoir entre ses bras.

Ce fut ce qu'on me raconta dans notre Galére, où l'on m'avoit emporté sans que j'en eusse rien senti. Je revins enfin à moi. Mais lorsque je me trouvai séparé de ma chére Leonise; lorsque je m'apperçûs que la Galére où elle étoit, prenoit une route différente de celle de Fetale, & qu'en s'éloignant de nous, elle emportoit avec elle ce que j'avois de plus cher au monde, je ne te saurois exprimer les divers mouvemens que mon cœur sentit. Je commençai de nouveau à déplorer mon infortune, & d'appeller à haute voix la mort à mon secours. Les plaintes que je poussois étoient si grandes, que mon Maître ennuyé de les entendre, me menaça de me traiter mal. Je contraignis mes larmes & mes soûpirs, & cette cruelle violence que je me fis, devoit me causer mille fois la mort; mais mes maux ne devoient pas si-tôt finir; le Ciel m'en reservoit même de plus grands. Ce que les Corsaires craignoient arriva, il se leva une tempête épouvantable. Le vent qui souffloit du côté du Midi, & qui nous prenoit par la Prouë, se renforça avec tant de violence, que nous fûmes contraints de tourner la Poupe, & de laisser courir la Galére au gré de l'orage & des flots.

flots. Le Patron avoit en vûë de gagner la pointe de l'Isle, & de s'y mettre à l'abri du côté du Nord; mais il ne pût jamais venir à bout de son dessein, parce que le vent changea avec tant de furie, qu'en moins de quatorze heures, nous nous trouvâmes à six mille près de l'endroit de l'Isle, d'où nous étions partis deux jours auparavant. Et ce qu'il y avoit de triste, c'est qu'il falloit malgré que nous en eussions, relâcher dans ce même endroit où s'élevoient des rochers affreux, qui nous menaçoient d'une mort inévitable. Nous voyons à notre côté la Galére où étoit Leonise. Les Turcs qui la montoient, & les Forçats mettoient tout en œuvre pour se garantir du péril; ils tâchoient à force de rames de se maintenir, pour ne donner pas dans les écueils. Nous en faisions autant de notre côté, & même avec plus de vigueur; car les autres lassés du travail, & ne pouvant plus luter contre la tempête, lâchérent enfin leurs rames, s'exposérent à la merci des ondes, & se laissérent aller à notre vûë au milieu des rochers, où leur Galére donna un si grand coup, qu'elle se mit en mille piéces. La nuit commençoit à tendre ses voiles, & il se fit un bruit si confus, de ceux qui se perdoient, & des nôtres qui appréhendoient de se perdre, qu'on ne pou-

pouvoit entendre en aucune maniére ce que notre Capitaine commandoit. Jamais nuit n'a été plus affreuse. Cependant nos Forçats ne laissérent jamais tomber les rames de leurs mains; nous tournâmes la Prouë au vent & laissâmes les deux ancres dans la mer, ce qui étoit la seule chose qu'il y avoit à faire, pour reculer de quelques momens la mort qu'on voyoit certaine. Chacun apprehendoit ces affreux momens, il n'y avoit que moi seul qui les attendois avec une impatience extrème; je ne desirois rien tant que de mourir, prévenu de cette espérance trompeuse, que je verrois en l'autre monde, celle que la mer venoit d'engloutir. J'attendois la mort avec joye, & chaque coup que la Galére manquoit à se perdre, ou à donner dans les écueils, étoit pour moi un supplice horrible, qui me parroissoit durer des siécles entiers. Les vagues passoient sur ma tête, & toutes violentes qu'elles étoient, elles n'eurent jamais la force de m'entraîner, & de m'ensévelir dans le fond des eaux. J'invoquois vainement les Parques, & si je ne mourus pas de la douleur de ne pouvoir mourir; c'est que je croyois voir à tout moment dans les flots qui nous inondoient, le corps de la malheureuse Leonise. Je ne te veux pas retenir plus long-tems

tems, Mahamut, en te représentant par un plus long recit, mes craintes, mes alarmes, mes inquiétudes, & les diverses pensées dont mon ame fut agitée en cette longue & amére nuit; aussi sont-elles au dessus de toute expression, & tu les peux concevoir bien mieux que je ne saurois les exprimer, quelque peinture horrible que j'en fisse. Le jour parut, & un petit calme succéda à cette épouvantable tempête; nous trouvâmes que notre Galére avoit pris une autre route, qu'elle s'étoit éloignée des rochers & approchée d'une des pointes de l'Isle. On trouva à-propos de doubler ce Cap, & ayant pris des forces nouvelles, parce qu'on avoit de nouvelles espérances, nous le doublâmes en moins de six heures. Comme la mer étoit devenue assez tranquille, nous pûmes nous aider des rames, & étant à l'abri de l'Isle, les Turcs eurent le moyen de sauter à terre, pour aller voir s'il ne se trouveroit point quelques restes de la Galére qui la nuit précédente avoit donné contre les rochers. Je crus qu'il me seroit permis encore de voir entre mes bras, le corps de l'infortunée Leonise. Tout privé de vie qu'il étoit, je regardois comme le seul bonheur qui me restoit, de le pouvoir arroser de mes pleurs, de rompre le charme fatal qui m'am'avoit empêché jusqu'alors d'être uni à ce que j'avois de plus cher au monde. Je priai un Chrétien Rénégat qui alloit à terre de le chercher, je lui promis une récompense considérable, il se mit en devoir d'exécuter ma volonté, & il y avoit apparence qu'il le trouveroit ; car la mer l'avoit sans doute jetté déja sur le rivage. Mais le Ciel ne voulut pas m'accorder cette faveur, à laquelle j'avois quelque lieu de m'attendre. La tempête recommença, elle fut même plus violente que la prémiére, le rempart de l'Isle ne nous servoit de rien, & exposés à de nouveaux périls plus éminens que les précedens, on eût de toutes autres pensées que celles de profiter du débris de la Galére qui venoit de se perdre. Quand Fetale eut consideré l'orage, il ne voulut point se roidir contre la fortune qui le poursuivoit si cruellement ; si bien qu'il commanda qu'on mît le Mât de Misene & fit faire petites voiles. Il tourna ensuite la Prouë & exposa la Poupe au vent. Il prit lui-même le Timon, & se laissa emporter en pleine Mer. Les rames étoient rangées sur la Coursie, toute la Chiourme étoit dans ses bancs, & personne ne paroissoit que le seul Comite, qui pour plus grande sûreté s'étoit fait attacher à l'Estanterol. La Galére fut emportée avec tant de rapidité, té, qu'en trois jours & trois nuits, passant à la vûë de Trapane, de Melasse, & de Palerme, elle s'emboucha par le Fare de Messine, au grand étonnement de ceux qui étoient dedans, & de ceux qui voyoient cela du Rivage. Enfin pour n'être pas aussi long dans le recit de cette tempête, qu'elle fut longue & violente, exténués, affamés & accablés de fatigue, d'un si grand tour que celui que nous fîmes de presque toute la Sicile, nous arrivâmes à Tripoli, où mon Maître avant que d'avoir partagé le butin, & en avoir donné au Roi la cinquiéme partie, selon la coûtume, fut attaqué d'une maladie qui l'emporta en moins de trois jours. Le Roi, & l'Alcaïde qui est établi sur les Mers, de la part du grand Seigneur, qui comme tu sais, est héritier de ceux qui meurent de cette maniére; le Roi dis-je, & l'Alcaïde s'emparérent de tout le bien de mon Maître, & je tombai entre les mains d'Azan Bacha, qui étoit alors Viceroi de Tripoli. Quinze jours après, il reçût des Lettre-Patentes qui l'établissoient en la même charge dans l'Isle de Chypre. Je suis venu ici avec lui sans avoir dessein de me racheter. Azan m'a fait connoître plus d'une fois que je devois me mettre à rançon, puisque j'étois de bonne famille, comme il le savoit des Soldats de Fetale;

mais

mais je n'y ai jamais voulu entendre. Au contraire je lui ai toûjours dit, que quoique je fusse d'une maison qualifiée, je n'étois point riche, & que ceux qui l'en avoient assuré, l'avoient dit sans aucun fondement. Que si tu desires, Mahamut, de savoir à présent quel est le parti que j'ai résolu de prendre, je te dirai que je n'en prendrai point d'autre que celui de m'abandonner à ma mauvaise destinée. Depuis la mort de Leonise je ne cherche point à être soulagé ; car quel soulagement pourrois-je trouver après cette cruelle infortune. Les grandes douleurs ne sont pas de durée, & comme les miennes ne sauroient être plus excessives, je finirai bien-tôt la triste vie que je traîne ; c'est-là ma seule consolation. Voilà mon cher Mahamut, l'Histoire de mes avantures, voilà la cause de mes sanglots, de mes soûpirs & de mes larmes, juge si c'est à tort que je m'abandonne tout entier à la tristesse, & que je refuse d'être consolé. Leonise est morte, & avec elle mon espérance ; car bien que cette espérance, tandis qu'elle étoit en vie, fût peu de chose, cependant.... Richard n'eut pas la force d'en dire davantage, sa langue s'attacha à son palais. Il ne peut proférer aucune autre parole, & en même tems les larmes coulèrent sur son visage en si grande abon-

abondance, qu'elles arroſérent la terre. Mahamut ne pût s'empêcher de pleurer lui-même. Toutefois Richard ne fut pas plûtôt revenu de ſa défaillance, qu'il tâcha de calmer ſes ennuis par toutes les raiſons que ſa tendreſſe lui pût ſuggérer ; mais toutes les raiſons furent inutiles. Tout ce que tu peux faire pour moi, lui dit Richard en l'interompant, c'eſt de me conſeiller par quel moyen je pourrai venir à bout d'entrer dans la diſgrace de mon Maître, & de tous ceux que je fréquenterai, afin que devenant la haine & le mépris de tout le monde, je ſois traité ſi indignement, que ne pouvant plus réſiſter à tant de revers, je voye terminer une vie qui m'eſt à charge, une vie qui m'importune, & que je regarde avec plus d'horreur que la mort la plus affreuſe, & la plus horrible.

C'eſt à préſent repondit Mahamut, que je trouve que ce qu'on dit eſt véritable, que ce qui ſe fait ſentir ſe fait exprimer, quoi qu'il ne ſoit pas moins véritable, d'ailleurs que le plus ſouvent les grandes douleurs ſont muettes. Cependant, ſoit que ta douleur égale tes paroles, ou que tes paroles ſurpaſſent ta douleur, tu trouveras toûjours en moi un ami ſincére, ſoit pour le conſeil, ſoit pour le ſecours. Je ſais bien que tu ne deſires, ni d'être conſeillé, ni d'être ſecouru. Je ne

ne laisserai pas néanmoins de faire à ton égard ce que je dois, & de te traiter comme un malade, qui demande ce que l'on ne lui donne pas, & à qui on donne ce qu'on juge qui lui est nécessaire. Il n'y a qui que ce soit dans Nicosie, qui ait plus d'autorité & plus de pouvoir que mon Maître, je n'en excepte pas même le tien, tout Vice-Roi de l'Isle qu'il est. Cela étant, & le fait est incontestable, je puis me vanter que je puis tout; car enfin, comme je te l'ai déja dit, je puis tout sur lui, tant j'ai d'ascendant sur son esprit. Je te répéte ces choses, parce qu'il pourra arriver, que par ce moyen tu seras à lui; & je compte même que la chose sera, & qu'étant toûjours ensemble, nous pourrons conférer à tout moment sur ce que nous aurons à faire. Ce qui certainement en résultera, c'est que nous nous consolerons mutuellement, & que nous pourrons trouver à la fin quelque moyen sûr & efficace, toi pour remettre ton esprit dans sa prémiére assiette, moi pour mettre ma conscience en repos. Je te remercie Mahamut, de ton affection & de ta tendresse, répondit Richard, quoique je sois bien persuadé néanmoins que tout ce que tu entreprendras pour moi sera inutile. Il est tems cependant que je mette fin à mes plaintes, je
le

je dois pour ne te plus ennuyer par une conversation si desagréable, & pour ne te pas empêcher d'aller aux Tentes, où je vois qu'une foule de peuple acourt. C'est je m'imagine l'ancien Vice-Roi qui sort de la Ville, pour donner lieu à mon Maître d'y entrer, & de prendre possession de son Gouvernement. Il est vrai, repartit Mahamut, approchons-nous, & tu verras une Cérémonie, qui peut-être te fera du plaisir. J'y consens, dit Richard, & peut-être aurai-je besoin de toi; car qui sait, s'il ne prendra point envie à celui qui a la garde des Esclaves de mon Maître, de me maltraiter, c'est un impitoyable Corse, dont j'ai éprouvé déja les duretés, un misérable Rénégat, un Comite brutal & farouche, qui n'a de l'homme que la figure.

Ils s'approchérent alors des Tentes, & ils y arrivérent au moment que l'ancien Bacha en approchoit, & que le nouveau sortoit pour le recevoir à l'entrée de la sienne. Ali Bacha, c'est ainsi que s'appelloit celui qui laissoit le Gouvernement, étoit accompagné de cinq cens Janissaires, c'étoit le nombre des troupes qui composoient la Garnison de Nicosie, depuis que les Turcs s'en étoient rendus Maîtres. Ces Janissaires formoient deux aîles en marchant. Les uns portoient une maniére d'Arquebuse, se, & les autres tenoient le Cimeterre nûd à la main. Dés qu'ils furent à l'entrée du Pavillon du nouveau Bacha, ils l'environnérent. Ali s'inclina alors, & fit une profonde révérence à Hazan; Hazan le salua d'uue maniére moins profonde. Ali entra d'abord dans le Pavillon du nouveau Vice-Roi, que les Turcs firent monter sur un puissant Cheval richement enharnaché. Ils lui firent faire le tour des Tentes, & le suivirent pendant quelque tems, criant à haute voix, en leur langue: Vive Soliman Sultan, & Hazan Bacha en son nom. Ils répétérent plusieurs fois ces paroles, redoublant leurs exclamations & leurs cris. Cela fait, ils le remenérent au Pavillon, où Ali étoit demeuré. Ce fut-là que les deux Bachas & le Cadi s'enfermérent & demeurérent seuls une grosse heure, pour traiter des affaires qui concernoient l'état de la Ville, & quelques Ouvrages qu'Ali avoit commencés. Au bout de ce tems-là, le Cadi parut à la porte du Pavillon, & il se prit à dire à haute voix en langue Turque, Arabe, & Gréque, que tous ceux qui voudroient entrer pour former quelque plainte contre Ali le pouvoient; que Hazan Bacha, que le Grand Seigneur envoyoit pour être Vice-Roi de Chypre, étoit là présent pour leur rendre justice. Cette permismission ayant été donnée, les Janissaires laissérent libre l'entrée du Pavillon, si bien que chacun eût la liberté d'y entrer. Mahamut fit que Richard y entra; car étant Esclave de Hazan, il n'y eût personne qui s'y opposât. Quelques Grecs Chrétiens, & quelques Turcs se présentérent; mais ce qu'ils demandoient étoient des choses de si peu de conséquence, que le Cadi les expédia d'abord; car parmi les Turcs, tous les procès, excepté ceux qui concernent le mariage, se vuident sur le champ; & c'est le Cadi qui est le Juge de toutes les causes, lesquelles il abrége, & juge dans un instant, s'il lui plaît, sans qu'on en puisse relever appel. Dans ce tems-là, entra un Chiaoux, qui vint avertir qu'à l'entrée du Pavillon, se présentoit un Marchand avec une Esclave Chrétienne, extrêmement belle, qu'il vouloit vendre. L'Huissier Turc sortit, & rentra incontinent accompagné d'un Juif vénérable, qui menoit par la main, une fille vetuë à la Moresque. Elle étoit si propre & si magnifique dans cet habillement, que les plus riches femmes de Fez & de Maroc, n'auroient pû lui être comparées, quoi qu'elles l'emportent pour la maniére de s'ajuster sur toutes celles d'Afrique, sans en excepter celles d'Alger, toutes chargées de perles qu'elles sont.

Elle marchoit ayant le visage couvert d'un tafetas cramoisi. Elle portoit au haut de ses pieds, qui étoient découverts à la maniére du Païs, deux anneaux d'or bruni, qui en réhaussoient la blancheur, qui surpassoit celle de l'Albâtre. Ses bras n'étoient couverts que d'une manche d'une Gase incarnate, ce qui faisoit qu'on en appercevoit toutes les beautés, qui étoient relevées par des brasselets d'or parsemés de perles. Tout son habit qui étoit d'une étoffe verte en broderie d'or, étoit riche, brillant, bien entendu, & le Juif s'étoit surpassé, pour donner plus de relief aux charmes de l'Esclave, qu'il étoit venu exposer en vente. Le Cadi, & les deux Bachas surpris, commandérent au Juif, avant que de parler d'aucune chose, de la faire découvrir. Elle tira son voile elle-même; & comme le Soleil, après avoir demeuré caché sous un obscur nuage, éblouït ceux qui le regardent, il en fut de même de cette incomparable fille, qui étoit d'une beauté extraordinaire. Chacun l'admira, chacun arrêta ses regards sur elle, chacun sentit émouvoir son cœur, & le malheureux Richard lui-même ne fut pas exempt de cette émotion. Elle parut dans ses yeux, elle se fit voir sur tout son visage, cet objet le frapa si fort, qu'il ne sût plus où il en étoit.

Mais

Mais on n'en doit pas être surpris. Il vid, en jettant les yeux sur cet Astre, qui remplit de ses feux toute la Tente du nouveau Bacha, il vid sa cruelle & sa chére Leonise; cette Leonise qui lui avoit fait verser tant de larmes, & qu'il ne croyoit plus parmi les vivans. Il vid ce qu'il croyoit avoir perdu pour toûjours, l'objet de ses vœux, de tous ses desirs, de ses plus douces espérances. Mais il la vid sans lui oser témoigner ses transports, & entre les mains de trois puissans Maîtres, que cette Captive chargea de fers, du premier moment qu'elle eut découvert à leurs yeux, les puissans attraits dont le Ciel l'avoit partagée. Les deux Bachas & le Cadi, sentirent tous trois à la fois, brûler leur cœur d'une flamme qui les devora, ils en furent épris de la maniére du monde la plus violente; le Cadi sur tout en fut transporté, & ce qui fait voir la force & les illusions de l'amour, les uns & les autres crurent avoir lieu de se flater qu'elle tomberoit en leur puissance. Eperdus, troublés, & tardant à chacun des Bachas, de posséder ce riche trésor, ils demandérent tous deux à la fois au Juif le prix de l'Esclave, sans se mettre en peine de s'informer de ses avantures, ni comment elle étoit tombée entre ses mains. Le Juif avare, qui connut bien ce qui se passoit dans leur cœur, répondit qu'elle étoit à quatre mille Pistoles. A peine eut-il fermé la bouche, que quelque excessive que fût cette somme, Ali dit qu'il la donneroit, qu'il n'avoit qu'à l'aller chercher incessammment dans son Pavillon. Azan, qui se vid prévenu, fut surpris, cependant comme il n'avoit pas dessein de la lui laisser ; car il lui eût plûtôt laissé la vie, il se prit à dire, qu'il offroit lui-même les quatre mille Pistoles que le Juif demandoit, & qu'il ne pensoit pas qu'Ali s'y dût opposer, n'ayant pas les mêmes raisons qu'il avoit. Cette Esclave, ajoûta-t-il, ne nous apartient ni à l'un ni à l'autre, elle appartient au Grand Seigneur, je l'achète en son nom, & nous verrons présentement qui sera si téméraire de me la disputer. Ce sera moi, repliqua Ali; car je l'achète dans la même intention. Et puis il est bien plus naturel & plus juste, que ce soit moi qui fasse ce présent à Sa Hautesse, j'ai la commodité de la conduire à Constantinople en peu de jours, & de la présenter moi-même. Ce sera le véritable moyen de m'insinuer dans ses bonnes graces; car tu vois bien Azan, que je suis maintenant un homme privé, que je ne suis pourvû d'aucune Charge, & qu'il faut que je mette tout en œuvre pour mériter un établissement nouveau. Tu n'és pas

dans

dans les mêmes termes, tu es assuré d'un Emploi pour trois ans, puisque ce n'est que d'aujourd'hui que tu commences à gouverner le riche Royaume de Chypre. Cette raison jointe à ce que j'ai été le premier qui a offert le prix de l'Esclave, t'oblige à ne me la point contester. J'ai d'aussi fortes raisons que les tiennes, repartit Azan, pour ne me pas desister du dessein que j'ai d'abord conçû d'acheter l'Esclave pour le Sultan. Je dois faire ma cour aussi-bien que toi à mon Souverain & à mon Maître, je lui dois donner des marques de la reconnoissance que j'ai pour les bienfaits dont il me comble, & d'ailleurs le présent que je lui ferai, lui sera d'autant plus agréable, qu'il ne sera pas fait dans la vûë d'aucun intérêt présent. Chacun doit travailler à assurer sa fortune; & pour ce qui regarde la commodité de l'envoyer, j'armerai une Galére, où il n'y aura que ma Chiourme & mes Esclaves, pour la conduire. Ali devint furieux à ces mots. Il se leva, & ayant mis la main à son Cimeterre, il se prit à dire: Puisque j'ai acheté cette Esclave, ô Azan, dans le seul dessein d'en faire un présent à Sa Hautesse, puisque j'ai été le premier qui l'ai achetée, la raison & l'équité demandent que tu me la cédes, & si tu persistes à t'y opposer, ce

fer

fer que je tiens, défendra mon droit, & me vengera de ta témérité & de ton audace. Azan se mit en devoir de repousser son concurrent.

Le Cadi fut ravi de ce qui se passoit entre les deux Bachas. Comme il étoit artificieux & adroit, ou plûtôt comme il étoit amoureux, il entrevid bien qu'il pourroit se prévaloir de ce différent, & demeurer possesseur de l'Esclave, sans qu'il fît paroître ce qu'il sentoit, & les desseins qu'il avoit formés. Je vous accorderai leur dit-il, en les séparant; mais il faut avant toutes choses, que vous baissiez ces Cimeterres, & que vous les remettiez dans le foureau. J'ai conçû un expédient qui vous contentera, vous serez satisfaits l'un & l'autre, à la satisfaction même du Grand Seigneur. Les Bachas obéïrent sur le champ, & il est certain qu'ils l'eussent fait dans une affaire d'une plus grande importance que celle-là, tant est grand le respect que portent à leurs Prêtres les Mahometans.

Les esprits étant ainsi calmés, le Cadi continua de parler, ce qu'il fit en cette manière: Tu dis, Ali, que tu souhaites d'avoir cette Esclave pour le Sultan, Azan dit la même chose. Tu allegues, que comme tu as été le premier à offrir le prix qu'on en demande, elle doit être à toi,

c'est

c'est une chose qu'Azan te conteste. A regarder d'abord la chose, sa raison ne paroît pas trop plausible; mais à tout considérer, la tienne ne le paroît pas davantage. Vous avez eu la même intention, & vous êtes en cela dignes de loüange. Tu as seulement cet avantage sur lui, que tu as parlé le premier; mais il en a un autre sur toi; c'est qu'il a été le premier qui a dit qu'il achetoit l'Esclave pour le Sultan. Vous avez tous deux raison, je dois rendre justice à la vérité, & vous mériteriez l'un & l'autre ce que vous desirez si ardemment. Mais puisque la chose est impossible, il faut tâcher de prendre un milieu. Je dis donc que l'Esclave vous appartient à tous deux, cependant comme elle est destinée pour le Grand Seigneur, c'est au Grand Seigneur seul à en disposer. Je conclus donc, qu'il faut que tu donnes deux mille Pistoles, Azan une pareille somme, & que l'Esclave demeure en mon pouvoir, que je l'envoye au nom de tous deux à Constantinople, & qu'ainsi je ne sois point privé de la récompense que je mérite de m'être trouvé ici, & d'avoir accordé votre différent. J'offre de la faire partir à mes dépens, & de la faire conduire d'une maniére digne de celui à qui on l'envoye.

voye. J'écrirai à Sa Hauteſſe tout ce qui s'eſt paſſé, & je lui écrirai de telle maniére qu'elle ſera contente de votre zéle, & de l'ardeur que vous avez témoignée à la ſervir dans ſes plaiſirs.

Les Bachas amoureux ne furent pas trop contens de l'expédient, ils firent néanmoins ſemblant de l'être; auſſi étoit-ce le ſeul parti qu'ils avoient à prendre. Ce qui les conſola un peu, ce qui modéra leur chagrin, c'eſt qu'ils ne deſeſpérérent ni l'un ni l'autre de venir à bout de poſſéder un jour Leoniſe. Azan qui ſe voyoît Vice-Roi de Chypre, réſolut de faire de ſi grands préſens au Cadi, qu'il ne douta point qu'il ne ſe le rendit favorable, & qu'il n'inventât quelque Stratagême pour ne la pas envoyer à Conſtantinople. Ali forma d'autres projets, & comme ils ſe flatérent également de pouvoir venir à leurs fins, ils parurent ſatisfaits extérieurement. Ainſi ſans entrer dans la moindre conteſtation, il la laiſſérent entre les mains du Cadi, & comptérent chacun d'eux mille Piſtoles. Le Juif dit alors, l'Eſclave eſt à vous; mais en la vendant je n'ai pas vendu ſes habits, qui avec les dorures valent encore deux mille Piſtoles. Le Juif avoit raiſon en cela; car outre que l'habit étoit riche, les cheveux de cette belle Eſclave étoient parſemés de brillans, &

en-

entrelassés de plusieurs rangs de perles, sans compter celles de ses Brasselets. On convint de ce que le Juif disoit, & le Cadi pour ne paroitre pas moins libéral que les deux Bachas, dit qu'il vouloit payer cet habit, & tous ces atours, afin que l'Esclave fût présentée de cette maniere à Sa Hautesse; ce fut ce qu'on ne lui contesta pas.

Il n'est pas difficile de se représenter, quelles furent les allarmes & les inquiétudes de Richard, lorsqu'il vid vendre Leonise. Il ne savoit s'il dormoit, ou s'il veilloit, il avoit de la peine à ajoûter foi à ses propres yeux, regardant comme une chose impossible que cette Leonise, qu'il avoit vû périr, fût encore en vie; & lorsqu'il venoit à se convaincre, que ce qu'il voyoit n'étoit rien moins qu'un songe, que ses yeux ne le trompoient point, la joye qu'il ressentoit étoit mêlée de mille amertumes, son ame étoit agitée de mille troubles. J'ai recouvré ce que j'avois perdu, disoit-il en son cœur; mais je ne l'ai recouvré que pour le perdre encore une fois, & pour le perdre même pour toute ma vie. Il se tourna alors vers son ami. Connois-tu bien cette Esclave, lui dit-il. Non, je ne la connois pas, répondit Mahamut, Hélas ajoûta Richard, c'est l'ingrate & adorable Leonise, nife, c'est elle même. Ne m'en dis pas davantage, dit Mahamut, & ne la découvre point! La fortune t'est favorable, puisque cette jeune personne tombe entre les mains de mon Maître. Ne serois tu pas d'avis, ajoûta Richard, que je me misses dans un endroit, d'où elle pût m'appercevoir. Tu t'en dois bien donner de garde, repartit le sage Mahamut; car il est certain, que si l'on venoit tant soit peu à soupçonner que tu la connusse, les mesures que je commencerai dès aujourd'hui à prendre, pour rompre celles du Cadi & des deux Bachas, seroient entiérement déconcertées. Je ferai dit Richard, ce que tu voudras. Alors il détourna ses yeux pour ne rencontrer pas ceux de Leonise, qui les baissoit, & qui laissoit couler quelques larmes. Le Cadi s'approcha d'elle un moment après, & l'ayant prise par la main, il la donna à Mahamut, lui ordonnant de la mener dans la Ville, à Halima son Epouse, & de lui recommander en même tems de la traiter comme Esclave du Grand Seigneur. Mahamut, obéit, & laissa Richard seul, qui l'accompagna des yeux, jusqu'à-ce qu'elle fût entrée dans Nicosie. Cet Astre n'eut pas plûtôt disparu, que Richard s'approcha du Juif, pour sçavoir de lui, où il avoit acheté cette Esclave.

clave. Le Juif lui apprit d'abord, que ç'avoit été dans l'Isle de Pantalarée, de certains Turcs qui y avoient fait naufrage. Il lui alloit faire un long recit; mais dans ce tems-là les Bachas & le Cadi ayant defiré de savoir aussi-bien que lui les avantures de Leonise, ils le firent appeller dans leur tente, & ainsi ils furent obligés de se séparer, sans qu'il en pût apprendre davantage.

Pendant que Mahamut conduisoit cette charmante Esclave dans Nicosie, il eut une petite conversation avec elle. Il lui demanda d'abord en Langue Italienne, quel étoit le lieu de sa naissance. Elle lui répondit, qu'elle étoit de Trapane. Puisque vous êtes de Trapane, repliqua Mahamut, vous connoissez sans doute un Cavalier de cette Ville appellé Richard, qui est d'une famille fort distinguée. Dès que Leonise eut oui prononcer ce nom, elle poussa un grand soûpir, & dit langoureusement qu'elle le connoissoit. Ce n'est pas, poursuivit Mahamut, que vous ne connoissiez encore un autre Cavalier de la même Ville, riche, bien fait, plein de valeur, libéral & doüé d'une infinité d'autres qualités; je pense qu'il s'appelle Corneille. Oui je le connois, répondit Leonise, & je ne le connois que trop malheureusement. Elle pâlit

lit en difant ces paroles, & il parut dans fes yeux un air de dédain & de mépris, que Mahamut remarqua fort bien. Mais qui êtes-vous, ajoûta-t-elle, qui connoiffez ces deux Cavaliers, & qui m'en demandez des nouvelles. Je fuis natif de Palerme, dit l'adroit & feint Mahometan, & fi je porte l'habit que vous me voyez, c'eft que ma vie eft un tiffu de longues & furprenantes avantures, qu'il feroit trop long de vous raconter. Je connois Corneille & Richard, parce qu'il y a quelque tems qu'ils tombérent tous deux en mon pouvoir. Des Mores de Tripoli de Barbarie, prirent Corneille, & le vendirent à un Marchand Turc, qui le mena en cette Isle avec des Marchandifes, & ce Marchand, qui eft de Rhodes, lui confie tous fes effets. Il le peut faire, repartit Leonife, Corneille ne lui diffipera pas fes biens, je m'affure, il eft trop accoûtumé à favoir conferver les fiens. Mais pour revenir à Richard, apprenez-moi, je vous prie, comment, & avec qui il aborda en cette Isle. Il y aborda, répondit Mahamut, avec un Corfaire qu'il l'avoit pris dans un Jardin, qui eft aux environs de Trapane. Il difoit même qu'il avoit pris en même-tems, une jeune perfonne très bien faite, dont il ne voulut jamais me dire le nom. Richard demeura ici quelques

ques jours avec son Maître, qui s'en alloit à Medine, visiter le Sepulchre de Mahomet; & comme il étoit prêt à partir, il tomba si malade, que le Corsaire me le laissa, parce que nous étions du même Païs. Il me pria de le faire traiter, & d'avoir soin de lui jusqu'à son retour, ou de le lui envoyer à Constantinople, dès qu'il m'auroit averti de son arrivée dans cette Ville. Le Ciel en ordonna autrement. Le malheureux Richard guérit; mais il ne guérit que pour mourir peu de jours après, ayant toûjours dans la bouche le nom d'une Leonise qu'il aimoit plus que sa propre vie, comme il me l'avoit dit mille fois. Il me racontoit que cette Leonise, étant dans une Galére, cette Galére donna contre des rochers de l'Isle de Pantalarée, & qu'elle s'y perdit. Il la plaignoit, il la regrétoit, il versoit des larmes améres, & il ne cessa de la pleurer que lorsqu'il cessa de vivre, n'étant mort à proprement parler que d'une grande tristesse, & d'une mélancolie extraordinaire. Leonise poussa alors encore un profond soûpir, elle demeura interdite. Elle se contraignit néanmoins, elle parla; & ce Corneille, se prit-elle à dire d'un ton nonchallant & dédaigneux, ne vous a-t-il jamais entretenu de cette Leonise; ne vous a-t-il jamais raconté de quel-

quelle maniére elle & Richard, qui n'est plus, furent pris des Turcs. Il m'en dit quelque chose, repartit Mahamut. Il s'informa, si elle n'avoit point abordé en cette Isle, & il témoigna qu'il étoit dans le dessein de la racheter, supposé que le Corsaire qui l'avoit, ne fut pas prévenu qu'elle étoit d'une maison riche, ou qu'en ayant obtenu quelques faveurs, & en étant dégouté par-là, il s'en voulut défaire à un prix raisonnable. Il me dit en un mot, que pourvû que sa rançon ne passât pas quatorze ou quinze cens écus, il les donneroit pour elle de fort bon cœur, en considération de ce qu'autre fois il avoit eu pour elle quelques tendresses. Elle devoit être bien peu de chose cette tendresse, répondit Leonise, puis qu'elle ne lui fit pas faire de plus grands efforts ; mais il n'y eut jamais en lui, ni générosité, ni grandeur d'ame. Il n'appartenoit qu'à Richard d'être libéral. Ciel, s'écria-t-elle alors, pardonnez à la personne qui est la cause de ses infortunes & de sa mort. C'est moi-même, ajoûta-elle en même tems, c'est moi-même : oui je suis cette ingrate Leonise, qu'il a crû morte, & pour laquelle il a tant soûpiré & versé de pleurs, c'est moi qui l'ai mis au tombeau. Pourquoi les Destins ont-ils conservé l'indigne Corneille, tandis que le généreux Richard a succombé à sa douleur; que la Parque est impitoyable & injuste! Ah Richard, que n'es-tu encore en vie, pour obtenir la recompense que tu mérites! Tu éprouverois aujourd'hui, que je suis devenuë reconnoissante; mais mes vœux sont des vœux impuissans, & je reconnois trop tard que c'est toi seul qui m'as aimée, & que Corneille ne m'aimoit point. Jamais personne de mon sexe, continua la triste Leonise, n'a été exposée à des malheurs semblables aux miens: Helas! qui en pourroit faire le détail, & qui pourroit représenter d'ailleurs les périls extrêmes que j'ai courus? Cependant le Ciel m'a été si favorable, que j'ai conservé ma pureté au milieu de mille dangers. C'est ce qui fait que je vis contente quelque malheureuse que je sois, quoique je ne sache en quel endroit du monde je suis, ni qui est mon Maître, & moins encore ce qu'ont résolu de faire de moi les destinées, qui jusques ici m'ont été si contraires. Par les Peres dont vous êtes issu, ne refusez pas vos sages conseils, & vos avis salutaires à une infortunée fille, que le Ciel ne semble vous avoir confiée que pour adoucir ses amertumes, & pour lui faire éprouver qu'il ne l'a pas entiérement abandonnée. Elle acheva ces paroles

les en s'attendrissant, & elle alloit parler encore, lorsque Mahamut en l'interrompant lui fit mille protestations, lui promit que non-seulement il la conseilleroit; mais qu'il lui rendroit tous les services possibles, qu'il mettroit en œuvre toute son industrie, pour lui rendre sa condition moins insuportable. Il lui aprit d'abord la quérelle des deux Bachas, & comme enfin elle étoit demeurée au pouvoir du Cadi, son Maître, qui la devoit mener à Constantinople, pour la présenter au Sultan. J'espére pourtant, se prit-il à dire, que les choses tourneront autrement, que le Ciel qui vous a conservée, achévera de vous protéger, & que le Cadi ne parviendra pas à ses fins. Il lui conseilla cependant de tâcher d'aquérir par toutes sortes de voyes les bonnes graces de la femme du Cadi, puis que c'étoit auprès d'elle qu'elle devoit être. Il lui fit le portrait de cette femme, afin qu'elle sût de quelle maniére elle s'y devoit prendre pour s'insinuer dans son esprit, & il continua de lui donner de petites instructions sur la maniere qu'elle avoit à se gouverner jusqu'à ce qu'ils arrivérent chez Halima, à qui il exposa en peu de mots, ce que lui avoit recommandé son Maître.

Halima reçût Leonise avec beaucoup de tendresse. Elle fut charmée de sa beauté, de la propreté de ses habits, de toutes ses maniéres extérieures, & sur tout de sa modestie. Mahamut retourna aux Tentes. Il n'eut pas plûtôt rejoint Richard, qu'il lui raconta exactement tout ce qui s'étoit passé entre Leonise & lui, & on ne sauroit representer quels furent ses transports, lorsqu'il aprit ce qu'elle avoit dit en sa faveur, & avec quel dédain elle avoit parlé en même tems de Corneille; il en versa des larmes de joye. Mon cher Mahamut, se prit-il à dire tout hors de soi-même, il me souvient d'un conte que me faisoit autrefois mon Pere, qui comme tu sais, avoit bien vû des choses, & qui par son mérite s'étoit acquis l'estime de Charles-Quint, & étoit parvenu aux principales Charges de l'épée. Il me racontoit, que lorsque cet Empereur étoit devant Tunis, qu'il prit avec le Fort de la Goulette, on lui présenta dans son Pavillon en pleine Campagne une Afriquaine, qui étoit d'une beauté surprenante. Elle ne fut pas plûtôt dans le Pavillon, que les rayons du Soleil qui y entroient par quelques petites ouvertures, se mêlérent avec ses cheveux qui étoient blonds, chose assez extraordinaire; car les femmes d'Afrique prennent soin de les avoir noirs. Mais quoi qu'il en soit, on eut de la peine à discerner dans ce mêlange, si les cheveux

de

de cette belle personne étoient les rayons du Soleil, ou si les rayons du Soleil étoient des tresses de ses cheveux. Ce ne fut pas tout, on vid quelque chose de plus surprenant. Un petit nuage obscurcit tout d'un coup le Soleil, les rayons de cet Astre disparurent, & il n'y eut que ceux qui partirent des yeux de la belle Afriquaine, qui éclairassent la Tente de l'Empereur. Entre les Cavaliers qui accompagnoient Charles-Quint, il y en avoit deux, qui étoient d'un mérite distingué. L'un étoit d'Andalousie, & l'autre de Catalogne. Ils étoient tous deux d'une bravoure à toute épreuve ; mais outre cela ils étoient pleins de feu & d'esprit, & très-bons Poëtes. Celui d'Andalousie, saisi tout d'un coup d'une espéce d'Entousiasme, commença à faire des Vers sur un sujet si singulier. Il en fit d'abord de fort pompeux & qui marquoient qu'il avoit l'imagination vive. Tout en étoit grand, tout en étoit sublime, & son *impromptu* eût été merveilleux, & eût pû passer pour un Chef-d'œuvre, s'il l'eût achevé. Mais comme l'une des rimes qu'il s'étoit vû contraint de prendre étoit malaisée, il s'embarrassa, & quelques mouvemens qu'il se donnât, il lui fut impossible de finir. L'autre Cavalier qui étoit auprès de lui, & qui l'avoit écouté attentivement,

ayant

ayant vû qu'il demeuroit court fit un effort, & il fut assez heureux pour mettre la derniére main à un Madrigal que l'Empereur fut contraint d'admirer. Il poussa la même pensée, & il le fit avec tant de promptitude, qu'il sembla ravir de la bouche du Cavalier d'Andalousie, ce qu'il avoit pensé effectivement, & qu'il n'eut pas le tems d'exprimer. Je ne doute nullement que l'embarras où se trouva ce Cavalier, ne provint plûtôt de l'éclat surprenant de la beauté de l'Afriquaine, que de la difficulté de trouver un terme qui se présentoit fort naturellement, comme tu le verras dans la suite. Il fut ébloüi de tant de charmes; & n'ayant pû être le maître de ne se donner pas pour un moment tout entier à contempler un nouveau Soleil, qui avoit fait éclipser, pour ainsi dire, celui qui éclaire tout l'Univers, il perdit l'usage de la parole. Il me fût arrivé la même chose, lorsque je vis Leonise dans le Pavillon du Bacha, si j'eusse osé lui témoigner mes transports, & une partie de ma surprise. L'éclat dont elle brilloit, m'avoit entiérement occupé; & comme lors que le Soleil commence à paroître sur l'Horison, tous les Astres du Firmament perdent leur lumiére, ce Soleil mille fois plus éclatant que celui qui est attaché dans les Cieux, m'eut fait m'eut fait perdre la parole & la voix, non-seulement les expressions m'eussent manqué; mais les idées même & les pensées. Tu outres, mon pauvre Richard, dit Mahamut en soûriant; mais c'est le langage des Amans, tous leurs discours ne sont qu'Hiperboles. Laissons ces exagérations pour un autre tems, & recite les Vers dont tu viens de parler, il me tarde de voir ce que c'est; car j'aime la Poésie. Tu seras satisfait, répondit Richard. Alors il recita ce Madrigal.

Pour la Belle Afriquaine.

Morphée & le Dieu du someil,
Sont moins sombres que le Soleil,
Depuis que ce bel Astre, à qui tout rend hommage,
A mêlé ses rayons à ceux de ton visage.
Dans son plus superbe appareil,
Dans son plus pompeux équipage,
Ce Dieu se couvre d'un nuage.
Il prend le bon parti... Lorsqu'on fut sans pareil,
Et qu'on cesse de l'être, on doit si l'on est sage,
Ne point paroître davantage.

Certainement, s'écria Mahamut, tout est

est beau dans cette petite Piéce. Le commencement est d'un homme, qui non-seulement a du goût & de l'imagination, mais d'un homme qui sait ce que ne doit pas ignorer un Poëte, je veux parler de la connoissance de la Fable, que nos Poëtes modernes semblent un peu trop mépriser. Ce début est brillant, les expressions en sont vives & Poëtiques; mais avoüons que la chûte en est enchantée. A te dire les choses comme je les pense, j'aimerois mieux être le Poëte Catalan, que le Poëte d'Andalousie, & si l'Afriquaine eût entendu leur langage, elle eût été de mon sentiment, elle eût donné à ce prémier la préférence; il n'y a pas moins de gloire à perfectionner qu'à inventer. Mais à quoi nous amusons-nous, que nous importe de savoir qui mérita le prix de ces deux illustres Cavaliers, ou celui de Catalogne, ou celui d'Andalousie, reprenons notre prémier discours, & nous entretenons de tes affaires: je le veux, dit Richard, & tu t'imagines bien que je n'ai rien tant à cœur que de m'en entretenir avec toi. C'est aujourd'hui que je te conjure d'y travailler, & de n'oublier rien pour seconder mes espérances. Tandis que tu conduisois Leonise, un Rénégat Venitien qui entend très-bien la Langue Turque, & qui étoit

dans

dans la Tente, lorsque les deux Bachas se querelloient, m'a apris l'accord qu'ils ont fait ensemble. J'en tremble, mon cher Mahamut, & il faut qu'avant toutes choses tu imagines quelque expédient, pour empêcher que cette infortunée fille ne soit pas conduite au Grand Seigneur; c'est par-là qu'il faut commencer. Ce que nous devons faire avant que de penser à autre chose, répondit Mahamut, est de faire ensorte que tu sois à mon Maître. Alors nous nous conseillerons l'un l'autre, alors nous prendrons des mesures, & j'espere que Leonise ne sera jamais renfermée dans un Serrail. Dans le tems que ces deux amis s'entretenoient, celui qui avoit la garde des Esclaves d'Azan, vint & emmena Richard. Le Cadi & le nouveau Vicaire prirent le chemin de la Ville, & Hali fut expédié. On lui donna ses Lettres closes & scellées pour les porter à Constantinople. Il partit peu de tems après, recommandant au Cadi d'envoyer incessamment l'Esclave. Le dissimulé Cadi le lui promit; mais sa bouche s'accordoit mal avec son cœur; ce n'étoit nullement sa pensée; car il se la destinoit pour lui-même. Ali & Azan se repurent de fausses espérances, & Mahamut fit tant que Richard tomba au pouvoir du Cadi son Maître.

La

La premiére chose que fit Richard, dès qu'il fut entré dans la Maison du Cadi, fut de changer de nom. Son dessein étoit de surprendre Leonise, la premiére fois qu'il la verroit, & il crut qu'il le pourroit faire à la faveur de ce changement. Il se fit appeller Marius. Dès les premiers jours Mahamut chercha les occasions de lui faire voir cette aimable fille; mais la chose ne lui fut pas possible. Les Mores sont extrêmement jaloux, ils ne permettent pas que les hommes voyent leurs femmes, ni celles qui leur ont été confiées. Il est bien vrai qu'ils ne sont pas tout à fait si scrupuleux à l'égard des Esclaves Chrêtiens, parce que la plûpart s'imaginent peut-être qu'étant Esclave, ils ne doivent pas être faits comme les autres hommes. Le Cadi n'avoit garde, lui qui en savoit un peu plus long que le reste des Mores, de donner dans cette vision. Quoi qu'il en soit, Leonise n'étoit pas visible, & il se passa plusieurs jours sans que Marius eût la satisfaction de la voir paroître, ce qui lui causôit des inquiétudes mortelles. Halima, qui n'aimoit pas à se tenir si renfermée que Leonise, paroissoit souvent aux fenêtres d'une des Chambres de son appartement, qui donnoit dans un promenoir, où s'assemblent quelque fois les Esclaves. Elle

y

y apperçût un jour Marius, qu'elle trouva fort à son gré. Elle sût peu de tems après, qu'il appartenoit à son mari, qu'il étoit du Païs de Mahamut, qu'il étoit même d'une famille noble. Peu satisfaite sans doute de son vieux Epoux, & charmée en même tems de l'air de Marius, elle sentit qu'elle l'aimoit, & qu'elle l'aimoit même avec la derniere tendresse. Comme elle chérissoit Leonise, qui étoit d'une humeur douce, agréable & accommodante, comme elle la considéroit même, non-seulement parce qu'elle étoit destinée pour le Grand Seigneur; mais parce qu'elle avoit remarqué qu'elle étoit prudente & discrette, elle ne fit nulle difficulté de lui découvrir sa passion. Nous ne saurions résister à notre étoile, ma chére Leonise, lui dit l'amoureuse Halima. Comme nous sommes nées pour être aimées, nous sommes nées aussi pour aimer, & nous ne sommes plus maîtresses de nous, du moment que les Destins ont ordonné, que nous devons devenir sensibles. J'éprouve aujourd'hui les effets de cette force invincible, qui nous entraîne. J'aime un Esclave Chrétien, qui est depuis peu au Cadi. Mais les Destins ne sont point injustes, l'Esclave a tout ce qu'il faut pour emporter un cœur, & pour se faire aimer sans violence. Elle lui dit
alors

alors qu'il étoit *Chilibi*, c'est-à-dire, Chevalier & du même Païs que Mahamut. Cependant, ajoûta-t-elle, je ne sai de quelle maniére m'y prendre pour lui faire connoître ce que je sens pour lui ; car après tout, s'il ne répondoit pas à ma tendresse, ce qui pourroit bien arriver, ces avances ne pourroient que me faire tort ; peut-être même me seroient-elles funestes. Leonise lui demanda le nom de l'Esclave, elle lui répondit qu'il s'appelloit Marius. S'il étoit Chevalier, repartit Leonise, & qu'il fût du lieu d'où vous dites qu'il est, je le connoîtrois sans doute ; mais il n'y a personne à Trapane qui porte ce nom. Toutefois faites que je le voye & que je lui parle, & je vous dirai bien-tôt qui il est, & ce qu'on peut espérer. Je le ferai Vendredy prochain, lui dit Halima, lorsque le Cadi sera à la Mosquée. Nous ferons entrer alors l'Esclave dans notre appartement, vous vous entretiendrez avec lui ; & si vous trouvez du jour à lui découvrir mon amour, vous le pourrez faire de la maniére que vous trouverez à propos. Deux heures après, le Cadi fit appeler Mahamut & Marius, & il leur ouvrit son cœur avec les mêmes transports que sa femme avoit découvert sa passion à Leonise. Il leur demanda de quelle maniére il s'y devoit prendre, pour retenir cette Esclave Chrétienne, & pour la posséder sans encourir la disgrace du Grand Seigneur, à qui elle étoit destinée; car ajoûta-t-il, je mourrois plûtôt mille fois que de consentir qu'elle soit conduite à Constantinople. C'est ainsi que le vieux & amoureux Cadi, fit ses confidens de ses Esclaves, pour les obliger à le servir dans sa passion. Ils n'eurent garde de le désabuser, ils s'engagérent au contraire, de mettre tout en œuvre pour le faire venir à ses fins, ils proposérent même d'abord un expédient. Je dois vous découvrir, se prit à dire Mahamut, ce que je ne vous ai point découvert encore, c'est que Leonise & Marius sont d'une même Ville. Il faut que ce soit Marius qui parle à cette Esclave de votre amour, qu'il lui déclare votre volonté, qu'il la sollicite à vous obéir. Il y a lieu d'espérer qu'il réussira. Cependant, s'il trouvoit de la résistance, & qu'il fut assez malheureux pour ne la pouvoir point fléchir, il faut alors employer la force, & ne se mettre pas en peine du reste. Nous ferons courir le bruit qu'elle est morte, & vous serez par là dispensé de l'obligation de l'envoyer au Grand Seigneur.

Le

Le Cadi fut si content du Conseil que vendoient de lui donner ses Esclaves, il en ressentit tant de joye, qu'il affranchit sur le champ Mahamut, & lui promit même de le faire héritier après sa mort, de la moitié de tous ses biens. Se tournant ensuite tout transporté vers Marius, il lui dit qu'il pouvoit de même compter sur la liberté, s'il pouvoit par son moyen venir à bout de posséder l'Esclave Chrétienne ; qu'il le feroit conduire dans son Païs chargé de tant de présens, qu'il seroit content de sa destinée pendant le reste de sa vie. Jamais tant de promesses de part & d'autre. Leonise est à vous, lui dirent les deux Esclaves, pourvû qu'il nous soit permis de lui parler, & que vous nous en procuriez les moyens. Je le ferai, répondit le Cadi, Marius la pourra voir toutes les fois qu'il lui plaira, & qu'il le jugera nécessaire. J'obligerai Halima d'aller visiter ses parens, qui sont Grecs Chrêtiens, & pendant son absence le Portier aura ordre de le laisser entrer. Je dirai d'ailleurs à Leonise qu'elle pourra parler lors qu'elle le desirera, à l'Esclave qui est de son Païs. Voilà comme la fortune commença à se déclarer pour Richard, voilà comme son Maitre & sa Maitresse sans savoir ce qu'ils faisoient, travailloient le rendre heureux. Le Cadi dit le même jour à sa femme, qu'il ne tiendroit qu'à elle de s'aller divertir chez son pere, que si elle le souhaitoit ainsi elle pouvoit partir quand il lui plairoit. Halima que Leonise entretenoit de mille espérances, n'en avoit nullement envie. Elle attendoit le succès des promesses de cette Esclave, & toute renfermée qu'elle étoit, elle préféroit dans cette circonstance, les douceurs de sa solitude, à tous les plaisirs qu'elle eût pû goûter dans la maison de ses parens. Je ne me trouve pas disposée à entreprendre encore ce voyage, se prit-elle à dire d'un air nonchalant. Lors que je le serai, je ferai cette visite, si vous l'agréez, & je menerai avec moi l'Esclave Chrétienne. Non, Halima, repartit le Cadi, c'est une chose qu'il ne nous est pas permis de faire, l'Esclave appartient au Sultan, elle ne doit être exposée à la vûë de qui que ce soit, & moins encore doit-elle converser avec des Chrétiens; car vous n'ignorez pas qu'elle ne sera pas plutôt présentée à sa Hautesse, qu'elle sera enfermée dans le Serrail, & qu'il faudra qu'elle embrasse notre Religion de gré ou de force. Je le sai fort bien, dit Halima; mais elle sera toûjours avec moi, & qu'importe qu'elle ait des con-

conversations avec des Chrêtiens, n'en aurai-je pas moi-même avec eux ; je n'en ferai pas moins bonne Musulmane. D'ailleurs notre voyage ne sera pas long, il ne sera que de quatre ou cinq jours ; car ajoûta-t-elle en se radoucissant, je ne goûte de véritable plaisir qu'auprès de vous, & je ne saurois faire de longues absences sans me faire une violence extrême. Le vieux Epoux n'osa repliquer, dans l'apprehension où il fut qu'il ne donnât quelque soupçon de la tendresse qu'il avoit pour l'Esclave. Cependant le Vendredi arriva, & il fallut qu'il allât à la Mosquée, d'où il ne put sortir que quatre heures après. A peine le Cadi avoit-il fait deux pas hors de la porte, qu'Halima, envoya chercher Marius. Marius vola, pour ainsi dire. Un Chrêtien Corse lui ouvrit la porte de la Cour par où il falloit passer, pour aller dans l'appartement où étoit Leonise ; mais il la traversa en tremblant, & comme s'il eût eu à combattre des ennemis. Leonise étoit ce jour-là, parée du riche habit qu'elle portoit lors qu'elle entra dans le Pavillon du Bacha. Elle étoit assise négligemment sur un grand degré de Marbre par où l'on montoit à une superbe Galerie. Sa tête étoit appuyée sur une de ses mains, ayant son coude sur ses genoux; & comme ses yeux étoient tournez vers l'endroit opposé à la porte, par où Marius étoit entré, elle ne pouvoit point l'appercevoir. L'amoureux Richard reconnut d'abord Leonise, & on ne sauroit exprimer quel fut en ce moment là son état, il sentit mille mouvemens différens; il étoit saisi de crainte, & ne même tems rempli d'espérance. Il étoit accablé de tristesse, & pénétré de joye, & dans cette situation ne sachant de quelle maniére s'y prendre pour aborder cette charmante fille, il s'approchoit d'elle lentement; lors que tout d'un coup elle tourna la tête, & jetta la vûë sur lui. Richard s'arrêta, il n'eut pas la force de pousser plus avant, & Leonise, qui le croyoit mort, fut extrêmement surprise. Quoi qu'elle crut de ne voir que l'Ombre de Richard, elle ne perdit pas pourtant tout à fait courage, elle le regarda fixement, & monta deux ou trois degrés en arriére, faisant voir dans ses yeux & dans tout son visage, qu'elle étoit émuë. Ne vous épouvantez-pas, Leonise, lui dit alors Richard, je ne suis point mort comme Mahamut a voulu vous le faire entendre; mais tout ce que je vous puis dire, c'est que je souhaiterois de l'être, puisque je n'aurois plus

à

à craindre, ni à éprouver vos rigueurs. Revenez à vous, descendez de ce dégré, d'où je n'oserois approcher davantage; & si vous faites aujourd'hui ce que vous n'avez jamais fait, qui est de vous aprocher de moi, vous verrez que je ne suis point un fantôme. Je suis Richard, charmante Leonise, ce Richard que vous avez rendu malheureux jusqu'ici, & qu'un seul de vos regards favorables rendroit le plus fortuné de tous les hommes. Leonise mit alors le doigt à la bouche, & Richard n'eut pas de peine à comprendre que c'étoit afin qu'il se tût, ou qu'il parlât plus bas. Cet Amant reprit un peu courage, & s'aprocha d'elle. Parlez doucement Marius, lui dit Leonise; car je vois bien qu'il faut vous appeler ainsi, & ne me parlez d'autre chose que de ce dont je vais vous entretenir. Les paroles que vous avez proférées, seront peut-être la cause que nous ne nous reverrons jamais: je crains que notre Maîtresse Halima ne nous écoute, & si cela est, vous ne me parlerez plus de votre vie; car elle vous aime éperduement. Je n'en saurois douter; non-seulement elle m'a découvert son cœur là-dessus, mais elle m'a choisie pour sa confidente, & c'est moi qui vous dois déclarer de sa part,

qu'elle

qu'elle brûle pour vous, ou plûtôt qu'elle vous adore. Si vous voulez répondre à son amour, il ne tiendra qu'à vous, & je vous garantis que vous ne serez pas malheureux; mais si vous ne vous accommodez pas d'un cœur qui vous coûteroit si peu, il faut pourtant feindre que vous le faites, la chose est absolument nécessaire, & je vous en prie. Ce que vous exigez de moi, repartit Richard, est bien difficile; mais il ne sera pas dit que je vous désobéïsse, la première fois que vous m'avez commandé quelque chose. Je feindrai d'aimer Halima, puisque vous le desirez ainsi, & vous n'avez qu'à le lui témoigner dans les termes qu'il vous plaira, je ne vous désavoüerai jamais. Mais en recompense du sacrifice que je vous fais, qui est le plus grand sans doute que je vous puisse faire, je vous supplie de me dire en peu de mots, comment vous échapâtes des mains des Corsaires, & par quelle avanture vous tombâtes au pouvoir du Juif qui vous a venduë. Le recit de mes infortunes, repliqua Leonise, demande un peu plus de tems que nous n'en avons, néanmoins je veux vous contenter en quelque chose. Un jour après que nous eûmes été séparez par la tempête, la Galére d'Yfuf, emportée par

par un vent contraire, se relâcha à la même Isle de Pentalarée, où nous vîmes aussi que vous aviez été obligés de relâcher. Nous donnâmes contre des rochers, sans qu'il fut possible de l'empêcher; on n'a jamais rien vû de plus tragique. Le Corsaire qui m'avoit prise, voyant que sa Galére s'alloit perdre, & que notre mort étoit infaillible, vuida promptement deux barils qui étoient pleins, & après les avoir bouchés il les attacha l'un avec l'autre. Il me mit ensuite au milieu. Il quitta en même tems ses habits, & prenant un autre baril entre ses bras, il s'attacha le corps avec une corde qui tenoit aux barils qu'il avoit destinés pour moi. Cela ne fut pas plûtôt fait, qu'il se jetta courageusement dans la mer. Je n'eus pas le courage de le suivre; & comme il ne pouvoit pas m'entrainer, un Turc me poussa. Je tombai au milieu des flots sans aucun sentiment, & je ne revins à moi que lorsque je fus à terre, où je me trouvai entre les bras de deux hommes qui me tenoient la tête en bas, pour me faire vuider une très grande quantité d'eau que j'avois beuë. J'ouvris les yeux toute épouvantée, & j'apperçûs Yzuf mort auprès de moi, ayant la tête toute fracassée, les vagues l'ayant fait

heur-

heurter avec violence contre les rochers. Pour moi qui eus plus de bonheur, je fus tirée par la corde sur le Rivage; mais j'étois à demi noyée. Il n'y eut que huit personnes de cette Galére qui échapassent. Nous demeurâmes huit jours dans cette Isle, & je puis dire que les Turcs me portérent autant de respect, que si j'eusse eu quelque domination sur eux. Nous nous tenions dans une Caverne, parce que les Turcs qui avoient échapé du naufrage, apprehendoient de tomber entre les mains de quelques Chrétiens, qui étoient dans une Forteresse de l'Isle. Ils se nourrissoient avec du biscuit de la Galére, que la mer jettoit sur le Rivage, & qu'ils alloient ramasser pendant la nuit. Mon malheur dans cette occasion fut, qu'il n'y avoit point de Commandant dans cette Forteresse, il étoit mort quelques jours auparavant, & la Place n'étoit gardée que par vingt Soldats. C'est ce que nous aprîmes par un jeune garçon, qui s'amusoit à chercher des Coquillages sur le bord de la mer, & qui fut pris. Au bout de huit jours, un Bâtiment de Mores, que les Turcs appellent Caramusales, aborda dans l'endroit où nous étions. On ne l'eut pas plûtôt découvert, que nous sortîmes tous de la caverne; on fit tant de signes, que ceux du Bâtiment s'aprochérent, & ils reconnurent bien-tôt que c'étoit des Turcs, qui imploroient leur secours dans cette rencontre. Les Mores nous reçûrent dans leur Vaisseau, où étoit un Juif extrêmement riche, à qui toute la Marchandise appartenoit, ou du moins la meilleure partie; il y avoit un très-grand nombre de jeunes filles, que l'on transportoit de Barbarie dans le Levant. Nous prîmes la route de Tripoli dans le même Bâtiment, & je fus vendue en chemin au Juif, qui m'acheta deux mille Pistoles, prix excessif à la vérité; mais l'amour qu'il avoit pour moi fit qu'il donna tout ce qu'on voulut. Le Vaisseau ayant laissé les Turcs à Tripoli, poursuivit son voyage, & le Juif, qui étoit devenu mon Maître, commença à me solliciter à lui accorder des faveurs. Je le repoussai fiérement, & d'une maniére fort vigoureuse; ensorte que voyant bien qu'il s'étoit trompé dans ses espérances, il résolut de se défaire de moi dès que l'occasion s'en présenteroit : voilà quelle a été ma destinée.

Le Juif qui avoit grand regret à la somme excessive, qu'il avoit donnée pour me posséder, & qui se voyoit bien loin de son compte, ayant apris qu'Ali & Azan étoient

étoient en cette Isle, crut qu'il m'y pourroit vendre aussi bien qu'à Scio, où il avoit eu dessein de me mener. Il s'imagina que je plairois à quelqu'un des Bachas, & ce fut dans cette vûë qu'il me fit faire cet habit, qui comme vous voyez est magnifique, afin de relever le peu de charmes dont on me flate, que le Ciel m'a pourvûé. Le Cadi m'a achetée, comme vous savez, & c'est pour me présenter au Grand Seigneur, ce qui me jette dans une consternation qui m'accable, & dans la plus cruelle affliction que j'aye ressenti encore. Ce fut ici que j'apris la fausse nouvelle de votre mort; il étoit naturel d'y ajoûter foi. J'avouë que je vous regrettai; car enfin quoi que je ne sois point amoureuse, je ne suis pas sans reconnoissance; mais je trouvai votre sort plus digne d'envie que de pitié, lorsque je fis réflexion qu'en mourant vous aviez été délivré tout d'un coup de toutes vos misères. Je conviens avec vous, dit Richard, que la mort nous fait triompher de notre mauvaise fortune, & c'est dans cette vûë que je l'ai reclamée plus e fois; mais enfin je la dois regarde tant comme le plus grand qui me pût jamais arriver, puis m'eut privé de la joye que j'ai à
heure

heure de vous voir & vous entretenir. Mais helas, ajoûta Richard, cette joye est néamoins imparfaite. Le Cadi, au pouvoir duquel je suis tombé, est amoureux de vous, il l'est même avec le dernier excès: & ce qu'il y a de singulier dans nos avantures, c'est qu'il m'a choisi pour être le confident de sa passion. J'ai bien voulu accepter cet employ, non pour faire réüssir ses desseins; mais pour avoir une commodité sûre de vous parler. Voyez Leonise où nous réduisent nos infortunes. Admirez les personnages que nous sommes obligez de joüer. Déplorons-les plûtôt ensemble: car enfin je ne sai à quoi tout ceci aboutira.

Je ne le sai point non plus que vous, repliqua Leonise, l'embarras où nous sommes n'est pas petit. Helas! ajoûta-t-elle en soupirant, comment sortir de ce Labirinthe? Je n'envisage qu'un seul moyen continua-t-elle, c'est d'user d'une sage dissimulation. Il ne nous est plus permis d'être sincéres, ce parti nous coûteroit trop. Notre délicatesse en souffrira; mais passons par dessus. Dans les grandes extrêmités & pour se délivrer des violences des Barbares, j'ose croire qu'il n'est pas défendu de sortir de son caractére. Pour moi je bercerai Halima de mille espéran-

ces,

ces, & je vous permets de dire au Cadi que je réponds à sa tendresse, & qu'il ne tiendra jamais à moi qu'il ne soit heureux. A la faveur de ce stratagème, il nous sera aisé de nous voir, & je m'en ferai un grand plaisir, à condition néanmoins que vous n'abuserez jamais de nos entrevûes. Je suis Esclave, il est vrai; mais je suis libre à certains égards, & cette liberté que j'ai conservée jusqu'ici au travers de mille périls, & en soûtenant mille combats, je ne la perdrai qu'en perdant la vie. Vous ne m'offencerez jamais impunément. Du moins, renoncerois-je pour toûjours à vos entretiens, s'il vous arrivoit de sortir tant soit peu des bornes de la discrétion. Je me sens obligée, Richard, de vous parler en ces termes; parce que vous m'avez paru toûjours présumer un peu trop de vous. Peut-être vous faisois-je tort. Mais quoi qu'il en soit, je l'ai crû, & ce doit être desormais par votre conduite que je dois être desabusée; ce ne sera que par-là que vous pourrez mériter & ma complaisance & mon estime. Je n'en dirai pas davantage, je crois cependant qu'il est tems que vous vous retiriez, afin que j'aille m'éclaircir si Halima ne nous a pas écoutés; car elle entend la langue Franque. Tout ce que vous venez de dire est de fort bon sens, répondit Richard, & pour les choses qui me regardent, je vous conjure de croire, adorable Leonise, que mon amour a été toûjours respectueux, & que je ne me rendrai jamais indigne des bontés que vous avez pour moi. Comptez d'un autre côté que je me ménagerai auprès du Cadi d'une maniére qui vous sera agréable, & comme je suis certain que vous ne ménagerez pas moins bien Halima, je me flate que dans peu de tems nous sortirons de notre Esclavage. Je me retire rempli de cette douce espérance, me reservant de vous raconter une autre fois par quels détours la fortune, qui semble se lasser de me persécuter, m'a conduit ici. Leonise & Richard se séparérent alors, & ils se séparérent fort satisfaits l'un de l'autre.

Halima, qui pendant cette conversation étoit enfermée dans sa chambre, attendoit avec impatience le retour de Leonise, & jamais femme n'a été plus transportée qu'elle le fut, lorsque cette fille lui dit, qu'elle venoit de triompher, que Marius étoit à elle, qu'elle en pouvoit disposer à son gré, & que cet Esclave feroit aveuglément tout ce qu'elle desireroit. Elle lui fit comprendre que Marius, qui l'avoit vûe, l'aimoit d'un amour

amour si violent, qu'il avoit eu de la peine à se posséder lors qu'il avoit apris que ses vœux étoient prévenus, qu'il brûloit du desir de se jetter à ses genoux, que les momens lui sembloient des siécles; mais que cependant il falloit laisser passer deux Lundis, avant que d'en venir à une entrevuë qu'il desiroit mille fois plus qu'elle. Il demande ce terme, ajoûta l'adroite Leonise, parce qu'il s'est engagé à un vœu qu'il ne sauroit rompre, & qui ne peut être accompli que dans ce tems-là. Halima fut contente de cette excuse. Mais que veut-il demander au Ciel, s'écria-t-elle tout d'un coup? C'est sans doute sa liberté, repartit Leonise. Ha! dit Halima, il est libre, ou du moins ne tiendra-t-il qu'à lui de l'être, j'offre de donner pour sa rançon tout ce que le Cadi demandera. Qu'il rompe donc un vœu qui est inutile, qu'il hâte son bonheur & le mien.

Le Cadi étoit encore dans la Mosquée, lors que Richard se sépara de Leonise. Richard & Mahamut s'entretinrent sur la réponse qu'ils lui devoient rendre; & ils convinrent qu'il lui falloit dire que l'Esclave étoit inflexible, & qu'elle avoit déclaré qu'étant destinée pour le Grand Seigneur, elle ne donneroit jamais son cœur

cœur à un simple Cadi. Nous n'avons pû réussir dans notre entreprise, dit Mahamut à l'amoureux Vieillard, du moment qu'il fut de retour. Fiére de ses attraits & de ses charmes, & comptant d'être un jour Sultane, l'Esclave a rejetté toutes les propositions de Marius; elle n'a pas même daigné les écouter. Mais l'affaire n'est pas desespérée, puisque Leonise est en votre puissance. Il faut & il le faut même sans perdre tems, que vous la conduisiez vous-même à Constantinople, & il ne tiendra qu'à vous d'obtenir par force dans le voyage, ce que vous ne pouvez obtenir par amour; il ne lui sera pas permis de résister, ni de se donner des airs de Vestale. Il y a divers inconvéniens dans cette violence, nous n'en saurions disconvenir; mais on prévient tout, lorsqu'on prend de bonnes mesures, & nous les préviendrons, soyez-en certain. Il faudra acheter une autre Esclave, & du premier jour qu'on aura mis à la voile, feindre que Leonise est indisposée: il faudra même la rendre malade s'il est nécessaire; la chose n'est pas impossible. Il faudra publier ensuite qu'elle est morte, qu'on la jettée dans la Mer; & effectivement on y jettera aux yeux de tout l'équipage, l'Esclave qu'on aura ache-

achetée. Reposez-vous sur nous, ajoûta Mahamut, nous ferons réussir ce projet, notre supercherie ne sera jamais découverte, le Sultan ne reclamera jamais une Esclave que la mort lui aura enlevée, comme il sera facile de le démontrer, puisque tous ceux du Vaisseau en seront témoins, vous serez le paisible possesseur d'un bien que vous aimez plus que votre vie, & vous le posséderez tout autant de tems qu'il vous plaira; nous ne manquerons jamais d'expédiens, pour continuer à vous rendre heureux.

Le misérable Cadi, que sa passion aveugloit, donna dans le piége. Il trouva le projet admirable, & en effet, ôté ce qu'il y avoit de criminel, il n'étoit pas mauvais, supposé que ses Esclaves eussent été sincéres; mais ils avoient leurs vûës, qui étoient bien différentes des siennes; car leur dessein étoit de se rendre maîtres du Bâtiment où il s'embarqueroit avec Leonise, & de le jetter lui-même dans la Mer. Il y a une difficulté que nous n'avions point prévûë, dit tout d'un coup le Cadi, c'est que Halima ne consentira jamais que j'aille à Constantinople, que je ne la méne avec moi. Mais qu'elle nous suive, j'y consens, ce sera le moyen de m'en défaire, elle nous tiendra

dra lieu de l'Esclave qu'il nous eut fallu acheter ; Mahamut & Richard lui dirent qu'il avoit raison. Le Cadi communiqua le dessein de son voyage à sa femme, le même jour qu'il se fut déterminé à le faire. J'ai résolu, lui dit l'insensé Vieillard, d'aller présenter moi-même l'Esclave Chrêtienne au Sultan, & j'espére que ce sera le moyen de devenir Grand Cadi du Caire, ou de Constantinople. Halima aprouva sa résolution, parce qu'elle crut qu'il laisseroit Richard ; mais dès qu'elle eut apris, que cet Esclave & Mahamut devoient l'accompagner, elle lui dit qu'elle vouloit être du Voyage. Vous ne serez, répondit le Cadi, je n'ai rien à vous refuser, vous n'avez qu'à vous tenir prête ; car nous partirons le plûtôt que la chose sera possible.

Pendant ce tems-là, Azan Bacha en cessoit de solliciter le Cadi de lui donner l'Esclave. Il lui offroit des sommes immenses, & déja il lui avoit fait présent de Richard, qu'il mettoit à un fort haut prix. Il lui représentoit qu'il pouvoit sans se porter aucun préjudice lui accorder sa demande, parce, lui disoit-il, qu'au cas que le Grand Seigneur demande Leonise, il nous sera aisé de lui faire entendre qu'elle est morte. On ne s'avise guéres dans

dans ces sortes de rencontres, de faire des perquisitions, & supposé même qu'on en fit, nous seroit-il difficile à nous qui sommes ici les Maîtres, de rendre ces perquisitions inutiles ? Toutes ces promesses, toutes les offres du Bacha ne servirent qu'à enflamer davantage le cœur du Cadi, & à lui faire hâter son départ : de sorte que pressé d'un côté par son propre desir, & d'un autre par les importunités d'Azan, & même de sa femme, qui se forgeoit à son tour des chiméres, il équipa dans vingt jours un Brigantin à quinze bancs, qu'il arma de bons Mariniers Mores, & de quelques Chrêtiens Grecs. Il embarqua dans ce Vaisseau tout son trésor. Halima fit la même chose, n'ayant laissé chez elle rien qui fût de prix. Elle obligea même le Cadi de permettre que son pere & sa mere l'accompagnassent; car lui dit-elle, je desire ardemment de leur faire voir Constantinople. Le dessein de Halima étoit de porter Mahamut & Richard, à faire ce qu'ils avoient déja résolu, qui étoit de se saisir du Brigantin; mais elle ne voulut se découvrir que lors qu'elle seroit embarquée. Elle vouloit passer en Sicile, abjurer le Mahometisme, & se marier avec Richard; car il y a apparence, disoit-elle en soi, que

que cet Esclave m'aimant, qu'emportant avec moi toutes mes richesses, & que me faisant Chrêtienne, il ne refusera pas de m'épouser.

Dans le tems que le Brigantin s'équipoit, Richard parla une seconde fois à Leonise, à laquelle il déclara ce qu'il avoit projetté de faire. Elle lui aprit à son tour quel étoit le dessein de Halima, car cette femme ne lui cachoit rien. Après cette confidence reciproque, & s'être promis d'être secrets, ils se séparérent, & attendirent le jour du départ. Ce jour arriva. Azan sortit de la Ville & accompagna le Cadi avec tous ces Soldats jusqu'à la Mer. Il ne le quitta point qu'il n'eût mis à la voile, & il ne détourna jamais ses yeux du Brigantin, qu'il ne l'eut entiérement perdu de vûe. Jamais le vent ne fut plus favorable. L'amoureux Bacha, qui étoit au desespoir de n'avoir pû gagner le Cadi; & qui voyoit bien depuis quelques jours, que Leonise devoit être conduite à Constantinople, avoit fait armer dans un autre Port, un Vaisseau de dix-sept rangs, dans lequel il fit entrer cinquante Soldats, tous gens choisis & affidés, qu'il avoit comblé de présens. Il leur commanda de se mettre incessamment en Mer, de poursuivre

le

le Brigantin du Cadi, de le prendre, de le piller, & de le couler à fonds, après avoir paſſé au fil de l'épée tous ceux qui y étoient, hormis Leoniſe. Je ne vous demande pour butin, leur dit il, que cette Captive; vous partagerés le reſte entre vous. Il n'en fallut pas dire davantage, l'eſpérance du pillage les anima, ils mirent à la voile, bien réſolus d'executer les ordres de leur Maitre, ce qui n'étoit pas fort difficile; car le Brigantin n'étoit pas armé, le Cadi ne s'attendant pas à une réſolution ſi périlleuſe & ſi extraordinaire.

Il y avoit déja deux jours que le Brigantin voguoit. Ces deux jours avoient duré deux ſiécles au Cadi: ſi bien qu'il étoit entiérement déterminé de mettre ſon deſſein à execution. Ses Eſclaves qui repréſentoient qu'il falloit ſauver les apparences; qu'il falloit avant toutes choſes, faire en ſorte que Leoniſe tombât malade, pour donner un prétexte à ſa mort, & que cette feinte maladie devoit durer, pour le moins quelques jours. Le Conſeil n'étoit pas du goût du Cadi, il vouloit qu'on dit qu'elle étoit morte d'une mort ſubite, tant il lui tardoit de ſe défaire de ſa femme, & de poſſéder Leoniſe. Il falut pourtant qu'il en paſſât par ce que voulurent les deux Esclaves. Halima avoit déja découvert le projet qu'elle avoit concerté, à Mahamut & à Richard, & ils étoient prêts à l'executer, après avoir passé les Croix d'Alexandrie, ou en entrant dans les Châteaux de la Natolie. Le Cadi cependant les pressoit si fort, qu'ils lui promirent de le satisfaire, dès que l'occasion s'en présenteroit. Il y a six jours leur dit-il, que nous navigeons. Tous ceux qui sont dans le Brigantin, croyent que Leonise est malade, & qu'elle est même à l'extrêmité. Voilà sans doute qui doit suffire, il faut se résoudre dès demain, sans aucun delai à couronner mon amour, & à ne faire plus langir mes espérances. Il dit si positivement qu'il le souhaitoit ainsi, qu'ils promirent de lui obéir, en jettant Halima dans la Mer, & en publiant en même tems que c'étoit l'Esclave de sa Hautesse. Le jour si souhaité arriva, & Mahamut & Richard faisoient mine de se mettre en devoir d'accomplir les desirs du Cadi, lors qu'ils découvrirent un Vaisseau qui venoit à eux à voiles & à rames. On ne douta point que ce ne fût un Corsaire Chrétien. Les Mores en furent allarmés, parce qu'ils craignirent d'être faits Esclaves, & Mahamut & Richard se consoloient, espérant que ce seroit le jour qu'ils seroient délivrez de leur Esclavage, eux & leur chére Leonise. Ils ne laissèrent pas néanmoins d'apprehender l'insolence des Pirates, parce que ces sortes de gens, de quelque Religion & de quelque Païs qu'ils soient, ont l'ame dure & barbare, n'y ayant rien de sacré pour eux, accoûtumés qu'ils sont aux brigandages. On se mit en devoir de se défendre & de les bien recevoir sans quitter les rames, & en moins de deux heures le Vaisseau qui les poursuivoit, fut près du leur, à la portée presque du Canon. Dès qu'on se fut apperçûs que les ennemis étoient si proches, on amena les voiles, on délia les rames, on prit les armes, les Mores étoient épouvantés, lors que le Cadi s'écria tout d'un coup, qu'ils n'eussent point de peur, que le Vaisseau étoit Turc, qu'il ne leur feroit aucun mal. Il commanda d'abord qu'on mît incessamment un Pavillon blanc au haut de la Poupe, en signe de paix, & cela fut executé. Dans ces entrefaites Mahamut apperçût un Vaisseau du côté d'Occident, qui s'approchoit à toutes voiles. Il le dit au Cadi, & les Forçats assurèrent que ce Vaisseau étoit Chrétien. Les craintes & les allarmes redoublérent alors. Le Cadi consterné au dernier point,

point, ne savoit quel parti il avoit à prendre; car son Brigantin étoit sans défense, & le Vaisseau Chrétien paroissoit être du premier rang. On voyoit la terreur & l'épouvante peinte sur le visage des Mores. Le Cadi tout tremblant paroissoit néanmoins ne perdre pas tout à fait courage. Il s'imaginoit que le Navire Turc qu'on avoit d'abord apperçu & qui arrivoit, ne faisoit force de voiles que pour venir plûtôt à son secours. Mais il se trompoit. Ceux qui étoient dans ce Navire, sans avoir égard au Pavillon blanc, ni à la Religion Mahometane, investirent le Brigantin avec tant de furie, que peu s'en falut qu'ils ne le coulassent d'abord à fond. Jamais surprise ne fut plus grande que celle du malheureux Cadi. Il reconnut que ceux qui l'attaquoient, étoient des Soldats de Nicosie, & comme il vid bien ce qui en étoit, il ne douta point qu'il ne fût perdu. Jamais attaque n'a été plus violente, ni plus furieuse, & il est certain que si les Soldats ne se fussent plûtôt mis à piller qu'à tuer, il n'y eût eu du Brigantin, qui que ce fût qui eût échapé. Mais comme ils étoient plus âpres & plus ardens à piller, qu'à faire main basse sur le Cadi & sur ceux de sa suite, il n'y eut point de sang répandu. Chacun peut se représenter aisément ce qui se passoit dans le cœur du Cadi, & quelles furent les apprehensions de Halima & de Leonise, de Mahamut & de Richard : jamais il n'y eut de perplexités semblables. On étoit au plus fort du pillage, lors qu'on entendit crier tout d'un coup : aux armes, aux armes, Soldats, voici un Vaisseau Chrétien qui fond sur nous. On avoit raison de le croire ainsi. Ce Vaisseau, qui étoit le même que celui que Mahamut avoit découvert, avoit toutes ses banniéres chargées de Croix. Il tomba d'abord sur celui d'Azan. Cependant, avant que d'en venir à l'abordage, on demanda en langue Turque, à qui le Navire appartenoit, & on répondit en même tems, que c'étoit à Azan Bacha, Vice-Roi de Chipre. Et comment donc, vous qui êtes Musulmans, repliqua celui qui avoit fait la demande, attaquez-vous & mettez-vous au pillage ce Brigantin, où nous savons qu'est le Cadi de Nicosie ? Les Soldats répondirent, que c'étoit une chose dont ils ne se mettoient guéres en peine, qu'ils avoient des ordres, qu'ils les avoient executés, & qu'ils n'avoient fait en cela qu'obéir au commandement de leur Maître. Celui qui commandoit le Vaisseau, qui avoit

Pa-

Pavillon Chrêtien, n'eut pas été plûtôt éclairci sur ce qu'il desiroit de savoir, qu'il aborda le Brigantin du Cadi, & fit main basse sur neuf ou dix Turcs qui se présentérent, il y entra ensuite comme un furieux, & avec un courage intrépide. Le Cadi ne l'eut pas plûtôt vû sur son bord, qu'il le reconnut, tout travesti qu'il étoit. C'étoit Ali Bacha qui l'avoit attendu au passage de même qu'Azan, & qui pour n'être pas découvert avoit fait habiller ses Soldats à la Chrêtienne. L'amoureux Vieillard, qui se vid assailli de tous côtés, n'eut que des anathêmes pour toutes armes. Qu'est-ce que je vois, s'écria-t-il en s'adressant à Ali, est-il possible, lâche & traître, que tu es, qu'étant Musulman tu m'attaques comme Chrêtien ? Et vous, perfides Soldats d'Azan, quel malin esprit vous posséde & vous pousse à commettre un attentat si impie ? Faut-il, que pour complaire à un simple homme, qui veut assouvir une passion brutale, vous vous rebelliez contre votre Souverain ? Ces paroles prononcées avec véhémence, & accompagnées d'imprécations, produisirent d'abord l'effet que le Cadi en pouvoit attendre. Les Soldats mirent bas les armes, & tout farouches qu'ils avoient paru, quelque avidité qu'ils eussent témoigné de se rendre maîtres des grandes richesses du Brigantin; ils demeurérent immobiles; jamais inaction plus surprenante. Il n'y eut qu'Ali, que les foudres que le Cadi lançoit n'émurent point. Il ferma les oreilles à tout ce qu'il dit, & s'aprochant de lui le Cimeterre à la main, il lui porta un si rude coup sur la tête, que sans mille bandes de toiles qui formoient son Turban, & qui lui servirent de défense, il l'eût fenduë par le milieu. Le coup ne fut pas néanmoins sans effet, le Cadi tomba étendu sur un des bancs du Vaisseau, & tout étourdi qu'il étoit de la blessure qu'il reçût & de sa chute, il eut la force de proférer ces paroles: Cruel Rénégat, ennemi de mon Prophète, est-il possible que le Ciel ne châtie point ton insolence & ta barbarie? Est-il possible que quelque bon Musulman ne me vange point? Lâche & indigne Mahometan, as-tu la hardiesse de frapper ton Cadi, un Ministre de Mahomet? Fouleras-tu ainsi aux pieds les saintes loix de l'Alcoran, & de la Religion que tu professes? Les Soldats d'Azan, qui virent ce qui se passoit, & qui craignirent d'être privés du butin dont ils s'étoient déja rendus maîtres, crurent qu'il n'en falloit

loit pas demeurer là. Animés du même esprit les uns & les autres, & comme s'ils se fussent consultés, ils se réveillérent de cette espéce de létargie où les paroles du Cadi les avoient jettés, & fondirent sur les gens d'Ali, avec tant de fureur qu'ils les renversérent, & firent un carnage épouvantable, quoi qu'ils fussent inférieurs en nombre. Ceux qui échapérent de ce terrible choc se ralliérent, & s'étant jettés sur les Soldats d'Azan, comme des desespérés, ils vengérent si bien la mort de leurs Compagnons, qu'ils les passérent tous au fil de l'épée, à la reserve de deux ou trois. Cependant, quelque victorieux qu'ils eussent été, ils furent couverts de tant de blessures, qu'ils se virent quasi hors de combat. Richard & Mahamut qui étoient à la fenêtre de la chambre de poupe, furent les spectateurs de ce combat, qui fut des plus opiniâtres & des plus cruels. Attentifs à cette sanglante Tragédie, & desirant de s'en prévaloir, ils appellérent le pere de Halima, & deux de ses parens, qui s'étoient embarqués avec elle. Tout nous est favorable, se prirent à dire les deux Esclaves. Les deux Bachas n'ont presque plus de Soldats, & ceux qui leur restent, sont pour la plûpart hors d'état de se servir de leurs armes; d'où vient que nous demeurons ici sans prendre aucune résolution ? Il est tems de nous réveiller & de seconder la fortune qui nous tend les bras. Alors s'étant saisis des Cimeterres de ceux qui avoient été tués, ils sautérent sur le Coursier, & crierent liberté, tout d'une voix. D'abord les Mariniers Chrétiens se joignirent à eux, & ayant pris des armes, on massacra dans un moment tout ce qui fut en état de résister. Ils passérent ensuite dans la Galére d'Ali Bacha, qu'un Turc pour vanger le Cadi venoit de tuer d'un coup de Cimeterre, & comme la Galére étoit sans défense, ils s'en rendirent maîtres, & de tout ce qu'ils y trouvérent. Ce fut de cette maniére que finit cette étrange catastrophe, qui mit Richard & Mahamut en état de donner la liberté à Leonise, & de la conduire dans son Païs, chargée des dépouilles d'un Cadi & de deux Bachas extrêmement riches. Tous furent d'avis qu'on mît dans un seul Vaisseau toutes les richesses qu'on venoit d'enlever aux Turcs: on choisit celui d'Ali; parce qu'il étoit le plus grand, & que d'ailleurs tous les Forçats en étoient Chrétiens. D'abord Richard leur fit distribuer quelque argent, & tout ce dont ils pouvoient

avoir

avoir besoin; & comme ils virent qu'ils étoient libres, ils promirent de voguer, non-seulement jusqu'à Trapane, mais jusqu'au bout du monde, s'il étoit necessaire. Mahamut & Richard, dont la joye ne sauroit être exprimée, dirent à Halima, que si elle vouloit retourner en Chypre, il ne tiendroit qu'à elle, qu'on lui donneroit le Brigantin avec tout l'équipage, & la moitié des richesses qu'elle y avoit fait embarquer; mais comme elle brûloit toûjours d'amour pour Richard, elle répondit qu'elle les vouloit suivre. Le Cadi revint à lui dans ses entrefaites, on examina sa blessure, qui ne fut pas trouvée mortelle, on y mit un appareil le mieux qu'on pût, & on lui fit à peu près les mêmes offres qu'on venoit de faire à Halima. Il répondit, que la fortune l'ayant réduit à l'extrêmité où il se trouvoit, il les remercioit de la liberté qu'ils lui accordoient si généreusement, & que son dessein étoit d'aller à Constantinople, pour se plaindre du tort qu'il avoit reçû d'Azan & d'Ali. Quoi qu'il n'eut pas beaucoup de tendresse pour Halima, il parut néanmoins extrêmement consterné, lorsqu'il sût qu'elle l'abandonnoit, & qu'elle avoit formé le dessein de se faire Chrêtienne. C'est un nouveau surcroît de malheurs, se prit-il à dire; mais le Sage doit céder au tems. On fit armer incessamment le Brigantin, on le pourvût de tout ce qui pouvoit être nécessaire pour son Voyage, & on lui laissa une bourse, où il y avoit plusieurs piéces d'or, après quoi on lui dit qu'il pouvoit mettre à la voile lors qu'il lui plairoit. J'y suis disposé, dit le malheureux Cadi; mais qu'il me soit permis avant que nous nous séparions, puisque nous nous séparons pour toûjours, d'embrasser l'adorable Leonise; cette grace, qui est la derniére que je lui demanderai, sera capable de me faire oublier toutes mes infortunes. Leonise en faisoit difficulté; mais tous généralement l'en ayant priée, elle tendit les bras, & embrassa cet amoureux Vieillard, qui faillit à mourir de joye. Ce n'est pas tout charmante Leonise, daignez encore mettre vos mains sur ma tête, dit le Cadi, tout transporté, je n'ai besoin que de ce seul beaume pour l'entiere guérison de ma blessure; Leonise lui accorda encore cette faveur. Après ces adieux on coula à fonds le Vaisseau d'Azan, & Richard & Mahamut voulant profiter d'un vent frais d'Orient qui souffloit, firent appareiller les voiles, & perdirent de vuë dans un moment le Brigantin

tin où étoit le Cadi. Jamais navigation ne fut plus heureuse. Ils passèrent le même jour à la vûë d'Alexandrie, & prirent terre à la forte Isle de Corfou; où ils firent eau, sans avoir été obligés de caler les voiles, ni de se servir des rames; ensuite dequoi, ils côtoyèrent les fameux Monts de la Chimére. Le second jour, ils découvrirent de loin Paquin, Promontoire de la fertile Tinacrie, à la vûë de laquelle, & de la célébre Isle de Malte, ils volérent; car le Vaisseau étoit extrêmement leger. Enfin ils découvrirent quatre jours après la Lampadouse, & en même-tems l'Isle où ils avoient fait naufrage, ce qui fit soûpirer Leonise, lors qu'elle se ressouvint du péril extrême qu'elle y avoit couru. Mais à ce triste souvenir succéda la plus grande joye qu'elle pût ressentir alors : on découvrit le lendemain la Sicile, & le jour suivant, un peu après que le Soleil fut levé, on se trouva à une lieuë de Trapane. On avoit trouvé dans le Brigantin, un coffre rempli de Banderoles de taffetas, de toutes couleurs, on en arbora le haut du Vaisseau, qui se vid bientôt en état de prendre terre. Ce superbe Vaisseau, n'eut pas plûtôt paru, que tout le Port fut rempli de peuple: toute la Ville y accourut en foule. Leonise à la priére de Richard, avoit pris le même habit qu'elle avoit lors qu'elle fut présentée aux Bachas, & elle y avoit ajoûté tant de Pierreries, qu'elle brilloit comme un Soleil. Richard & Mahamut prirent des robes à la Turque, & des vestes extrêmement riches. On en donna aussi aux Forçats & aux Matelots; car les Turcs qui s'étoient entretuez en avoient laissé suffisamment.

Ce fut environ sur les huit heures du matin, que ce Bâtiment entra dans le Port de Trapane. Le Ciel étoit si clair & si serain, qu'on eût dit qu'il vouloit prendre part à une joye, qui devoit être générale. Richard avoit fait un moment auparavant tirer son Artillerie, la Ville y avoit répondu. Tout le Port retentissoit d'acclamations. Cependant, lorsqu'on se fut apperçû que le Vaisseau étoit Turc, & qu'on ne vid sur le Tillac, que des gens avec des robes à la Turque, & des Turbans blancs, chacun parut épouvanté, & on commença à courir aux armes. Ne craignez point s'écriérent Richard & Mahamut en langue Franque, lorsqu'ils virent aprocher la Milice, le Vaisseau est un Vaisseau ami. Un moment après, ils firent sortir leurs gens un à un, & ce qui persuada le peuple, que c'éc'étoit des Chrêtiens travestis ; c'est qu'ils baisèrent mille & mille fois la terre, tout baignés de larmes de joye. Lorsque tous les Matelots & ceux qui avoient tiré à la rame, furent sortis, on vid paroître le pere & la mere de Halima, & ses deux parens, avec des robes magnifiques, après quoi venoit Leonise, ayant le visage couvert d'un tafetas cramoisi : Elle marchoit au milieu de Richard & de Mahamut ; ce spectacle attiroit les yeux de tout le monde. En touchant la terre ils firent comme les autres, ils la baiserent à genoux. Comme ils étoient les plus distingés par leur habillement, & par leurs maniéres, le Gouverneur de la Ville marcha vers eux ; mais à peine eut-il envisagé Richard qu'il le reconnut ; il courut à lui les bras ouverts, & l'embrassa de la manière du monde la plus tendre, & avec toutes les marques d'une véritable joye. Corneille, son pere, le pere de Leonise, tous leurs parens & ceux de Richard qui étoient les principaux de la Ville, s'approchérent au même tems. Richard après avoir répondu aux complimens & aux tendresses du Gouverneur, s'adressa à Corneille, qui se sentit saisi du moment qu'il le reconnut. Il le prit par la main avec beaucoup de marques d'affection, tenant de l'autre sa chére Leonise. Je vous supplie, se prit alors à dire Richard, en s'adressant à l'Assemblée qui l'environnoit, je vous supplie, qu'avant que nous entrions dans la Ville, & que nous allions au Temple, pour rendre graces de notre heureuse délivrance, il me soit permis de vous parler un moment. Vous le pouvez faire, lui dit le Gouverneur, il n'y a qui que ce soit qui ne vous écoute, & qui ne vous écoute même avec attention. Alors ayant un peu haussé la voix, il parla en ces termes.

Il vous peut ressouvenir, sans doute, du malheur qui nous arriva il y a quelque tems, aux Jardins des Salines, à Leonise & à moi. Vous n'avez pas oublié non plus, je m'assure, les mouvemens que je me donnai pour procurer la liberté à cette charmante fille; J'offris pour sa rançon tout ce que je possédois au monde; mais je fus assez malheureux pour l'offrir en vain. Je ne prétens pas vous entretenir à présent de nos infortunes. Ce détail demande plus de tems & plus de loisir, & je me sens même trop ému pour entreprendre un si triste recit. Il suffit de vous dire, qu'après diverses avantures toutes surprenantes, qu'après une infinité d'allarmes & de craintes, qu'après avoir

avoir desespéré mille fois, de voir changer notre destinée, le Ciel pitoyable, sans que nous l'eussions mérité, nous a fait revoir notre chére Patrie, comblés de biens & de richesses. J'atteste cependant ce même Ciel qui nous a délivrés, que ce n'est ni ces richesses, ni ma liberté qui causent la joye que vous voyez répanduë sur mon visage. Cette joye procéde de celle que ressent aujourd'hui Leonise, de se voir libre. Je puis dire que j'ai mis tout en œuvre pour la tirer des mains des Barbares. J'offris d'abord tous mes biens pour sa rançon. J'ai exposé depuis peu ma vie pour elle. Elle me peut rendre elle-même ce témoignage, que je n'ai rien oublié pour faire changer les destins en sa faveur; & que si je l'ai toûjours aimée, ç'a été sans espoir de récompense: trop heureux & trop récompensé de l'avoir servie, & de l'avoir redonnée à ses parens, & à celui à qui le Ciel l'avoit destinée. En achevant ces paroles il haussa la main, & tira le voile qui couvroit le visage de Leonise ; jamais cette incomparable fille n'avoit paru si belle, qu'elle le fut dans cette occasion. Voilà, poursuivit un moment après Richard, en se tournant vers Corneille, voilà le riche butin que je te livre, & que je remets entre

tre tes mains. Voilà la belle Leonise que je te donne, cette Leonise qui ne s'est jamais effacée de ta mémoire, & qui mérite d'être adorée de tous les mortels. C'est ceci & non les choses que j'ai fait pour elle, que je veux bien qu'on appelle liberalité, puis qu'il n'y a point de trésor qui soit comparable à ce présent. Reçois-là des mains d'un ennemi généreux qui te la céde, & publie dès aujourd'hui que tu es le plus heureux des Amans. Je te donne avec elle tout ce que je pourrois prétendre de tant de richesses que nous apportons, & sois persuadé que je ne te donne pas peu de chose. Possede-là, jouïs de ses biens & de ceux qui me pourroient appartenir; car pour moi infortuné que je suis, je dois renoncer à tout, puis que je dois renoncer à Leonise. En achevant ces paroles il s'arrêta, comme si sa langue se fût attachée à son palais. Cependant, un moment après, & avant qu'aucun eût ouvert la bouche pour parler, il se prit à dire: Helas! quels sont les égaremens où je me jette, & qu'est-ce que je viens de dire, peut-on être libéral du bien d'autrui ? Quel droit ai-je sur Leonise pour la donner à un autre, ou comment puis-je offrir ce que je ne possede point ? Leonise est à elle,

&

& comment en puis-je difpofer? Je l'avouë, & je n'en ai point fait miftére, j'ai tout fait pour elle, & rien ne m'a été difficile, lorfqu'il s'eft agi de la délivrer; mais ce font des obligations dont je ne prétens pas qu'elle me tienne compte; je n'ai fait que ce que j'étois obligé de faire, je retracte donc ce que je viens de dire. Je ne donne rien à Corneille, puifque je ne puis lui rien donner: je confirme feulement le don que j'ai fait à Leonife de mes biens, & je ne demande pour toute récompenfe, que fon eftime. Richard n'en dit pas davantage, & Leonife parla alors. Vous vous imaginez fans doute, Richard, dit cette charmante fille, vous vous imaginez fans doute, que j'ai accordé de grandes faveurs à Corneille: je dois vous défabufer en fa préfence de cette penfée. Je l'ai souffert, il eft vrai; mais je ne l'ai fouffert que parce que j'y étois contrainte. Ceux dont je dépendois l'avoient fouhaité ainfi, parce qu'ils le regardoient comme pouvant être un jour mon Epoux. Mais quoiqu'il fût avec moi fur un pied qu'il fembla qu'il pût prendre de petites libertés, j'en ai ufé pourtant avec lui avec tant de févérité, que je ne rougirai jamais d'avoir permis qu'il m'ait recherchée. Je fuis suis à moi, Richard, & je l'ai été toûjours jusqu'ici, j'ai conservé ce cœur que vous croyez que j'ai donné autrefois à Corneille, & je ne dépens absolument que de ceux qui m'ont donné la naissance, aux quels je dois obéir aveuglément. Leur volonté sera toûjours la mienne, je ne m'opposerai jamais à leurs desirs. La seule chose que je ferai, sera de les supplier avec la soûmission que je leur dois, de vouloir relâcher de leurs droits en me permettant de disposer moi-mème de ce cœur que je n'ai donné encore à personne, & de ces biens que je ne dois qu'à votre seule libéralité. Vous êtes libre, notre chére fille, vous êtes libre, s'écriérent, en l'interrompant; le pere & la mere de Leonise; nous ne contraindrons jamais votre volonté, vous êtes maîtresse de vous-mème; nous déclarons hautement que nous ne vous desavouërons jamais, & que nous approuvons par avance le choix que vous avez fait dessein de faire. Puisque cette liberté m'est accordée, repartit Leonise, je dois faire voir aujourd'hui aux hommes, que toutes les personnes de notre sexe ne sont pas ingrates. Je suis à vous, poursuivit-elle, en s'adressant à Richard, & je serai à vous jusqu'à la mort, si je

suis assez heureuse que vous ayez oublié mes injustes rigeurs; & que vous ne refusiez pas d'accepter une main que je vous donne, comme à celui que je choisis pour mon Epoux. On ne sauroit representer la joye de ce digne & heureux Amant. Il n'eut pas la force de répondre, les expressions & la parole lui manquérent. Il se jetta à ses genoux, & lui prenant les mains il les serra tendrement, & les baisa mille fois, tout baigné de larmes. Comme chacun aplaudit à ce choix, ces tendres Amans furent conduits au Temple, & l'Evêque qui s'étoit trouvé présent leur ayant donné dispense, les Nôces furent célébrées le même jour, ce Prélat ayant bien voulu les épouser lui-même. Jamais joye ne fut plus générale, on n'a jamais vû tant de réjouïssances. Halima, qui vid bien qu'elle ne pouvoit plus prétendre à Richard, voulut donner la main à Mahamut, & son pere & sa mere, & les deux parens qui l'avoient accompagnée, eurent une si grosse portion du butin, qu'ils vécurent dans l'abondance toute leur vie. Ils eurent tous sujet d'être contens, & la renommée de Richard se répandit par toute l'Italie, & presque par tout l'Univers. On lui donna le nom
d'A-

d'Amant libéral; & comme Leonise, qui fut un exemple de vertu, eut beaucoup d'enfans, & que cette famille n'est pas encore éteinte, la renommée de Richard dure encore.

T. Folkema. del. F. A. Aveline Sculp.

RINCONET
ET
CORTADILLE
NOUVELLE III.

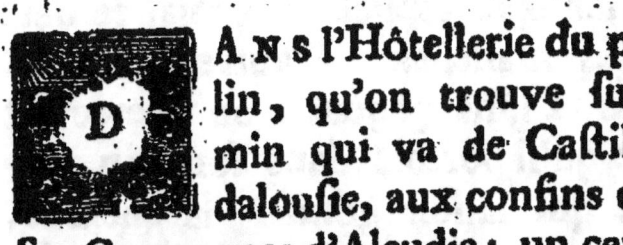

DAns l'Hôtellerie du petit Moulin, qu'on trouve sur le chemin qui va de Castille en Andalousie, aux confins des fameuses Campagnes d'Alcudia; un certain jour des plus chauds de l'Eté, se rencontrérent par hazard, deux jeunes garçons, d'environ quatorze ou quinze ans; il est certain que le plus âgé n'en avoit pas dix-sept. Tous deux avoient assez bonne mine, quoique dans un état pitoyable; leurs habits étoient décousus, rompus, déchirés & tomboient en lambeaux. Il n'étoit pas chez-eux question de manteau.

teau. (1) Leurs culotes n'étoient que de simple toile, & la peau de leurs jambes leur tenoient lieu de bas. En revanche ils avoient des souliers; ceux de l'un étoient de corde, on les appelle communement Alpargates, (2) autant usés pour avoir été trainés que pour avoir été portés; ceux de l'autre troués en cent endroits, & sans semeles, lui servoient plûtôt de couvre-pieds que de souliers. L'un portoit un mauvais bonnet verd, à la maniére des Chasseurs, l'autre un chapeau sans cordon, fort bas de forme, & fort large par les ailes. L'un en guise de baudrier, avoit une chemise de couleur de chamois, repliée & ramassée dans une de ses manches. L'autre marchoit à la legère & sans paquet; on apercevoit seulement qu'il portoit dans son sein quelque chose qui faisoit gonfler sa chemise, & c'étoit à ce qu'on a reconnu depuis, un large & ample collet, auquel une graiſ-

[1] Tous les Espagnols du menu peuple, & tous les Mendians portent des manteaux qui cachent leurs mauvais habits, qui servent à aller acheter à la place, & la nuit de matelas & de couverture.

[2] C'est une semele faite de corde de chanvre ou de jonc, qui s'attache sur le pied, avec une ficelle ou un ruban.

graisse copieuse servoit d'amidon, & si fort usé & affilé de vieillesse, qu'on le pouvoit prendre pour une poignée d'étoupes. Il enveloppoit & conservoit soigneusement un jeu de cartes de figure ovale, parce qu'à force d'avoir été battuës, elles s'étoient écornées, & pour les pouvoir battre plus aisément dans la suite, & qu'elles fussent uniformes, on les avoit rognées & réduites à cette figure. Leur teint hâlé étoit brûlé du Soleil, leurs ongles sales & longues, & leurs mains n'étoient pas plus propres. L'un avoit une demie épée, l'autre une espéce de coutelas de chasse à manche jaune. Tous deux étant sortis en même tems de l'Hôtellerie pour se reposer sous un toit qui en garentissoit l'entrée des rayons du Soleil, se mirent sur deux bancs, vis-à-vis l'un de l'autre. Celui qui paroissoit le plus âgé, commença à dire au plus jeune; Quel est votre Païs, mon gentil-homme, & peut-on savoir quel chemin vous prenez? Je n'ai aucun païs, Monsieur le Chevalier, répondit celui qui venoit d'être interrogé, & je ne connois pas davantage le chemin que je prends. Mais, de bonne foi, dit le prémier, vous ne paroissez pas être tombé des nués, & vous étant impossible de rester dans l'endroit où nous som-

sommes, il faut par force que vous passiez outre. Vous avez raison, répondit le second, je ne vous ai cependant rien dit que de vrai, puisque le Païs dans lequel je suis né ne m'appartient point, je n'y ai qu'un pere qui ne me reconnoit pas pour son enfant, & une marâtre qui me traite en beau-fils : le chemin que je prends est à l'avanture, & il finira où je trouverai qui me donnera le nécessaire, pour passer cette misérable vie. Avez-vous, Monsieur, quelque talent, demanda le plus grand ? Je n'en ai pas d'autre, répondit le plus jeune, que de courir comme un Liévre, de sauter comme un Daim, & de me servir des cizeaux avec beaucoup d'adresse. Tout cela est parfaitement bon, utile & avantageux, dit le prémier, parce que vous trouverez quelque Sacristain qui vous donnera l'offrande du jour de la Toussaint, afin que vous lui découpiez des fleurons de papier, pour le monument du Jeudi Saint. Ce n'est pas de cette maniére que je me sers des cizeaux, répondit le second : il faut savoir, que par la miséricorde du Ciel, mon pere étant Tailleur & Chaussetier, il m'a enseigné à couper des chaussetes, qui ne sont, comme vous le savez, que des demi-guêtres, avec des avant-pieds, que nous appellons

Po-

Polaynas, & que je les fais si bien couper, que je pourrois passer pour Maître; mais mon mauvais destin qui me persécute sans cesse, ne m'a jamais permis de profiter de mon habileté. Les malheurs ne sont ordinairement que pour les honnêtes gens, répondit le plus âgé, & j'ai toûjours entendu dire que les hommes les plus habiles sont toûjours disgraciés de la fortune; mais vous êtes encore assez jeune pour pouvoir en corriger le caprice. Cependant si je ne me trompe, & si mes yeux sont bons, il me semble que vous avez encore d'autres qualités sécretes que vous ne voulez pas manifester. Il est vrai, répondit le second, j'en ai quelqu'une; mais que je ne peux produire en public, comme vous l'avez bien remarqué. Alors le prémier lui repliqua, Hé bien, je puis vous dire, que je suis un garçon des plus secrets qui se puisse trouver dans le monde, & pour vous obliger à m'ouvrir votre cœur, & à vous consoler avec moi, je veux vous y engager, en vous découvrant prémiérement tous les replis du mien, parce que je m'imagine que ce n'est pas sans mystére que le sort nous a joint ici tous deux. Pour moi, mon cher Gentil-homme, je suis naturel de la Fuentrida, lieu connu, & renommé par les illustres

lustres Voyageurs qui y passent tous les jours. Mon nom est Pierre du Rincon, mon pere est homme de qualité, puisqu'il est Ministre de la S. Cruzade, c'est-à-dire, c'est lui qui en porte & distribuë les Bules. Je l'ai aidé quelque tems dans l'exercice de son emploi, & je l'ai si bien appris, que je puis défier les plus habiles dans ce mètier, de tirer meilleur parti des Bules que moi. Mais un jour me sentant beaucoup plus d'inclination pour l'argent des Bules, que pour les Bules mêmes, je me saisis d'une bourse d'argent, & je gagnai Madrid, où à l'aide des occasions favorables qui s'y rencontrent ordinairement, je vuidai les entrailles de la bourse, & la laissai avec plus de plis que le mouchoir d'un nouveau marié. Celui qui étoit comptable des deniers de la Croisade, courut après moi. On me saisit. Les Juges eurent quelque pitié de ma jeunesse, & ils se contentérent de me faire mettre au Carcan, de me faire épousseter les épaules pendant quelques momens, & de me bannir pour quatre ans, de la Cour. Je pris patience. Je serrai les épaules, je souffris l'orage, & pour obéir à mon bannissement, je sortis de Madrid avec tant de précipitation, que je n'eus pas le tems de chercher des mon-

montures. Je pris parmi mes joyaux, ceux que je pus, & qui me parurent les plus néceſſaires, entr'-autres je choiſis ces cartes (juſtement celles qui étoient dans le collet) avec leſquelles j'ai gagné ma vie dans les Cabarets & dans les Hôtelleries, qu'il y a depuis Madrid juſqu'ici, en joüant au vingt-un. Quoique vous les voyez ſi graſſes & ſi maltraitées, elles ont tant de vertu pour celui qui les entend, qu'il ne coupera jamais ſans prendre un as deſſous. Pour peu que vous connoiſſiez ce jeu, vous comprendrez aiſément quel avantage il y a d'avoir toûjours, à la premiére carte, (1) un as qui peut compter un point, & onze points: de ſorte qu'avec cette carte on eſt aſſuré de faire venir l'argent dans ſa poche. Outre cela le cuiſinier d'un certain Ambaſſadeur, m'a appris quelques tours d'adreſſe, pour gagner au Quinola : de ſorte que comme vous êtes maître dans le métier de couper des chauſſetes, je le ſuis dans celui de tromper des Païſans, ainſi à coup ſûr, je ne cours pas riſque de mourir de faim. Quoique je me trouve dans un miſérable hameau, il s'y rencontte toûjours quelqu'un qui veut joüer pour paſ-

[1] Les Eſpagnols donnent les cartes en commençant par celles de deſſous.

ser le tems, & nous en pouvons ici faire l'experience à l'heure même. Tendons le filet, & voyons s'il n'y tombera pas quelqu'un des Muletiers qui sont ici, c'est-à-dire, qu'il faut que nous joüions tous deux comme si c'étoit tout de bon, & si quelqu'un d'eux veut faire le troisiéme, ce sera le premier qui laissera son argent. A la bonne heure, dit l'autre. Je vous ai bien des obligations, de ce que vous avez bien voulu me raconter les circonstances de votre vie; vous m'avez obligé à ne point vous cacher la mienne, & la voici en peu de mots. Je nâquis dans un misérable Village, entre Salamanque & Medina del Campo. Mon pere est Tailleur, il m'enseigna son métier; & à force de me servir des cizeaux, j'appris de moi-même à couper des bourses. La vie bornée d'un Village, me déplût autant que les mauvais traitemens de ma marâtre. J'abandonnai le lieu de ma naissance, pour venir à Tolede, travailler de mon métier, & je m'en suis aquitté à merveilles. Il n'y avoit aucun reliquaire si bien attaché, & aucune poche si bien cachées, que mes doigts ne visitassent, & que mes cizeaux ne coupassent, quand même ils auroient été gardés par les yeux d'Argus. Pendant quatre mois que j'y de-

demeurai, je n'y ai jamais été pris entre-deux portes, on ne m'a jamais surpris sur le fait ; jamais les Archers n'ont couru après moi, & aucun bâton ne m'a passé sur le dos. Il est bien vrai qu'il y aura huit jours, qu'un double Espion rendit compte de ma capacité au Gouverneur, qui admirant mes belles qualités, vouloit me voir ; mais moi qui fais profession d'humilité, je ne veux avoir aucun commerce avec des Personnes si relevées. Je fis ensorte de ne me point trouver avec lui, & pour cet effet, je sortis de la Ville avec tant de promptitude, que je n'eus pas lieu de prendre, ni montures ni argent, ni Carrosse de retour ; pas même la moindre Charrette. Cela s'entend dit Rincon ; mais puisqu'à présent nous nous connoissons, laissons-là tous ces airs de grandeur, & confessons ingenuëment que nous n'avions, ni un denier, ni même des souliers. Soit, répondit Diego Cortado (le plus jeune s'étoit ainsi nommé,) il faut que notre amitié, comme vous l'avez dit Seigneur Rincon, soit éternelle. Signalons-en le commencement, par une sainte & loüable cérémonie. Ils se levérent & s'embrasserent mutuellement, avec les marques de l'amitié la plus tendre, & la plus étroite. Ils se mirent ensuite à joüer au vingt-un, avec les cartes en question, qui abondoient autant en graisse qu'en malice, & dans peu de mains, Cortado ne fut pas moins habile à couper des as, que Rincon son Maître. Dans le moment un Muletier sortit de l'Hôtellerie, pour se rafraichir à la porte, & leur dit, qu'ils lui permissent de faire le troisiéme; ils le reçûrent de la meilleure grace du monde, & en moins d'une demie heure, ils lui gagnérent douze Reaux, & vingt-deux Maravedis, ce que le Muletier ressentit autant que si on lui eut donné douze coups de poignards, & vingt-deux mille déplaisirs. Le Muletier croyant que les jeunes gens n'oseroient pas se deffendre contre lui, voulut leur reprendre son argent; mais l'un mettant la main à sa demie-épée, & l'autre à son coutelas, ils lui taillérent tant de besogne, que si ses Camarades ne fussent pas venu au secours, il auroit mal passé son tems. Sur ces entrefaites, une troupe de Voyageurs à cheval qui alloient diner à l'Hôtellerie de l'Alcalde à une demie lieuë plus avant, passérent par hazard. Ces Messieurs voyant les deux garçons aux prises avec le Muletier, les appaisérent & leur dirent, que s'ils alloient à Seville, ils pouvoient venir avec eux. Nous y allons, dit Rincon

con, nous vous servirons, Messieurs, & nous vous obéirons en tout ce que vous daignerés nous commander, & sur le champ ils commencérent à marcher devant les mules, laissant le Muletier faché & desesperé, & l'hôtesse qui avoit entendu ce qui s'étoit dit, sans en être apperçûë, étonnée de la bonne éducation de ces jeunes Coquins. A peine eut-elle rapporté au Muletier, qu'elle leur avoit entendu dire, que leurs cartes étoient fausses, qu'il s'arracha la barbe, & qu'il voulut courir après eux, pour rattrapper son argent; s'écriant que c'étoit un affront qui le deshonnoroit, que deux jeunes garçons eussent dupé un homme fait, comme il étoit. Ses Camarades le retinrent, & lui conseillerent de ne point aller après, pour ne point divulguer son ignorance, & sa simplicité. Enfin, quoi que toutes les raisons qu'on lui alleguat, ne fussent pas capables de le consoler, elles l'obligérent du moins à rester tranquille. Cependant Cortado & Rincon, s'appliquérent si bien à servir les Voyageurs, que ceux-ci les mirent en croupe la moitié du chemin, & quoi qu'il s'offrit différentes occasions de visiter les Valises de leurs demi-Maîtres, ils ne s'en voulurent point servir, pour ne pas perdre

celle

celle qui leur faisoit faire si agréablement le voyage de Seville, où ils avoient tant d'envie d'arriver. Lorsqu'ils furent à la porte de la Ville, à l'entrée de la nuit, devant la Douane où l'on visite, & où l'on fait payer les droits, Cortado ne put s'empêcher de couper la Valise qu'un François avoit en croupe, & avec son Coutelas, il lui fit une si longue & si profonde blessure, qu'il lui mit les entrailles à l'air, & en tira subtilement deux bonnes chemises, un cadran solaire, & des tablettes; effets qui ne plurent pas beaucoup aux jeunes gens, qui s'imaginoient que le François n'avoit pas en croupe cette Valise pour si peu de chose. Ils vouloient y faire une seconde tentative; mais ils s'en abstinrent, se persuadant que le premier vol étoit découvert, & qu'on auroit eu soin de mettre ce qui restoit en sûreté. Ils avoient auparavant pris congé de ceux qui les avoient nourris dans le chemin, & le lendemain ils vendirent les chemises vingt Reaux, dans le marché qui se tient à la porte de l'Arcenal. Après cela ils se promenerent par la Ville, ils admirerent la grandeur & la magnificence de l'Eglise Metropolitaine; le grand nombre de personnes qui bordoient la Riviére, parce que c'étoit le tems du chargement de la flote : ils remarquérent sur-tout les six Galéres qui y étoient, & ne purent s'empêcher à leur vûë de soupirer, & de craindre le jour où l'on devoit les y conduire pour le reste de leur vie. A peine eurent-ils fait attention à plusieurs garçons qui se trouvoient en grand nombre sur le port, & dont le métier étoit de porter dans une hôte, ou dans des corbeilles, ce dont on les chargeoit, qu'ils s'adressèrent à un d'eux, & lui demanderent quel étoit leur mètier, s'il exigeoit beaucoup de peine, & ce qu'il rapportoit. Un jeune drole des Asturies, à qui ils avoient fait cette demande, leur répondit, que le métier étoit fort doux, sans être sujet à aucun impôt, & que presque tous les jours, il lui rapportoit cinq ou six Reaux, avec lesquels, il buvoit, mangeoit & se remplissoit la pance autant qu'un Roy ; qu'il n'avoit pas la peine de chercher maître & de lui donner caution; & qu'il étoit sûr de manger à l'heure qu'il lui plaisoit, puisqu'à tous momens, il trouvoit son mangé prêt dans toutes les Gargotes de la Ville. Les deux amis goûtérent la rélation de l'Asturien ; & son métier, bien loin de les rebuter, leur parut fort propre pour pouvoir exercer le leur avec

plus

plus de déguisement & de sûreté, parce qu'il leur donnoit l'entrée dans toutes les maisons. Sur le champ ils résolurent d'acheter tous les ustanciles nécessaires pour le faire, d'autant plus qu'ils n'avoient aucun examen à essuyer avant de l'exercer. Ils demanderent donc à l'Asturienne ce qu'ils devoient acheter, il leur répondit, il ne vous faut que deux sacs, propres ou neufs; & à chacun trois corbeilles de palmier, deux grandes & une petite, pour porter à part, la viande, le poisson & le fruit, la hôte est pour le pain seulement. L'Asturien les conduisit où le tout se vendoit; & du produit de la Valise du François, ils acheterent ce qui leur convenoit. En moins de deux heures, ils sûrent si bien porter leurs sacs & ajuster leurs corbeilles, qu'on auroit pû les graduer dans leur nouvel Office. Leur Conducteur leur enseigna les portes où ils devoient se rendre tous les matins, à la Boucherie, & à la place de S. Sauveur; les jours de poisson à la Poissonnerie, & au Marché aux légumes; tous les soirs à la Riviere, & les Jeudis à la Foire. Cette leçon fut gravée profondement dans leur mémoire; le lendemain dès le matin, ils se rendirent à la place de S. Sauveur, & ils n'y furent pas plûtôt, que plusieurs drodrôles du même métier les entourerent, & jugeant par le brillant de leurs sacs & de leurs paniers, qu'ils étoient des nouveaux venus, leur firent mille questions, auxquelles ceux-ci répondirent, avec poids & mesure. Un espece d'Etudiant & un Soldat arrivérent dans ce tems-là sur la place, & charmés de la propreté des corbeilles de nos nouveaux Profés, celui qui paroissoit Etudiant, appella Cortado, & le Soldat Rincon. Dieu soit loüé, dirent-ils l'un & l'autre. Ensuite Rincon dit au Soldat. Je ne puis qu'être heureux dans le métier, puisque c'est vous qui m'étrenez Monsieur. Le Soldat lui répondit, l'étrène ne sera pas mauvaise, parce que je suis en gain & amoureux, & que je dois aujourd'hui donner un festin aux amies de ma Maîtresse. Hé bien, dit Rincon, chargez-moi à votre fantaisie : il ne me manque, ni courage ni forces pour enlever toute cette place, & même si vous le souhaitez, je vous aiderai à apprêter le tout du meilleur de mon cœur. Le Soldat charmé des bonnes maniéres du jeune homme, lui dit, que s'il vouloit le servir, il le retireroit d'un si vil métier. Rincon lui répondit, que ce jour étant le premier qu'il l'exerçoit, il ne le vouloit pas quitter si vîte, avant d'avoir appris par expérience ce qu'il y avoit de bon & de mauvais; mais que dès qu'il en seroit ennuyé, il lui donnoit sa parole, qu'il le serviroit préférablement à un Chanoine. Le Soldat se prit à rire, le chargea bien, & lui montra la maison de sa Maîtresse, afin qu'il la sût delà en avant, & que toutes les fois qu'il en auroit besoin, il ne fut pas obligé de la lui enseigner. Rincon lui promit de lui être fidele, & de le bien servir; & le Soldat lui donna trois sols. Rincon d'un saut se retrouva à la place pour ne pas perdre d'occasion, l'Asturien les avoit averti d'être promts, & que quand ils porteroient du petit poisson, comme des Anchois, des Sardines, &c. ils pouvoient bien en mettre à part pour leur journée; mais qu'il falloit que cela se fît avec beaucoup de précaution & de dexterité, de peur qu'ils ne perdissent leur crédit, la base de leur profession. Quoi que Rincon fut de retour à la place dans un instant, il trouva Cortado dans le même endroit où il l'avoit laissé. Cortado s'approcha de Rincon, & lui demanda ce qu'il avoit gagné. Rincon ouvrit la main, & lui montra les trois sols. Cortado mit la sienne dans son sein, & en tira une bourse, qui autrefois avoit été brodée, elle paroissoit enflée. Voilà dit-il, avec quoi me paya la reverence de l'Etudiant, deux sols de plus; prenez-là, Rincon, de peur d'accident. Il la lui remit finement. Dans l'instant accourut l'Etudiant, tout en sueur, & plus pâle que la mort. Dès qu'il eut apperçû Cortado, il lui demanda si par hazard il n'avoit pas vû une bourse, de telle & telle façon, dans laquelle il y avoit quinze Ecus d'or en or, trois doubles en argent, & tant de maravedis en cuivre, & qu'il lui dit, s'il ne la lui avoit pas prise dans le tems qu'ils avoient été à la place ensemble? Cortado sans s'alterer ni changer de couleur, & d'un grand sang-froid, lui répondit, tout ce que je puis vous dire de votre bourse, est que vous ne devez pas l'avoir perduë, à moins que vous ne l'ayez mise dans quelque mauvais endroit. C'est justement cela, misérable que je suis, repondit l'Etudiant, il faut bien que je l'aie mal placée, puisqu'on me la volée. Je le crois de même, reprit Cortado; mais à tout il y a du remede, excepté à la mort. Le premier que vous devez prendre est d'avoir patience, Dieu en a tant à notre égard, un jour succede à un autre jour, & il faut prendre le tems comme il vient; peut-être que quelque jour, celui qui a pris votre bourse s'en repentira, & viendra vous la rapporter avec intérêt. Nous lui passerions bien l'intérêt dit l'Etudiant. Cortado poursuivit, hélas ! combien y a-t-il d'excommunications, de Monitoires, & de Bules. Que de diligences, (ce qui est le meilleur parti) ne fait-on pas contre de pareils larcins ; en vérité je ne voudrois pas porter une telle bourse ; d'autant plus, que si vous vous trouvez dans les Ordres sacrés, je m'imaginerois toûjours avoir commis quelque inceste, ou quelque sacrilege. Comment sacrilege ? réprit l'Etudiant affligé, quoique je ne sois pas, Prêtre mais seulement Sacristain de Religieuses, l'argent de la bourse, venoit de la rente d'une Chapelle, qu'un Prêtre de mes amis m'avoit prié de recevoir pour lui ; c'est un argent sacré & béni. Le voilà pas mal accommodé repliqua Rincon, je ne lui envie pas le gain, qu'il a fait, il y a un jour du Jugement, tout passera par cette lessive, on verra alors quel a été le téméraire, qui a eu la hardiesse, de prendre, de voler & de vilipender le revenu d'une Chapelle. Et dites-moi, Seigneur Sacristain. Combien vaut-elle par année ? Elle vaut la putain qui m'a mis au monde. J'ai bien le tems maintenant de dire combien Elle vaut, répondit le Sacricriſtain en couroux : Dites-moi freres, ſavez-vous quelques nouvelles de la bourſe, ſinon adieu : Je la ferai proclamer à ſon de Trompe. Le remede n'eſt pas mauvais dit Cortado ; mais prenez bien garde, Seigneur Sacriſtain, de ne pas oublier tous les ſignes de la bourſe, & la quantité préciſe de l'argent qu'il y a dedans ; autrement ſi vous vous trompez d'une obole, vous ne la reverez jamais de votre vie, je peux vous en aſſurer. Il n'y a rien à craindre de ce côté-là, repartit le Sacriſtain, je ne l'oublierai pas plus que la maniére de ſonner les cloches, je ne me tromperai pas d'un atome. Il tira alors de ſa poche un mouchoir de ſoye, pour eſſuyer la ſueur qui tomboit à groſſes goutes de ſon viſage, & Cortado ne l'eut pas plûtôt vû, qu'il le regarda comme à lui. Le Sacriſtain s'étant en allé, Cortado le ſuivit, & l'ayant attrapé ſur des degrez, l'appella, le prit à part & lui dit tant de ſornettes touchant le larcin & la perte de ſa bourſe, lui donnant toûjours de bonnes eſpérances, ſans jamais conclure ſon raiſonnement, que le pauvre Sacriſtain ne ſavoit plus où il en étoit en l'écoutant ; & comme il ne pouvoit comprendre ce qu'il vouloit dire, il lui faiſoit répéter cinq ou ſix fois

la

la même chose. Cortado le regardoit attentivement, & avoit toûjours les yeux fixés sur les siens. Le Sacristain étourdi de son discours, le regardoit de même, de sorte que Cortado, profitant de l'enthousiasme du Sacristain, acheva son ouvrage, & lui tira subtilement le mouchoir de la poche. Et en le quittant, lui dit qu'il le verroit sur le soir dans le même endroit, parce qu'il soupçonnoit qu'un jeune homme de sa même profession, & de sa même hauteur, qui passoit pour un peu coupeur de bourses, étoit celui qui lui avoit volé la sienne, & qu'il s'obligeoit de s'en assurer tôt ou tard. Ces dernieres paroles consolerent tant soit peu le Sacristain, qui prit congé de Cortado, lequel vint trouver Rincon, qui avoit vû à l'écart tout ce qui venoit de se passer. Un peu plus bas, un jeune homme du même métier qu'eux, avoit également aperçû cette manœuvre, & lorsque Cartado avoit donné le mouchoir à Rincon, il s'approcha d'eux & leur dit: Dites-moi, Messieurs, êtez-vous de mauvaise entrée, ou non? Nous ne vous comprenons pas, Monsieur, répondit Rincon. Ne sommes nous pas entre Camarades, Messieurs de Murcie, repliqua l'autre? Nous ne sommes ni de Thebes ni ni de Murcie, dit Cortado, si tu as quelqu'autre chose à nous dire, dis-nous-là, sinon va te promener. Vous ne m'entendez pas, dit le jeune homme? Eh bien je vous le ferai entendre, & boire avec une cuillere d'argent. Je vous demande, Messieurs, si vous n'êtes pas des Voleurs; mais à quoi bon le demander, si je sai qu'ils le sont. Dites-moi: Pourquoi n'avez-vous pas été à la Douanne du Seigneur Monipodio? Dans ce païs-ci paye-t-on des droits pour être Voleur? galant homme, dit Rincon: Si on n'en paye point, répondit le jeune garçon, du moins faut-il que les filoux se fassent enregistrer chez le Seigneur Monipodio, qui est leur Pere, leur Maître, & leur refuge, c'est pour cela que je vous conseille de venir avec moi pour lui prêter obéissance, ou sinon ne soyés pas assez hardis de voler sans être sous étandarts, il vous en couteroit cher. J'ai toûjours cru, dit Cortado, que voler étoit un métier libre, exempt de taille & de gabelles, & que si on paye c'est tout à la fois, donnant pour caution le col & les épaules; mais puisqu'ici il n'en est pas de même, & que chaque païs à sa coutume, nous ne voulons pas reformer celle de cette Ville, qui pour être une

des

des plus considérables du monde, aura sans doute les meilleurs usages; ainsi, vous pouvez nous accompagner jusqu'à la maison de ce Cavalier, qui selon ce que j'ai entendu dire, est un homme de considération, habile, genereux, & Expert dans son métier. Comment s'il est qualifié, Habile & Expert, répondit, le jeune Conducteur, il l'est tant que depuis quatre ans qu'il est notre Major & notre Pere, il n'y en a eu que quatre qui soient allés *in finibusteria*; trente qui se soient promenés, & soixante-deux en compagnie. En vérité dit Rincon, nous entendons ce que vous voulez nous dire, comme nous savons voler en l'air : marchons, dit le guide, je vous les expliquerai en chemin. Il vous est aussi nécessaire de les apprendre que d'avoir du pain pour mettre sous la dent. Ce qu'il fit en leur donnant encore l'explication de plusieurs termes, qu'ils nomment Germanesques ou d'Allemagne, & comme le chemin étoit long, il eut le tems de les bien enseigner. Rincon dit alors à ce guide, Monsieur, êtez-vous par avanture Voleur, oui, répondit-il, pour servir Dieu & les honnêtes gens, je ne suis cependant pas un des plus habiles, étant encore dans l'année de mon Noviciat. Cortado lui répondit,

ma

ma foi c'est une chose que j'ignorois encore, qu'il y eut des Voleurs dans le monde pour servir Dieu & les honnêtes gens. Seigneur reprit le Novice, je ne connois pas la Tologie, ce que je sai, c'est que chacun dans sa profession peut servir Dieu, d'autant plus que c'est l'ordre que donne Monipodio à tous ses Disciples. Certes, dit Rincon, c'est un ordre loüable & saint, puisqu'il oblige les Voleurs à servir Dieu. Il est si saint & si bon, repliqua le guide, que je ne crois pas qu'on en puisse prescrire de meilleurs dans notre métier. Le Seigneur Monipodio a ordonné, que de tout ce que nous volerons, nous donnions quelque chose pour l'huile de la Lampe, qui est devant une Image très venerée en cette Ville ; & en verité, nous avons vû arriver des choses merveilleuses pour cette bonne œuvre ; ces jours passés on donna trois tours à un Quartenier, qui avoit devoyé deux Roussins, & quoi qu'il fut fort foible, & avec la fievre quarte, il souffrit le tout sans chanter, comme si c'eut été une bagatelle. Nous attribûons nous autres qui sommes ses Confreres, ce miracle à sa bonne dévotion, parce que ses forces ne lui permettoient pas de souffrir les prémieres tentatives du Boureau. Comme je vois que

que vous m'allez demander la signification des termes dont je viens de me servir, je veux vous donner le remede avant la maladie, & vous prévenir : Sachez donc que Quartenier est un Voleur de troupeaux. Tour est le tourment ; Roussin sont des ânes, sauf votre respect : Prémière tentative est le prémier tour de corde que donne le Boureau. Nous faisons bien davantage, nous disons notre chapelet toutes les semaines. Une grande partie de nous autres ne volons point le Vendredi, & le Samedi ; nous n'approchons jamais des femmes qui s'appellent Marie. Tout cela me paroit magnifique dit Cortado ; mais dites-moi, faites vous quelqu'autre restitution, ou quelqu'autre penitence que celle que vous venez d'alleguer ? En fait de restitution, il n'en faut pas parler, répondit le Conducteur, c'est une chose impossible, parce que le vol est reparti en trop de portions, les Ministres de la Justice & les Commis en emportant chacun la sienne. Ainsi le prémier Voleur ne peut rien restituer, d'autant plus que personne ne nous engage à cette restitution, puisque nous ne nous confessons jamais. Lorsqu'on lance des excommunications, elles ne viennent point à notre connoissance, on ne nous

nous voit point à l'Eglise dans ce tems-là, nous n'y allons que dans le tems du Jubilé, parce qu'alors nous y trouvons notre compte dans la presse. De sorte qu'avec l'aumône, le chapellet, & les autres dévotions que vous dites ou que vous faites, dit Cortado, vous vous imaginés que votre vie est sainte & loüable? Hé quel mal y trouvez-vous répondit le jeune homme? Ne vaut-il pas mieux être Voleur qu'Héretique ou Renegat, que de tuer son pere ou sa mere ou d'être Solomique? Sodomite voulez-vous dire, répliqua Rincon; Justement dit le garçon. Tout ce que vous venez de rapporter est mal, réprit Cortado. Enfin puisque notre destin veut que nous entrions dans votre Confrérie, doublez le pas, Monsieur, je brûle d'envie de me voir avec le Seigneur Monipodio, dont on compte tant de belles qualités. Vous serez bien-tôt satisfait, dit le guide, nous voyons d'ici sa maison, restés tous deux à la porte, tandis que j'irai voir s'il est visible, parce que voici l'heure où il donne audience. Fort bien, dit Rincon. Le garçon prit le devant, entra dans une maison, qui bien loin d'être belle, avoit très-mauvaise mine, & les deux autres attendirent à la porte. Leur conducteur for-

sortit sur le champ, les appella & les fit attendre dans une cour pavée de brique assez propre, & lavée avec du sang de bœuf; de sorte qu'on auroit pû y balayer du plus fin Carmin; d'un côté il y avoit un banc à trois pieds, & de l'autre une cruche, dont le haut étoit ébrechée, & par-dessus un petit pot, qui n'étoit pas moins malade que la cruche, à un autre endroit se voyoit une vieille natte, & un pot de basélic. Nos deux jeunes gens regardoient attentivement les meubles de la maison, en attendant le Seigneur Monipodio, & voyant qu'il tardoit à venir, Rincon eut la hardisse d'entrer dans une sale-basse, de deux petites qu'il y avoit autour de la cour. Il apperçut dans cette sale, deux fleurets, deux boucliers de liége attachés à quatre cloux, un grand coffre sans dessus, ni rien qui le couvrit, & trois autres vieilles nattes étendues par terre. Au milieu de la muraille qui faisoit face à la porte, étoit appliquée une image très-grossiere, de Notre-Dame, & plus bas pendoit une corbeille de palmier, & auprès un petit pot de fayance, qui tenoit à la muraille, ce qui fit croire à Rincon que la corbeille servoit à recevoir les aumônes, & le pot de fayance de bénitier, ce qui étoit la vérité. Dans ce tems-là,
deux

deux jeunes gens de vingt-deux ans chacun, en habit d'Etudians, entrerent dans la maison, peu après, deux crocheteurs & un aveugle en firent de même, & sans proferer une seule parole, ils commencérent à se promener dans la cour. Deux Vieillards habillés de frise noire ne tarderent pas à venir, & tenant un long Rosaire à grosses Patenotres à la main, avec un air grave & severe, vouloient imprimer du respect ; une Vieille ridée les suivit & s'en fut droit à la Sale ; elle prit de l'eau bénite, se mit fort dévotement à genoux devant l'Image, & après un assez long tems ; & avoir baisé trois fois la terre, & autant de fois levé les mains & les yeux au Ciel, elle se leva, mit son aumône dans la corbeille, & sortit avec les autres dans la cour. Enfin en moins de demie heure jusqu'à quatorze personnes de différens habits, & de divers métiers s'y rassemblérent. Deux hommes jeunes, bienfaits, & bien plantés, avec de fortes moustaches, des chapeaux à grands bords, des cravattes à la flamande, des bas rouges & de belles jarretieres, des épées de longueur, portant à la ceinture deux pistolets en guise de dagues, arrivérent des derniers, & en entrant jettérent un coup d'œil de travers sur Rincon, & sur Cortado,

tado, comme ne les connoissant pas encore. Ils vinrent droit à eux, & leur demanderent s'ils étoient de la Confrairie? Rincon répondit qu'oui, & qu'ils étoient les très-humbles Serviteurs de ces Messieurs. Le Seigneur Monipodio descendit sur ces entrefaites, autant attendu que respecté de cette honnorable Compagnie, il paroissoit un homme de quarante-cinq à quarante-six ans, haut de taille, visage bazané, sourcils épais & se joignans, barbe noire & bien garnie, & les yeux enfoncés. Il descendit en chemise, & par l'ouverture du Jabot on appercevoit un bois, tant son estomac étoit garni. Par-dessus la chemise, il portoit un manteau de frise, qui lui descendoit jusqu'aux pieds, où il avoit une mauvaise paire de souliers en pantoufles, ces jambes étoient couvertes par les canons d'un haut de chausses de toile, qui étoient fort larges & longues jusqu'au coup de pied. Son chapeau ras en forme de clocher, avoit des aîles très-amples. Une couroye lui passoit par les épaules, & par la poitrine, & soutenoit une épée large & courte. Ses mains étoient ramassées, velues, les doigts courts & gras, les ongles longs & crochus, on ne voyoit point ses jambes, mais ses pieds monstrueux

par

par la longueur & par la largueur, étoient pleins de cors & de calus; ce tout repréfentoit le perfonnage le plus ruftique, le barbare le plus diforme qui fe puiffe voir dans le monde. Le Conducteur de nos deux jeunes gens, defcendit avec lui, & les prenant par la main, les préfenta à Monipodio, en lui difant. Voici les deux aimables garçons dont j'ai eu l'honneur de parler à votre Seigneurie, Monfeigneur Monipodio; ayez la bonté de les examiner, & vous verrez qu'ils font dignes d'entrer dans notre Congrégation. Je le ferai avec plaifir, répondit Monipodio. J'avois oublié de dire, que lorfque Monipodio defcendit, toute l'affemblée lui fit une profonde & ample révérence, excepté les deux braves, qui d'un air de petit maître lui leverent à peine le chapeau, & continuèrent à fe promener d'un côté de la cour, tandis qu'il fe promenoit de l'autre côté. Monipodio demanda à nos garçons, quels étoient leur métier, leur pere, & leur Patrie. Rincon lui répondit. Pour notre métier vous le favez, puifque nous fommes devant vous; il ne me paroit pas néceffaires de dire d'où nous fommes, & quels font nos peres, il ne s'agit pas ici de faire des preuves pour entrer dans un ordre

dre de Chevalerie. Monipodio lui répondit, vous avez raison, mon enfant, c'est bien fait de ne point tant vous faire connoître, parce que si la fortune ne vous étoit pas favorable, il ne conviendroit pas qu'on put lire dans les livres du Géolier, où dans une Sentence : Un tel, fils de tel, naturel de tel païs, a été pendu, foüeté ou châtié, de telle & telle maniére, ce qui sonneroit fort mal aux oreilles chastes. Ainsi je vous répète, qu'il est à propos de taire sa patrie & son nom propre, quoi qu'entre nous autres rien ne doive être caché; je ne veux savoir maintenant que votre nom. Rincon & Cortado le satisfirent. Dorénavant dit Monipodio, je veux, & je prétends, que vous Rincon, vous appelliez Rinconet, & vous Cortado, Cortadille, ce sont deux noms qui paroissent avoir été moulés exprès pour votre âge, & pour nos Ordonnances, en vertu desqu'elles nous sommes obligés de savoir le nom des peres de nos Confreres, parce que nous avons accoûtumé de faire dire tous les ans, une certaine quantité de Messes pour les ames de nos parens & de nos Bienfaiteurs décédés, retirant pour la rétribution de ceux qui les disent, certaine portion sur le butin que nous gagnons,

gnons. On prétend que de pareilles messes bien dites & bien payées, sont d'un grand secours pour ces ames par voye de naufrage. Nous considérons comme nos bienfaiteurs, le Procureur qui nous défend, le Prévôt qui nous avertit, le Boureau qui a pitié de nous, celui qui, lorsque quelqu'un de nous fuit par la ruë, & qu'on lui crie après, au voleur, au voleur, arrêtez-le; se met au milieu de la foule, & s'oppose à ceux qui le suivent, en disant, laissez-le aller, il est assez malheureux de faire un tel métier, tans pis pour lui, son propre vice lui tient lieu de châtiment. Nous comptons aussi comme bienfaitrices, les pauvres filles qui nous sécourrent à la sueur de leur corps dans les prisons, comme dans les galères; & bienfaiteurs nos Péres & nos Méres qui nous mettent au monde, & le Greffier qui, lorsqu'il veut nous favoriser, ne trouve aucun delit qui mérite le nom de crime, & par conséquent digne de punition. Pour tous ceux dont je viens de parler, notre Confrairie fait tous les ans un adversaire avec la plus grande pompe & solemnité * qu'il nous est possible, cer-

Tome I.   M   taine-

* Il y a ici un Equivoque dans l'Espagnol qui ne sieroit pas en françois; Popa pour Pompa, Soledad pour solenidad.

tainement, dit Rinconet, (ce nom lui ayant été confirmé,) tout cela est le fruit du très grand & du très vaste génie, que comme nous l'avons entendu dire, tout le monde connoit dans le Seigneur Monipodio. Nos Péres sont encore en vie; s'ils venoit à mourir avant nous, nous en donnerions promptement avis à la très heureuse & très charitable Congrégation, afin que pour le bien de leurs ames, on leur fasse le naufrage ou tourmente, ou cet adversaire dont vous venez de nous parler, avec la Solemnité & la pompe accoutumée; cela se fera ainsi, ou l'on me mettra en piéces, repliqua Monipodio, puis appellant l'Espion, il lui dit, viens ici, Ganchuelo, les postes sont-ils garnis. Oui répondit Ganchuelo, nous avons trois sentinelles autour d'ici, & il n'y a pas à craindre qu'on nous surprenne.

Revenons à notre point, dit Monipodio. Je voudrois savoir mes Enfans, ce dont vous êtes capables, afin que je vous distribue des emplois conformes à votre inclination, & à votre capacité. Pour moi répondit Rinconet, je sai un peu amuser le Paysan, j'entends le jar, je vois la fumée de loin; & tout ce que j'ai une fois sous la main, sous la dent, & dans la poche, ne sort pas par mes pieds:

J'en-

J'entre dans la gueule du loup comme dans ma maison; & lors qu'il s'agit de déniaiser quelqu'un, j'en viendrai mieux à bout que de lever un Régiment, & je suis plus prompt à donner un mauvais coup au plus habile, qu'à payer mes debtes. Ce sont de bons commencemens dit Monipodio, quoi que ce ne soit que de vieux tours, usés, sûs de tous les novices, & qui ne se pratiquent qu'à l'égard d'un pauvre Diable qui se laisseroit tuer depuis minuit en bas; mais le tems viendra, & nous verrons qu'ayant mis sur ce fondement, une demie-douzaine de bonnes leçons, vous serez un habile compagnon, & peut-être un bon maître. Tout ce que je saurai, sera toujours pour servir, vous & Messieurs les Confréres, répondit Rinconet. Et vous Cortadille que savez vous? demanda Monipodio. Moi Monsieur, dit Cortadille, je sai la règle de poser deux & retenir cinq, je sonde adroitement & promptement une bourse. Ne savez vous que cela dit Monipodio? Non, Monsieur, pour mes péchés, répondit Cortadille. Ne vous affligez point, mon Enfant, reprit Monipodio, vous êtes arrivé dans un port & dans une Ecole où vous ne vous noyerez pas, & d'où vous sortirez avec tous les avantages que vous pouvez désirer : Eh bien ! comment va le cœur mes Enfans ? Comment voulez vous qu'il aille, répondit Rinconet ? nous sommes tous prêts à entreprendre tout ce qui touche notre métier & notre exercice. C'est fort bien, reprit Monipodio ; mais je voudrois que vous eussiez encore le courage de souffrir s'il le falloit une demie douzaine de tours sans remuer les lèvres, & sans dire un mot. Nous savons déja ce que veulent dire ces tours, & nous avons assez de courage pour tout ce qui peut s'offrir. Nous ne sommes pas encore assez ignorans que nous ne sachions que le col paye les sotises de la langue ; Le Ciel fait bien de la grace à l'homme résolu, pour ne pas me servir d'autre terme, que de lui laisser sa langue maitresse de sa mort ou de sa vie, comme s'il y avoit plus de lettres dans un *non* que dans un *oui*. C'est assez, il n'en faut pas d'avantage, interrompit Monipodio, je vous dis que cette seule raison me convainc, m'oblige, me persuade, & me force, à vous faire admettre à l'instant pour Confréres du prémier rang, & à vous décharger de l'année du Noviciat. Je suis aussi de cet avis, dit l'un des braves, tous ceux qui étoient présens, & qui avoient écouté les répon-

réponses des deux Novices, approuvérent la grace qu'on leur faisoit, & priérent Monipodio qu'on leur accordât, & qu'on les fît jouïr dès le moment de tous les privilèges de la confrairie, puis que leur bonne mine & leur bel-Esprit les en rendoient dignes. Il répondit que par rapport à eux tous, il les leur accordoit, avertissant les Jeunes confréres qu'ils devoient regarder cette faveur comme extraordinaire, parce que ces privilèges consistoient à ne point payer la moitié du premier vol qu'ils feroient, à ne point exercer les bas emplois pendant toute cette année, c'est à savoir, à ne point porter de provision à aucun confrére principal à la prison, ni à sa maison de la part de ceux qui l'assistent ; à donner des repas quand, comment, & où bon leur sembleroit, sans demander permission à l'Inspecteur, à entrer dans l'instant en part de ce que les principaux confréres apporteroient, comme l'un d'eux, & à jouïr d'un grand nombre d'autres prérogatives qu'ils considerérent comme une grace singuliére, & pour lesquelles ils firent de très amples remerciemens. Pendant que cette scene se passoit, il entra un petit garçon en courant, & hors d'haleine qui leur dit, l'Alguasil des Vagabonds vient droit à cette maison,

maison; mais il n'a aucune suite avec lui. Que personne ne branle dit Monipodio, c'est un de nos amis qui ne paroit jamais ici pour nous faire du mal, tranquillisez-vous, je vai sortir pour lui parler. Tous se tranquillisérent, ils étoient déja émûs : Monipodio sortit à la porte, & y trouva l'Alguasil avec lequel il eut un moment de conversation, & aussi tot Monipodio rentra, & demanda à qui étoit tombé aujourd'hui la place de St. Laurent ? A moi dit le conducteur de Rinconet, & de son camarade; eh comment ne m'avez vous pas donné part d'une bourse brodée qui ce matin a fait naufrage dans ce quartier là, avec quinze écus d'or, deux réaux en piéces, & je ne sai combien de monnoie. Il est vrai, dit le guide, que cette bourse a manqué aujourd'hui, mais je ne l'ai point prise, & je ne puis m'imaginer qui peut l'avoir fait : Il n'y a point à badiner avec moi, reprit Monipodio, il faut absolument que la bourse paroisse, parce que l'Alguasil la demande, qu'il est de nos amis, & qu'il nous rend mille services toutes les années. Le Guide recommença à jurer qu'il ignoroit ce qu'elle étoit devenuë; Monipodio se mit en colère, de sorte que le feu sembloit lui sortir par les yeux, & s'écria, que personne ne se mo-

que

que, & ne soit assez hardi que d'enfreindre le moindre de mes ordres, il lui en couteroit la vie: Que la bourse paroisse, & si on la retient de peur de paier les droits, je lui donnerai tout ce qui le touche en entier, & je mettrai le reste de ma poche: Je veux que l'Alguasil s'en retourne content de toute sorte de maniéres. Le jeune homme profera derechef mille juremens & mille malédictions, en disant qu'il n'avoit ni pris, ni vû une telle bourse, cela ne fit qu'irriter la fureur de Monipodio, & mettre en désordre toute la compagnie, fachée de ce qu'on enfreignoit ses statuts & ses ordonnances. Rinconet voiant un pareil tumulte, crut qu'il devoit l'appaiser, & faire plaisir à son Chef qui crevoit de rage, & après en avoir conferé avec Cortadille, d'un commun avis, tira la bourse du Sacristain, & dit, plus de bruit, Messieurs, voilà la bourse, sans qu'il y manque rien de ce que l'Alguasil a dit. Mon camarade Cortadille l'a attrapée subtilement aujourd'hui avec un mouchoir qu'il a pris par surcroit à la même personne. Cortadille sur le champ fit voir le mouchoir. Monipodio content, lui dit, Cortadille le bon, Titre & surnom qui lui restera dans la suite, gardera le mouchoir, je le prendrai

drai sur mon compte. Pour la bourse, il faut la rendre à l'Alguasil, elle appartient à un Sacristain son parent, & il convient d'agir comme dit le proverbe, Ce n'est pas trop de donner la pate de la Poule à celui qui te la donnée toute entière. Ce bon Alguasil nous passe plus de choses en un jour, que nous ne pouvons, & n'avons coutume de lui donner en cent. Tous approuvérent d'un commun accord la noblesse & la générosité des deux nouveaux Profés; la sentence & l'avis de leur Chef qui s'en fut rendre la bourse à l'Alguasil, & le surnom de Bon, fut confirmé à Cortadille, comme il l'avoit été à Don Alonse Perez de Gusman, surnommé le Bon, pour avoir jetté par dessus les murailles de Tariste, le couteau qui devoit servir à couper la gorge à son propre fils. Monipodio en rentrant fut suivi de deux jeunes filles, bien fardées, aiant les lèvres rougies, & la gorge blanchie, à moitié couvertes d'une mante de sarge d'ascot, avec un air joieux, & effronté, preuves autentiques qui firent connoitre à Rinconet & à Cortadille, qu'elles étoient tout-à-fait libres dans la maison, & ils ne se trompérent pas. Elles s'en furent d'abord les bras ouverts, l'une embrasser Chiquisnaqué, & l'autre Maniferro,

nom

nom des deux braves dont nous avons parlé ; Maniferro portoit ce nom parce qu'il avoit une main de fer, à la place de celle que la justice lui avoit fait couper. Les braves les embrasserent avec joie, & leur demandérent si elles avoient apporté dequoi mouiller le gozier. Eh quoi cela peut-il manquer, mon ami ? Silvatille ton Domestique ne tardera pas à venir avec le panier (1) à couler la lessive tout plein de ce qu'il a plu à Dieu d'envoier, & effectivement parut à l'instant, un garçon avec un panier à lessive, couvert d'un drap de lit. L'arrivée de Silvato rendit toute la compagnie de bonne humeur, & alors Monipodio fit étendre une des Nates qui étoient dans la salle au milieu de la cour ; il ordonna que chacun s'y assit en rond, & qu'en bûvant & mangeant, on parleroit d'affaires. Alors la vieille qui avoit fait sa priére devant l'image de Notre Dame dit, Mon fils Monipodio, je
ne

(1) Autrefois les lessives se faisoient dans de fort petits paniers en Espagne, les hommes & les femmes même les plus Hupées, n'ayant ordinairement que deux chemises, & le reste du linge à proportion. Tous les Samedis on faisoit cette petite lessive, la mode n'est pas encore anéantie.

ne suis pas pour me réjouïr, j'ai depuis quelques jours un si grand mal de tête qu'il me rend comme folle, & de plus, avant qu'il soit midi, je dois aller faire mes dévotions accoutumées, & mettre des bougies à Notre Dame des Eaux, & au Saint Crucifix de S. Augustin ; ce que je ne manquerois pas d'exécuter quand il nègeroit, ou qu'il venteroit à tout rompre. Je m'étois renduë ici, parce que la nuit passé, le Renégat & Centopiés ont apporté à ma maison un panier de lessive un peu plus grand que celui qui est présent, rempli de linge, & qui comme Dieu m'entend, & sur ma conscience, avoit encore sa cendre, les pauvres gens n'auront pas eu le tems de la jetter, ils entrèrent au logis, en suant à grosse goute, & tout essoufflés : l'Eau couloit sur leur visage, & les faisoit paroitre aussi beaux que des Anges. Ils me dirent qu'ils alloient à la piste d'un Berger qui venoit de peser une bonne quantité de moutons à la boucherie, pour voir s'ils pourroient mettre la main sur une bonne portion d'argent qu'il emportoit chez lui. Ils ne vuidérent pas le panier, & ne se donnèrent pas la peine de compter le linge par piéces, se fiant sur ma bonne conscience. Que Dieu accomplisse mes souhaits

haits comme c'est la vérité, & nous délivre tous du pouvoir de la justice, comme je n'ai pas touché le panier, & qu'il est aussi entier que lors que ma mére me mit au monde. Nous le croions fermement ma bonne mére, répondit Monipodio, & que le panier est de la maniére que vous le dites ; j'irai là entre chien & loup, j'examinerai ce qui sera dedans, & je partagerai ce que j'y trouverai à toute la Communauté, avec la fidélité & le soin imaginable. Tout ce qui vous plaira mon fils, répondit la vieille, il se fait tard, donnés-moi un coup à boire, si vous en avez, pour fortifier mon estomac qui est toujours si foible : Eh comme vous l'avallerez bonne mére, dit la Escalante, camarade de Gananciosa, puis aiant découvert le panier, on vit paroître une espèce de baril de cuir qui pourroit contenir vingt cinq bouteilles de vin, & un flacon qui tenoit au moins un pot, la Escalante prit le flacon, & le donna à la vieille dévote, qui le saisissant à deux mains, après avoir soufflé un peu d'écume, dit, il y en a beaucoup ma fille Escalante, mais Dieu nous donnera assez de forces pour tout : elle appliqua ensuite la bouteille à ses lèvres, & d'une traite, & sans prendre haleine, elle le fit passer dans son estomac, en disant,

sant, c'est du vin de Guadalcanal, il n'est pas mauvais, on n'y a pas mis de plâtre. Dieu te console ma fille, puisque tu m'as consolée de la sorte, je crains cependant qu'il ne me fasse mal, parce que je suis encore à jeun. Ne craignez rien, bonne mére, répondit Monipodio, c'est du vin vieux; j'espère que la bonne Vierge me fera cette grace, reprit la vieille; voiez mes chéres filles ajouta-t-elle si vous n'auriez pas par hazard quelque monnoie à me donner, pour acheter des bougies. Je suis venue ici avec tant de précipitation, pour donner des nouvelles du panier à lessive, que j'ai oublié ma poche à la maison. Oui j'en ai, Dame Pipote, (c'étoit le nom de la bonne vieille,) répondit la Gananciosa, prenez, voilà deux sols pour acheter une bougie, & la mettrez à mon intention devant Mr. Saint Michel; & si vous en pouvez acheter deux, vous mettrez l'autre à Monsieur S. Blaise. Ce sont mes deux Avocats. Je voudrois bien que vous en mettiez une troisiéme à Madame sainte Luce, à laquelle j'ai une grande dévotion pour le mal des yeux; mais je n'ai pas d'autre monnoie; j'espère que j'en aurai une autre fois pour satisfaire ma dévotion. Vous ferez bien ma fille, ne soiez pas chiche.

NOUVELLE III.

chiche, considerez qu'il vaut mieux porter les cierges devant soi avant la mort, que d'attendre que des héritiers ou des Exécuteurs Testamentaires les mettent pour nous. La Mére Pipote parle bien, dit la Escalaute, & mettant la main à la bourse, lui donne un sol, en la priant de mettre deux autres bougies devant tels Saints qu'elle croiroit les plus serviables, & les plus reconnoissans. La Pipote s'en fut en disant, Réjouissez-vous mes Enfans, maintenant que vous en avez le tems. La Vieillesse viendra, & vous pleurerez alors les momens que vous aurez perdus dans la Jeunesse, comme je le fais continuellement ; Recommandez-moi à Dieu dans vos bonnes prières, je m'en vai en faire de même, & pour moi & pour vous, afin qu'il nous délivre & nous conserve, dans notre négoce, de tout coup imprévu de la Justice, & après cela elle s'en fut. Après le départ de la vieille, tous les Confréres s'assiérent autour de la Natte sur laquelle la Gananciosa, étendit le drap de lit en guise de nape. La première chose qu'elle tira du Panier, fut une très grosse bote de raves, près de deux douzaines d'oranges & de limons, & un grand plat rempli de bacalac, coupé en tranches. Elle fit voir ensuite la
moitié

moitié d'un fromage d'Hollande, un pot d'olives des plus belles, un plat de tripes, avec une grande quantité d'Ecrevisses de mer, assaisonnés avec de grosses capres, & noiés dans une sausse de poivre rouge : & trois grands pains blancs. Ceux qui devoient dejeuner, étoient quatorze, & chacun d'eux tira son couteau à manche jaune, excepté Rinconet, qui mit au jour la demie épée. Les deux vieillards vêtus de frise, & l'Espion avoient en partage le flacon qu'on avoit rempli. A peine la troupe joieuse avoit-elle commencé à donner sur les Oranges, que chacun fut surpris d'entendre frapper à la porte. Monipodio commanda qu'on resta tranquille, & entrant dans la sale basse où il dépendit un bouclier ; aiant mis l'Epée à la main, il s'arrêta contre la porte, & avec une voix roque & effroiable : il demanda qui est là ? ils répondirent de dehors, c'est moi Seigneur Monipodio, il n'y a personne autre ; je suis Tagarete la sentinelle de ce matin, je viens vous avertir que Julienne la Cariharte s'approche d'ici toute échevelée, & toute en pleurs, il semble qu'il lui est arrivé quelque catastrophe. Elle parut sur le champ, Monipodio l'entendant, ouvrit la porte, ordonna à Tagarete de retourner

tourner à son poste, & que dorenavant, il avertit sans faire tant de bruit & tant de carillon. Il promit d'obéir. La Cariharte entra, c'étoit une fille de la même étoffe & du même métier que les autres. Elle avoit les cheveux épars, le visage marqué de coups de poing, & dès qu'elle fut dans la cour, elle tomba évanouïe. La Escalante & la Gananciosa, la secoururent promptement, & aiant ôté les agraffes de son corset, ils la trouvérent toute noire & meurtrie de coups. Ils lui jettérent de l'eau sur le visage, Elle revint à elle en criant à haute voix. La Justice de Dieu & du Roi vienne sur ce voleur, écorche visage; sur ce poltron de filou, sur ce misérable pouilleux que j'ai sauvé plus de fois de la corde qu'il n'a de poil au menton. Malheureuse que je suis! Voiez pour qui j'ai perdu & passé la fleur de ma jeunesse, & de mes tendres années, pour un maraud, un fripon, un assassin, un incorrigible. Tranquillise toi Cariharte, lui dit Monipodio, je suis ici pour te rendre justice; conte nous le tort qu'on t'a fait, tu seras plus longue à nous le conter, que moi à te venger; dis-moi en quoi on t'a manqué de respect, & si tu désires d'être vengée, tu n'as pas besoin de crier? Quel

respect répondit Julienne, on me respectera plus dans l'Enfer que ne l'a fait ce misérable qui fait le Lion parmi les brebis, & l'agneau parmi les hommes; moi, boire, manger & dormir avec un tel homme, plutôt me voir mangée des chiens, m'avoir mis de la maniére que vous allez voir? Elle haussa ses cotes jusqu'au genou & un peu plus haut, & découvrant les coups de fouet qu'on lui avoit donnés, Voilà dit-elle comment cet ingrat de Repolido m'a traitée, lui qui m'a plus d'obligation qu'à la mére qui l'a mis au monde? Et croiriez vous pourquoi il en est venu à ce point, vous jugerez que je lui en ai donné quelque occasion? non certes, je ne l'ai pas fait, ç'a été parce qu'étant à jouer, & perdant, il m'envoia demander par Cabrillas son garçon, trente réaux, & que je ne pus lui en envoier que vingt quatre: Dieu le sait, & je le prie de me tenir compte du travail & de la peine avec lesquels je les avois gagnées. En revanche de ma politesse & de ma bonne foi, s'imaginant que je lui cachois quelque partie de ce qu'il s'étoit figuré que je pouvois avoir, il m'a fait aller ce matin derriére le Jardin du Roi, & là, parmi des oliviers, il m'a mis nuë comme la main, sans rime ni raison; je
vou-

voudrois le voir de même condamné aux galères, il m'a donné tant de coups avec son ceinturon, qu'il m'a laissée pour morte; pour témoins irreprochables, vous en voiez les marques. Elle recommença alors à s'écrier, à demander justice, & Monipodio la lui promit derechef, de même que tous les braves qui l'écoutoient. La Gananciosa lui prit la main pour la consoler, en lui disant, qu'elle donneroit volontiers les plus beaux joiaux qu'elle possédoit, pour qu'il lui en fut autant arrivé avec son galant, parce que je veux bien que tu saches, dit-elle, ma sœur Cariharte, si tu ne le sais pas, que qui aime bien, châtie bien. Lors que ces méchants nous frappent, nous fouëtent, & nous donnent des coups de pieds, c'est alors qu'ils nous adorent; di-moi en conscience: après que Repolido t'a eu châtiée & moulüe de coups, ne t'a-t-il pas fait une caresse? comment une, reprit la fille en pleurs, cent mille; & il auroit donné un doigt de sa main, pour que je l'eusse accompagné à son auberge; je crois même que les larmes sortoient presque de ses yeux, après qu'il m'a eu maltraitée. Il n'y a pas de doute, repliqua la Gananciosa, il se sera mis à pleurer de douleur, de t'avoir ainsi outragée. De tels hom-

hommes en pareil cas, n'ont pas fait la sotise qu'ils s'en repentent, tu verras, ma sœur, qu'avant que nous sortions d'ici, il te viendra chercher, & te demanra pardon pour le passé, plus doux qu'un mouton. Certainement, répondit Monipodio, ce misérable fol n'entrera pas par cette porte, s'il ne fait auparavant une pénitence proportionée à son crime; avoir été assez hardi que de mettre les mains sur le visage & sur le corps de la Cariharte, qui peut aller de pair en propreté & en profit avec la même Gananciosa qui est ici présente, & c'est tout dire, hélas dit alors la Julienne, ne dites point de mal, Seigneur Monipodio de ce malheureux, que tout mauvais qu'il est, j'aime plus que mes propres entrailles? Les bonnes raisons que vient d'avancer en sa faveur ma bonne amie la Gananciosa, m'ont troublé l'ame & l'esprit, & en vérité je suis toute prête à l'aller chercher. Pour cela tu ne le feras pas, par mon conseil, repliqua la Gananciosa, autrement il s'en prévaudroit, & te traiteroit comme la derniére des misérables. Tranquilise toi, ma sœur, tu le verras bientôt venir, comme je te l'ai dit, t'assurer de son répentir, & s'il ne vient pas, nous lui écrirons des couplets de chansons qui le feront

feront enrager. Fort bien dit la Cariharte, j'ai mille choses à lui écrire. Je serai le secretaire quand vous en aurez besoin dit Monipodio, & quoi que je ne sois pas du tout Poëte, cependant si je me mets en train, je suis homme à faire deux millier de couplets en un clin d'œil, & s'ils ne se trouvent pas bons, j'ai un' barbier de mes amis qui est fameux Poëte, qui nous en donnera tant que nous voudrons; maintenant achevons notre déjeuné, le reste ira bien. La Julienne fut contente d'obéir à son Chef, de sorte que chacun retourna à son gaudéamus, & dans un moment on vit le fond de la corbeille & la lie du tonneau de cuir. Les vieillards burent sans fin, les jeunes gens en firent de même, & les femmes les imitérent. Les vieillards demandérent la permission de sortir, ce que leur accorda sur le champ Monipodio, leur recommandant de venir donner compte avec toute la ponctualité requise, de tout ce qu'ils croiroient utile, & convenable pour l'intérêt de la communauté. Ils répondirent qu'ils n'avoient rien de plus à cœur, & s'en allérent. Rinconet qui de soi-même étoit curieux, obtint d'abord la permission de parler, puis demanda à Monipodio, de quoi servoient dans la confrairie

rie deux personnages tant graves, & si bien plantés; Monipodio lui répondit que ces sortes de gens en jargon, s'apelloient des Frelons; que leur occupation consistoit à courrir tout le jour la ville, afin d'examiner dans quelle maison on peut faire la nuit quelque tentative, & suivre ceux qui sortent des bureaux de la Douanne & de la monnoie, & remarquer où, & dans quel endroit ils mettoient leur argent, & que dès qu'ils s'en étoient informés, ils sondoient les murailles de la maison, & signaloient l'endroit le plus convenable pour faire des trous, par où on pouvoit s'y introduire. Enfin il dit que c'étoit les personnes autant & plus nécessaires que qui que ce fut dans sa Confrairie; qu'à cette considération, ils avoient le quint de tout ce qu'on pouvoit attraper par leur industrie, comme le Roi l'avoit des trésors; que malgré cela, c'étoit des hommes très sincères, honnêtes, de bonne vie, & de réputation; craignant Dieu & leurs Consciences, qui tous les jours entendoient la messe avec une fervente dévotion, & qu'il y en avoit plusieurs d'entr'eux, & particuliérement les deux qui venoient de sortir, qui se contentoient avec beaucoup moins que ce qui leur revenoit selon les registres de la Communaumunauté. Il y en a deux autres, qui sont de leur métier Porte faix, & qui changeant à tous momens les meubles des maisons, savent l'entrée & la sortie de toutes celles de la ville, & par conséquent celles qui peuvent nous être utiles ou non. Tout cela est bien digéré, dit Rinconet, je souhaiterois de tout mon cœur être de quelqu'avantage à une si fameuse Confrairie. Dieu favorise toujours les bonnes pensées, dit Monipodio. Comme ils discouroient, on appella à la porte; Monipodio sortit, & parla pour savoir ce que c'étoit. On répondit, ouvrez Seigneur Monipodio, c'est le Répolido. Cariharte aiant entendu sa voix, se mit à dire en criant, n'ouvrez pas Seigneur Monipodio, n'ouvrez pas à ce matelot de Tarpeya, à ce tigre d'Ocagna. Monipodio ne laissa pas malgré ces cris d'ouvrir au Répolido; la Cariharte voiant qu'on lui ouvroit, se leva, & courut dans la sale des Boucliers, & aiant fermé la porte après elle, crioit en dedans, retirez-le de devant moi ce plaisant visage, ce boureau d'innocens, cet épouvantail de pauvres colombes. Maniferro & Chiquisnaque retenoit le Répolido qui vouloit absolument entrer, où étoit la Cariharte; mais comme on l'en empêchoit, il lui disoit en dehors,

hors, c'est assez ma chére amie, ne te fache pas davantage, tranquilise toi, je souhaite un jour de te voir mariée. Mariée moi, Esprit malin, répondit la Cariharte, prend garde à la corde que tu touches. Tu voudrois bien que je le fusse avec toi, mais je le serai auparavant avec le squelette d'un mort; allons, folle reprit Répolido, finissons, il est déja tard, & ne te fais pas prier, parce que je te parle bonnement, sur ma bonne foi, si la colère me monte à la tête, la rechute sera pire que le mal, entend raison, & entendons la tous, ne donnons pas à diner au Diable; encore à souper lui donnerois-je, dit la Cariharte, afin qu'il t'emportât où mes yeux ne te pouroient jamais voir. Ne vous dis-je pas, répliqua Repolido que pour Dieu, j'aurai recours à martin bâton, je vous les compterai par douzaines, quoique je ne les vende pas. Monipodio prit alors la parole, on ne doit pas dit-il en venir à des excès en ma présence, la Cariharte sortira, non par menaces, mais pour l'amour de moi, & tout ira bien, les querelles des Amans leurs fait goûter des plaisirs plus sensibles lors qu'ils viennent à faire la paix. Ah Julienne! ah ma fille! ah ma chére Cariharte! sors déhors pour l'amour de moi, je ferai en
sort

sorte que Repolido te demande pardon à genoux. Pourvû qu'il le fasse dit la Escalante, nous serons tous pour lui, & nous prierons tous Julienne de sortir. Si ceci étoit considéré comme une soumission qui tendit au mépris de la personne qui la fait, dit Repolido, je ne la ferois pas à une armée de Suisses, mais si c'est seulement pour faire plaisir à la Cariharte, je suis prêt à m'enfoncer un clou au milieu du front. Chiquisnaque & Maniferro se mirent à rire, ce qui fâcha tant Repolido, croyant qu'on se moquoit de lui, qu'il dit avec un air qui manifestoit sa colère, Quiconque se rira ou voudra rire de ce que la Cariharte a dit, ou dira contre moi, ou de ce que nous avons dit & pourrons dire contre elle, en a menti, & mentira toutes les fois qu'il s'en rira, comme je l'ai déja dit. Chiquisnaque & Maniferro se regardérent alors d'un air si refrogné que Monipodio vit bien qu'il y auroit du tapage, s'il n'y mettoit ordre; c'est pourquoi il se mit entre deux, & leur dit, que ceci n'aille pas plus avant Messieurs, & que de semblables paroles ne passent pas les dents; celles qui se sont dites ne vont pas jusqu'à la ceinture, que personne ne les prenne pour soi. Nous sommes bien sûrs, réponpondit Chiquisnaque que de pareilles sornettes ne se sont pas dites, & ne se diront jamais pour nous : Si nous nous étions imaginés qu'elles nous regardassent, nous avons en main les baguettes & le tambour, nous aurions su le faire resonner. Nous avons pareillement ici un tambour, Seigneur Chiquisnaque, & s'il le faut nous savons encore jouer des castagnetes. J'ai dit que quiconque se divertit à nos dépens, en a menti, celui qui pense le contraire, n'a qu'à me suivre, quoi qu'avec une palme d'épée de moins, je lui ferai voir que ce que j'ai avancé est bien dit. Après avoir parlé de la sorte, il se mit en devoir de sortir. Cariharte avoit tout entendu, & lors qu'elle comprit qu'il s'en alloit fâché, elle sortit en disant, Retenez-le, qu'il ne s'en aille pas, ne comprenez vous pas qu'il sort en colère, & qu'en fait de bravoure c'est un Judas Macarel †. Retournez ici Monsieur le fier à bras,

---

† Pour Judas Machabé, on a pu remarquer que ces sortes de gens que Cervantes fait parler, estropient tous les mots qui ne sont pas de leur portée, comme Naufrage pour Sufrage, Adversaire pour Anniversaire, Ocagne pour Hircania. Cela arrive en Espagne tous les jours, même en bonne compagnie.

bras, mon cher cœur, & en l'embrassant, le tenoit par son manteau, ce que fit aussi Monipodio. Chiquisnaque & Maniferro ne savoient s'ils devoient se mettre en colère ou non; ils demeurérent tranquiles, attendant ce que feroit Repolido qui se voyant prié par la Cariharte, & par Monipodio, se retourna en disant; les Amis ne doivent pas facher leurs amis, ni se moquer d'eux & surtout quand ils voyent que leurs amis n'entendent pas la raillerie. Il n'y a point ici d'ami, répondit Maniferro qui veuille facher, ni railler son ami, & puisque nous sommes tous amis, que tous les amis se donnent la main: Monipodio leur dit, Messieurs vous parlez comme de véritables amis, ainsi que tous les amis donnent la main à leurs amis. Sur le champ ils se donnérent tous la main, & la Escalante prit alors un de ses Escarpins & toucha dessus en cadence comme sur un tambour, la Gananciosa prit un ballai de palme qui se trouva là par hazard, & en le raclant, lui fit rendre un son qui, quoique rude & enroué, s'accordoit parfaitement bien avec l'Escarpin. Monipodio rompit un plat de terre, & avec deux morceaux qu'il mit entre ses doigts, & qui se frappoient l'un contre l'autre, il en résultoit un contre point qui étoit à l'unisson de l'Efcarpin & du ballai. Rinconet & Cortadille furent fort furpris de la nouvelle invention du ballai, qu'ils n'avoient jamais vuë; & Maniferro remarquant leur étonnement leur dit, le ballai vous furprend, cela ne va-t-il pas bien. Jamais Mufique n'a été inventée fi promptement, exécutée fans moins de fatigues, & à meilleur marché dans le monde. J'ai en vérité ouï dire ces jours paffez, à un Etudiant, que ni Négroffée * qui tira Arice † des Enfers, ni Marion ‡ qui monta fur un Dauphin, & fortit de la mer, comme s'il venoit de defcendre d'une mule de louage; ni cet autre grand Muficien qui fit en chantant une ville à cent portes, & tant d'autres belles chofes, n'inventérent jamais une efpèce de mufique fi belle, fi aifée à apprendre, fi facile à toucher, avec fi peu de piéces de chevilles, de corde, & de néceffité de l'accorder; & cependant, l'inventeur de ces inftrumens à ce qu'on dit, eft un jeune homme de cette ville, qui fe pique d'être un Hector en fait de mufique. Je le crois, répondit Rinconet, mais écoutons nos Mufi-

* Orphée. † Euridice. ‡ Arion, il y a dans la fuite, plufieurs autres Equivoques qui dépendant du fon des mots, n'auroient pas la même grace dans notre langue.

Muſiciens. Il me ſemble que la Gananciosa vient de cracher, c'eſt une marque qu'elle veut chanter, cela étoit vrai : Monipodio les avoit prié de chanter quelques chanſonnettes, de celles qui conviennent alors. La Eſcalante commença la prémiére, & avec une voix aigue & caſſée, Elle chanta les vers ſuivants.

Pour un jeune homme de Seville,
A cheveux blancs comme un Flamand,
Je ne puis plus être tranquile,
Mon cœur ſe pâme en le voyant.

La Gananciosa chanta enſuite.

Pour un bonnet de couleur verte
Rempli de mérite & d'appas,
Je cours, hélas! droit à ma perte,
Heureuſe qui ne l'aime pas!

Monipodio faiſant des efforts pour donner plus de force à ces morceaux de plus, dit,

Deux cœurs, après une querelle,
Viennent-ils à faire la paix;
Jamais amour n'eſt plus fidéle,
Jamais ardeur n'a plus d'attraits.

La Cariharte ne voulut pas paſſer ſous ſilence le plaiſir qu'elle reſſentoit du répentir & du retour de ſon amant; Elle prit un autre Eſcarpin, & ſe m'étant en cadance, elle accompagna les autres en disant.

Tous châtimens sont superflus
Envers la beauté qui nous aime,
Cher amant, ne me frappe plus
En me frappant, tu te frappes toi-même.

Soyons d'accord reprit Repolido, & ne parlons plus du passé, le passé est passé, prenons un autre chemin & finissons. Ils ne croyoient pas achever sitôt leurs couplets; mais on vint à grands coups frapper à la porte; Monipodio sortit pour voir ce que c'étoit, & la sentinelle lui dit, qu'au bout de la rûe paroissoit l'Alcalde de la Justice, & devant lui Tordillo & Cernicalo sergeans indifférens. Ceux qui étoient en dedans entendirent cet avis, & se troublérent si fort que la Cariharte & la Escalante se chaussérent leurs Escarpins à rebours : la Ganancjosa jetta le ballai, Monipodio ses têts de pot, & toute la Musique épouvantée, resta dans un profond silence. Chiquisnaque devint muet, Repolido s'évanoüit, Maniferro resta en suspens ; & tous disparurent, s'enfuyant de côté & d'autre, montant sur les tuilles pour s'échaper, & passer dans une autre rûe : Jamais coup d'arquebuse

quebuse inespéré, jamais coup de tonnete subit, n'épouvanta de la sorte une bande de pigeons, comme la nouvelle de l'arrivée de l'Alcalde de la Justice, troubla & épouvanta cette assemblée d'honnêtes gens. Les deux Novices Rinconet & Cortadille, ne savoient quel parti prendre, & restérent tranquiles en attendant le resultat de cette tempête, qui aboutit à ce que la sentinelle vint rapporter, que l'Alcalde avoit passé son chemin, sans faire paroitre aucun soupçon de rien. Comme la sentinelle faisoit ce raport, un jeune Cavalier petit maitre, arriva; Monipodio le fit entrer avec lui, & fit venir Chiquisnaque & Maniferro & Repolido, ordonnant que tous les autres restassent dans la Cour. Rinconet & Cortadille, étoient à portée d'entendre la conversation de Monipodio avec le Gentilhomme nouveau venu; celui-ci dit à Monipodio, pourquoi, on avoit si mal exécuté ses ordres? Monipodio répondit qu'il ignoroit ce que l'on avoit fait; mais que celui qui s'étoit chargé de l'affaire, étoit chez lui, & qu'il donneroit bon compte de sa personne. Chiquisnaque descendant alors, Monipodio lui demanda s'il ne s'étoit pas aquité comme il le lui avoit recommandé, de l'Estafilade de quatorze points. Quoi répondit Chiquifnaque, l'Eſtafilade de ce marchand du Carrefour, celle-là même, dit le Cavalier. Ce qui s'eſt paſſé à ce ſujet, le voici, répondit Chiquiſnaque, je l'attendis ſur la brune, à la porte de ſa maiſon, il s'y rendit avant la nuit, je l'approchai, je remarquai ſon viſage, & je vis qu'il l'avoit ſi petit, qu'il étoit impoſſible, de toute impoſſibilité, d'y planter une Eſtafilade de quatorze points; & me voyant dans l'impoſſibilité d'accomplir ma promeſſe, & de faire ce qui m'étoit enjoint par ma deſtruction. Inſtruction voulez-vous dire, reprit le Gentil-homme, & non pas deſtruction : Juſtement, c'eſt ce que je voulois dire, répondit Chiquiſnaque : Je dis donc que ne voyant pas dans un viſage ſi étroit & ſi mince, la place pour pouvoir y coudre les points propoſés, pour ne pas perdre mes pas, je donnai à ſon valet l'Eſtafilade, qui ſûrement peut paſſer pour des plus étenduës. J'aimerois mieux dit le Cavalier que vous en euſſiez donné une de ſept points au maître, qu'au valet une de quatorze; on ne m'a pas tenu parole; mais n'importe, je me ſoucie des trente ducats que j'ai avancés comme d'un zeſte; je vous baiſe les mains, & en diſant cela, il quitta ſon chapeau, & tourna les épaules pour s'en aller.

aller. Monipodio le tirant par son manteau de camelot, lui dit, arrêtez, Monsieur, & tenez votre parole, nous avons tenu la nôtre avec tout l'honneur & l'avantage possible, il nous revient vingt ducats; & vous ne sortirez pas que vous ne nous les donniez, ou du moins des gages qui les valent. Quoi vous appellez tenir sa parole, dit le Cavalier, donner une Estafilade au laquais, quand on doit la donner au maître? Que vous êtes hors de votre compte, Messieurs, dit Chiquisnaque, on voit bien que vous ne vous ressouvenez pas du proverbe, qui aime le maître, aime le chien. Eh bien à quelle fin citez vous ce proverbe, répliqua le Cavalier; Quoi n'est ce pas le même, poursuivit Chiquisnaque, de dire, qui veut du mal au chien veut du mal au maître? le maître est le marchand, & le chien est le laquais, en frappant le chien on frappe le maître, la dette est liquide & veut une prompte exécution; il faut la payer sur le champ & sans balancer. Par ma foi, cela sera ainsi, ajouta Monipodio, tout ce que vous venez de dire, mon cher Chiquisnaque, sont autant de paroles que vous m'avez quitté de la bouche. Ainsi, mon cher Monsieur, ne cherchez point chicane à vos serviteurs & à vos amis ; si vous voulez suivre mon conseil, payez sans replique le travail qu'on a fait pour vous ; & si vous voulez qu'on donne une autre Estafilade au maître autant que son visage le pourra permettre, songez, que c'est comme s'il se la faisoit déja guérir. Pourvû que cela soit ainsi, répondit le Cavalier, je payerai de bon cœur, & l'une & l'autre en entier ; soyez en aussi sûr comme vous êtes Chrêtien, dit Monipodio, Chiquisnaque la lui appliquera si bien, qu'elle paroitra être née avec lui. Eh bien, répondit le Gentil-homme, sur cette promesse ; Voici une chaine d'or que je vous donne pour gage de vingt ducats que je vous dois, & des quarante pour l'Estafilade à venir : Elle pèse mille réaux, & peut-être vous restera-t-elle, parce que je prévois que j'aurai besoin d'une autre de quatorze points, avant qu'il soit peu. Il défit une chaine qui lui faisoit plusieurs tours autour du col, & là donna à Monipodio, qui, au touché, & au poids connut bien qu'elle n'étoit pas de composition. Monipodio la prit avec autant de plaisir que de politesse, comme un homme bien né, & Chiquisnaque fut chargé de l'exécution pour laquelle il ne prit pas un plus long terme que la même nuit. Le Gentilhomtilhomme s'en fut fort content, & aussitôt Monipodio appella tous ceux qui étoient absens & effrayés. Ils descendirent, & Monipodio se m'étant au milieu d'eux, tira du chaperon de son manteau des tablettes, & ne sachant pas lire, pria Rinconet de le faire à sa place. Rinconet les ouvrit, & à la prémiére feuille il lut.

Mémoire des Estafilades

Que l'on doit donner cette Semaine.

La prémiére au Marchand du Carrefour, prix cinquante écus; reçu à compte trente; chargé de la commission Chiquisnaque.

Je croi qu'il n'y en a pas davantage mon fils, dit Monipodio; passez plus avant, & voyez où il est écrit, mémoire des coups de baton. Rinconet tourna le feuillet, & vit qu'il y étoit écrit.

Mémoire des coups de Bâton.

Et plus bas on lisoit.

Au Gargotier de la Alfalfa douze coups de baton des mieux appliqués à un écu la piéce. Reçu à compte huit écus: le terme six jours ; chargé de la commission Maniferro.

On pourroit bien effacer cet article, dit Maniferro, parce que cette nuit j'en raporterai la quitance. Y a-t-il encore quelqu'article, dit Monipodio ; oui répondit Rinconet, il y en a un autre qui dit ainsi.

Au Tailleur bossu, qui par sobriquet s'appelle le siffleur, douze coups de bâton de la meilleure marque à la réquisition de la Dame qui lui laissa son collier de perles ; chargé de la commission, le Demochado.

Je suis fort étonné, dit Monipodio, de ce que cet article n'est point encore effacé, certainement il faut que le Demochado soit malade, le terme est déja passé, & il ne s'est pas encore acquité de son devoir ! Je le trouvai hier, dit Maniferro, il me conta que la bosse ayant été malade, il n'avoit pû exécuter sa commission. J'en suis persuadé, dit Monipodio ; Je connois Demochado pour un si bon ouvrier, que s'il n'eut rencontré un obstacle si invincible, il auroit déja fini l'affaire, il y a long-tems : y a-t-il encore quelque chose, mon garçon ? Non, Seigneur, répondit, Rinconet ; Eh bien, vois ensuite, dit Monipodio où il est écrit, Mémoire des affronts, dont la Communauté

nauté est chargée, Rinconet feuilleta les tablettes & trouva en écrit.

Mémoire des affronts à faire en commun, c'est-à-dire, bouteilles pleines d'encre cassées sur le visage; onction d'huile de genèvre scapulaires d'inquisition, & cornes plantées, railleries piquantes, épouvantes, tapages, menaces d'Estafilades, calomnies &c.

Voyez ce qu'il y a plus bas? dit Monipodio. Onction d'huile de genèvre dit Rinconet. On ne dit pas la maison; mais je la connois répondit Monipodio, c'est moi qui suis le *Tuautem* & l'exécuteur de cette bagatelle; on a donné quatre écus à bon compte, & le plus fort est fait; cela est juste, dit Rinconet, tout cela est rapporté ici; plus bas il y a eu sûrement des cornes. On ne dit pas non plus la maison, dit Monipodio, ni où elle est située; c'est assez de leur en faire l'affront sans le publier, ce seroit trop charger sa conscience; Pour moi aumoins j'aimerois mieux planter cent scapulaires d'Inquisition, & cent paires de cornes, dès qu'on me payeroit l'argent de mon travail, que de le publier une seule fois, même à la mère qui ma mis au monde; l'exécuteur de ceci est Nariguéte. Cela est fait est payé, dit Monipodio, regarde s'il n'y a rien de plus. Si ma mémoire ne me trompe, il doit s'y trouver une terreur panique de vingt écus, on en a donné la moitié, & toute la communauté est chargée de l'exécution : le terme est tout le mois présent, cela s'exécutera à la lettre, sans qu'il y manque une virgule, & ce sera un des meilleurs tours qu'on aura joué depuis long-tems dans cette Ville. Rend moi ce livre, garçon, je sai qu'il n'y a plus d'article, & que le métier va fort mal, peut-être qu'après ce mauvais tems, il en viendra un autre, où nous aurons plus à faire que nous ne le voudrons. Il ne se meut pas une feuille d'arbre sans la volonté de Dieu. Nous ne devons pas faire venir ici les gens par force, d'autant plus qu'aujourd'hui chacun fait ses affaires soi même, & ne prétend pas payer la façon de ce dont il peut venir à bout sans secours de personne. Cela n'est que trop vrai, dit alors Repolido ; mais Seigneur Monipodio, considérez qu'il se fait tard, & que la chaleur se fait sentir vigoureusement. Ce qu'il y a affaire, répondit Monipodio, est que chacun aille à son poste, & que personne n'en change jusqu'à dimanche, que nous nous assemblerons tous ici, & où l'on repartira ce qui se trouvera sans

faire

faire tort à personne. Rinconet le bon, & Cortadille auront pour district jusqu'à dimanche, depuis la Tour de l'or, jusqu'au guichet du Chateau; & l'on peut y travailler assis tout à son aise : J'ai vû dans ce poste, gens qui n'étoient guères habiles, gagner plus de vingt réaux par jour, avec un seul jeu de cartes, où il en manquoit quatre. Ganchoso vous enseignera ce département; & quand même vous vous étendriez jusqu'à S. Sebastien & S. Elme, il n'y auroit pas de mal; parce que c'est une jurisdiction purement mixte, où personne ne se mêle de son voisin : ils lui baisèrent tous deux les mains pour la grace qu'il leur faisoit, & lui témoignèrent qu'ils désiroient faire leur devoir avec toute l'application, toute la fidélité, & toute la promptitude possible. Monipodio tira du collet de son manteau une feuille de papier pliée, où étoit la liste des Confréres, & dit à Rinconet d'y coucher son nom, & celui de Cortadille; mais comme ils n'avoient point d'encre, il lui remit le papier, afin qu'à la premiére boutique d'Apotiquaire, il y écrivit Rinconet & Cortadillo, Confréres sans Noviciat. Rinconet le fleuri, & Cortadillo le Basson, le jour, le mois, & l'année de leur réception, sans faire men-
tion,

tion, ni de leurs Péres ni de leur Patrie. Dans ce moment, entra un des vieux frélons & dit : Je viens vous dire Meſſieurs, que j'ai trouvé tout à l'heure ſur les degrés Lobillo de Malaga, qui m'a juré qu'il étoit beaucoup plus habile dans le métier qu'auparavant ; de ſorte qu'avec des cartes neuves, il attrapera l'argent de Satan même ; & que pour être mal en ordre, il ne vient pas à l'heure même ſe faire enregiſtrer, & prêter l'obéïſſance accoutumée ; mais que dimanche ſur le ſoir, il ſe trouvera ici ſans faute. Je me ſuis toujours apperçu, dit Monipodio, que ce Lobillo ſeroit le Coriphée de ſon Art. Il a pour cela les mains les plus avantageuſes qu'on puiſſe deſirer, pour être excellent ouvrier. Dans un art, on a autant beſoin de bons inſtrumens pour l'exécuter, qu'un bon eſprit pour l'apprendre. J'ai auſſi rencontré continua le vieillard, dans une Auberge de la ruë des teinturiers, le Juif en habit d'Eccléſiaſtique ; il s'eſt mis là, parce qu'il a ſû que deux Indiens du Perou y étoient logés, & il veut voir s'il ne pourroit pas entrer en jeu avec eux, & en tirer peu ou beaucoup. Il aſſure qu'il ne manquera pas Dimanche à l'aſſemblée, & qu'il y rendra compte de ſa perſonne. Ce Juif, dit

dit Monipodio est aussi un habile homme & plein d'esprit. Il y a long-tems que je ne l'ai vû, & il fait mal de ne pas venir me voir. Par ma foi s'il ne se corrige, je lui ferai sauter la couronne, le coquin n'a pas plus d'ordres que le grand Turc, & il ne sait pas plus de latin que ma grand-mére. Y a-t-il quelqu'autre chose de nouveau? Non, dit le vieillard, du moins que je sache. Tant mieux dit Monipodio, prenez cette bagatelle, & il leur donna entre tous quarante réaux; que Dimanche personne ne manque de se trouver ici, le courant sera exactement payé. Chacun le remercia, Repolido & la Cariharte s'embrassérent, la Escalante & Maniferro, & la Gananciosa & Chiquisnaque en firent autant, & demeurérent d'accord que la nuit suivante, après avoir travaillé ensemble dans leur maison, ils se rendroient chez la Pipota, où Monipodio dit, qu'il se trouveroit pour examiner le panier à lessive; & qu'ensuite il iroit effacer l'article de l'onction de l'huile. Il embrassa Rinconet & Cortadille, & après leur avoir donné sa bénédiction, les envoya à leur poste, leur recommandant de n'avoir jamais une Auberge fixe, parce que cela convenoit ainsi pour la conservation de tous. Gancho-
se

so les accompagna, & leur enseigna leur poste, les faisant ressouvenir de ne pas manquer le dimanche, parce que selon qu'il se l'imaginoit, Monipodio devoit leur faire une Leçon particuliére, touchant leur art. Il s'en fut, & laissa les deux camarades étonnés de ce qu'ils avoient vû. Rinconet quoi que jeune, avoit beaucoup de pénétration, & un bon jugement, & comme il avoit suivi son pére dans la distribution des Bules, il savoit assez bien sa langue, & il ne pouvoit s'empêcher de rire quand il se ressouvenoit des termes qu'il avoit entendu prononcer à Monipodio, & au reste de sa Compagnie & de sa bienheureuse Confrairie, surtout lorsque pour dire *per modum sufragii*, il disoit *por modo de naufragio*, & quand la Cariharte dit, que Repolido étoit un Marinier de Tarpeya, & un tigre d'ocagna pour dire d'Ircanie, avec mille autres semblables impertinences ; sur tout il aimoit à lui voir dire que le ciel reçut à compte de ses péchés le travail qu'elle avoit eu à gagner les vingt quatre Réaux. Il admiroit surtout la confiance qu'ils avoient d'aler au ciel pourvû qu'ils ne manquassent pas à leurs pratiques de dévotion, quoiqu'ils fussent remplis de larcins, d'homicides, & des vices les plus criminels, &

les

les plus désagréables à Dieu. La Pipota ne le faisoit pas moins rire, qui recevoit chez elle le panier à lessive, & alloit mettre des bougies devant les images, croyant aller par ce moyen au Ciel, bien chauffée & vétuë. L'obéissance & le respect qu'ils avoient tous pour Monipodio, homme barbare, rustique & cruel, ne le surprenoit pas moins, il faisoit attention à ce qu'il avoit lû sur ses tablettes, & sur leurs exercices journaliers : Enfin il reflechissoit sur le peu de justice & de police qu'il y avoit dans une ville aussi fameuse que Seville ; puisque des hommes si pernicieux, & si contraires à l'humanité y vivoient presqu'à découvert. Toutes ces réflexions le conduisirent à conseiller un jour à son camarade de quitter bientôt un si mauvais, si inquiet & si infâme genre de vie ; cependant leuré par la jeunesse & par le peu d'expérience, il passa dans cette affreuse académie quelques mois, pendant lesquels il leur arriva bien des avantures singuliéres que je reserve pour une autre occasion, aussi bien que les miracles du Seigneur Monipodio, & autres exploits considérables qui pourront servir d'exemple, comme de récréation, à ceux qui se donneront la peine de les lire.

L'ESPAGNOLE ANGLOISE.

NOUVELLE IV.

ENTRE les dépouilles que les Anglois remportérent de la Ville de Cadix, un Chevalier appellé Clotalde, Chef d'un Escadre de Vaisseaux, emmena en Angleterre, une fille d'environ sept ans. Ce fut contre la volonté & à l'inscû du Comte d'Essex, qui la fit chercher avec beaucoup d'exactitude, pour la rendre à ses parens, qui se plaignant à lui de la perte de leur fille, le suppliérent, que puis qu'il se contentoit de prendre leurs biens, & qu'il avoit déclaré qu'il laissoit les personnes libres, ils n'eussent pas le malheur de perdre l'unique bien qui leur restoit, ce qu'ils avoient de plus cher au monde. Le Comte fit crier dans toute l'armée, que quiconque auroit entre ses mains cette

T. Folkema del.   F.A. Aveline Sculp.

te jeune fille, la rendît inceſſamment, ſur peine de la vie; mais rien ne fut capable d'émouvoir Clotalde, qui la tenoit cachée dans l'un de ſes Vaiſſeaux. En un mot, il l'emmena à Londres, & la mit entre les mains de ſa femme, en lui diſant, que c'étoit le plus riche & le plus précieux butin qu'il eut fait ſur les Eſpagnols. En effet, Iſabelle, c'étoit le nom de la jeune fille, étoit d'une beauté ſurprenante.

Le bonheur d'Iſabelle, fut que tous ceux de la maiſon de Clotalde étoient Catholiques, quoi qu'ils fiſſent ſemblant en public de profeſſer la Religion d'Eliſabeth, leur Reine. D'ailleurs Catalina, c'eſt ainſi que s'appelloit la femme de Clotalde, étoit naturellement bonne & tendre. Elle eut pitié de la deſtinée de la jeune Iſabelle, & elle la prit ſi fort en amitié, qu'on eût dit qu'elle avoit partagé ſon cœur entre elle & un fils unique qu'elle avoit, appellé Ricarede, âgé de douze ans, ou environ.

Iſabelle étoit ſi jeune lorſqu'elle fut enlevée, & d'un autre côté on avoit pour elle tant de tendreſſe, qu'il n'eut pas été extraordinaire qu'elle eût oublié ceux qui lui avoient donné la naiſſance. Ce fut néanmoins ce qu'elle ne fit point, & ce ſou-

souvenir, tout imparfait qu'il étoit, lui fit verser plus d'une fois des torrens de larmes. Elle sût en très-peu de tems la langue Angloise; mais elle n'oublia pas l'Espagnole, parce que Clotalde avoit soin de lui amener secrettement des Espagnols qui parloient avec elle: si bien qu'elle parloit également les deux Langues, & elle les parloit admirablement; car avec une beauté extraordinaire, elle avoit de l'esprit & de la mémoire, beaucoup de vivacité, de la pénétration, & une très-grande docilité. On n'oublia rien pour l'éducation de la jeune Espagnole, & elle avoit tant de facilité à tout apprendre, qu'il n'y eut aucun de ces petits ouvrages auxquels on occupe les personnes de son sexe, qu'elle ne fît en perfection. Elle aprit la Musique, elle aprit à joüer de divers Instrumens, & comme elle avoit la voix belle, lorsqu'elle pinçoit un Luth, ou qu'elle chantoit, tout le monde étoit ravi en admiration. C'étoit une jeune personne accomplie, aussi Ricarede ne pût se défendre de l'aimer. Ce que sentit d'abord pour elle le jeune Anglois, ne fut qu'une petite amitié tendre. Il la regarda à peu près comme un frere regarde une sœur qui est aimable; mais son amitié se changea peu à peu en amour,

&

& cet amour devint si violent, qu'il reconnut bien qu'il ne seroit jamais heureux, s'il ne possédoit un jour Isabelle. Il résolut mille fois de déclarer sa passion à ses parens, & mille fois il rompit cette résolution, parce qu'il savoit qu'il étoit destiné dès son enfance à une Demoiselle Ecossoise, d'une Maison illustre, qui faisoit aussi profession de la Religion Catholique. Quelle apparence, disoit-il en lui-même, qu'ayant été accordé depuis si long-tems à une personne d'une qualité distinguée, on voulut me donner à une Esclave, si ce nom peut toutefois convenir à l'incomparable Isabelle? Cette réflexion l'obligea à garder le silence; mais ce fut un silence qui faillit à lui coûter la vie. Il tomba dans une langueur qui faisoit pitié, & comme cette langueur augmentoit à tous momens, Clotalde & Catalina crurent mille fois de le perdre. Il n'y eut aucun Médecin qui pût découvrir la cause de sa maladie. Tous les remedes furent inutiles, & dans toutes les consultations qui se firent, on demeura toûjours d'accord qu'il falloit laisser agir la nature, que le mal étoit incurable. Isabelle entroit à tous momens dans sa chambre, d'où son pere & sa mere ne sortoient presque jamais, depuis quelque tems. Elle

le s'y trouva seule un jour, & Ricarede voyant que l'occasion étoit favorable, crut qu'il étoit tems de parler & de déclarer sa passion; car enfin, se disoit-il à lui-même, il y a trop de foiblesse à se laisser mourir sans découvrir son mal, & c'est à Isabelle que je le dois découvrir; puisque c'est Isabelle seule qui le cause, & Isabelle seule qui me peut procurer quelque soulagement. Charmante Isabelle, lui dit-il, tout d'un coup après beaucoup d'irresolution, c'est votre extrême beauté qui m'a réduit dans le triste état où vous me voyez. Si vous ne voulez pas que je meure accablé d'ennui & de tristesse, & le plus malheureux de tous les hommes, répondez à la tendresse que j'ai pour vous, ne me refusez pas votre cœur, puisque je vous ai donné le mien. Je vous aime d'un amour tendre & véritable, & ce n'est qu'en vous possédant que je puis vivre. Je crains, je l'avoue, que ceux de qui je dépens, & qui semblent être les seuls maîtres de ma destinée, ne connoissant pas comme je le fais toutes vos qualités admirables, ne s'opposent à mon bonheur; mais si vous m'aimez, Isabelle, cet obstacle n'est pas insurmontable, il ne tiendra qu'à vous de nous donner la main en secret, & de

nous

nous unir éternellement, par un doux & sacré Hymenée. Ne poussons pas si loin les choses, ajoûta l'amoureux Ricarede, si ce que je vous propose vous fait quelque peine, & que vous en apprehendiez les suites. Promettez-moi seulement que vous acceptez le cœur que je vous donne, & que vous ne serez qu'à moi. Je vous promets à mon tour que je ne serai jamais qu'à vous. Parlez divine Isabelle, c'est de ce que vous allez prononcer, que dépend ma mort ou ma vie. Tandis que Ricarede parloit, Isabelle baissoit les yeux, jamais sa modestie n'a tant souffert, elle l'écoutoit pourtant avec attention, & elle ne demeura pas sans réponse. Je ne sai, Ricarede, lui dit-elle, si je dois me plaindre de ma destinée, ou si je la dois regarder comme un bonheur. Le Ciel m'a arrachée à mes parens, pour me mettre entre les mains des vôtres, & j'ai goûté tant de douceurs depuis cette triste révolution qui est arrivée dans notre famille, que je dois confesser qu'il y a des infortunes heureuses. Clotalde & Catalina m'ont élevée avec la même tendresse que s'ils m'eussent donné le jour; ils n'ont mis nulle différence entre vous & moi, & je leur ai en un mot des obligations si extraordinaires, qu'il ne

m'arm'arrivera jamais de les offencer. J'ai fait vœu de ne leur désobéir de ma vie, leur volonté sera toûjours la mienne, je ne me conduirai que selon leurs desirs; & quoi que je regarde l'inclination que vous me témoignez, comme le plus grand bonheur auquel je puisse prétendre, je m'estimerois néanmoins la plus malheureuse personne qu'il y ait au monde, si cette inclination leur faisoit la moindre peine, & qu'ils vinssent à la désaprouver. Demeurez-en convaincu, je vous en conjure : si les Destins m'étoient assez favorables pour que je pusse avec leur agrément accepter le cœur que vous m'offrez, je vous donnerois le mien sans résistance, & avec la même joye que je vous ai déja donné & mon amitié & mon estime. Vivez, Ricarede, espérez, & comptez que si votre bonheur dépendoit absolument de moi, vous n'auriez rien à desirer pendant tout le cours de votre vie. Elle n'en dit pas davantage, Ricarede ne répliqua rien, & ce ne fut que dans ses yeux, qui furent couverts de larmes de joye, qu'Isabelle vit que ce qu'elle venoit de dire avoit produit l'effet qu'elle en attendoit. On vit paroitre sur son visage un certain air de gayeté qui lui étoit naturel, & qu'il avoit entièrement perdu :

on

on n'a jamais vû de si subite métamorphose. Ricarede se leva du lit dès le lendemain, & peu de jours après sa santé fut si bien rétablie, qu'on ne cessoit de dire que le Ciel venoit de faire un miracle. C'est véritablement un miracle, dit Ricarede, un jour qu'il se trouva seul avec sa mere, c'est un miracle que le Ciel a opéré sans doute; mais le Ciel s'est servi d'Isabelle. Je ne dois point en faire mistére, c'est à Isabelle que je dois ma guérison & ma santé; mais je crains fort, ajoûta-t-il en soûpirant, que cette même Isabelle ne me replonge dans les mêmes ennuis mortels qu'elle m'a causés, & que je ne succombe enfin à la violence de mes maux. Je l'aime avec le dernier excès, je l'adore, & je sens bien que je cesserai de vivre si je ne la posséde. Consentez, Madame, que je lui donne la main, ne vous opposez pas à mon bonheur. Si la charmante Isabelle est sans biens, le Ciel l'a dédommagée libéralement d'un autre côté. Sa beauté extraordinaire, une infinité de qualités aimables dont elle est ornée, tant de vertus qui brillent en elle, sont les véritables biens qu'on doit rechercher. Helas! dit Ricarede, après avoir poussé un profond soûpir, ne vous opposez pas à ce que je vive. Non mon fils

fils, répondit Catalina, je ne m'y oppose point, & il ne tiendra pas à moi que vous n'épousiez Isabelle, dont je connois tout le mérite, & que j'aime avec la derniére tendresse. Je m'en entretiendrai avec Clotalde, & j'ose me flater qu'il y donnera les mains. En effet, Clotalde y consentit ; car il avoit une affection tendre pour Isabelle : & comme il souhaita même que ce mariage se fit incessamment, on tâcha de chercher des raisons plausibles pour dégager la parole qu'on avoit donnée à la Demoiselle Ecossoise, on ne manqua pas d'en trouver.

Ricarede avoit alors vingt ans, & Isabelle en avoit quatorze. Le jour de la nôce fut pris, les habits étoient déja prêts, on avoit convié les amis, & il ne falloit que quatre jours pour arriver à ce jour heureux qui devoit unir ces Amans. Une seule formalité manquoit, il falloit en avertir la Reine, parce que parmi les personnes d'un rang distingué, il ne se fait jamais de mariages qu'on ne communique au Souverain. On avoit si peu lieu de craindre que cette Princesse refusât son agrément, qu'on ne s'étoit pas pressé de le demander ; on attendoit au dernier jour. Tout étoit en joye dans cette maison, en attendant le moment heureux

reux, qui devoit couronner les vœux d'Isabelle & de Ricarede, lors qu'un soir Clotalde reçût ordre de mener sa prisonniere à la Reine. Vous l'accompagnerez demain vous-même au Palais, lui dit un Gentilhomme de la Chambre, qui avoit été chargé de cette commission : je me retire, Clotalde, parce que je n'ai pas ordre de vous en dire davantage. Jamais Catalina n'a été dans de si grandes allarmes qu'elle le fut dans ce moment. Ingénieuse à se tourmenter comme font la plûpart des femmes, elle se remplissoit l'esprit de mille pensées chagrinantes, qui la mettoient presque au desespoir. Elle crut qu'elle étoit perduë, que sa famille alloit tomber en disgrace, qu'elle n'en pourroit plus revenir. Hélas ! disoit-elle tout éplorée, que deviendrons-nous si la Reine sait que j'aye élevé cette fille dans une Religion si opposée à la sienne, & que lui pourra répondre Isabelle, quelque prudente qu'elle soit, qui ne nous charge, qui ne nous rende suspects, si elle l'interroge là-dessus ? Ne vous plaignez pas avant le tems, lui répondit Isabelle, j'espere que mes réponses ne vous feront aucun préjudice, je serai si bien sur mes gardes, je péserai si bien mes paroles, & jusqu'aux moindres de mes expressions, que la Reine ne pourra rien conclure de tout ce que je lui dirai, qui puisse être à votre désavantage. Peut-être vous mettez-vous dans l'esprit, des choses auxquelles cette Princesse ne pense point. Mais quoi qu'il en soit, reposez-vous sur moi, & attendons avec patience, ce qu'il plaira au Ciel de nous envoyer. S'il faut que je dise ici ma pensée, dit alors Ricarede, je crois que nous ne devons point nous tant allarmer, la fortune m'abandonneroit-elle dans le même instant qu'elle me favorise ? j'espere de meilleures choses. Croyez moi, si la Reine soupçonnoit tant soit peu que nous fissions profession d'une Religion pour laquelle elle a une aversion souveraine, elle ne nous eût pas traités si doucement, que de nous envoyer un Gentilhomme de sa Chambre. Auroit-elle cherché un prétexte pour nous attirer chez elle ? Ne nous eût-elle pas fait arrêter hautement ? Les Souverains gardent-ils des mesures avec leurs Sujets ? Non, Catalina, & soyez-en persuadée, cette Princesse n'a d'autre dessein que de voir Isabelle. On lui en a parlé sans doute comme d'une beauté extraordinaire, & doit-on regarder comme une chose si surprenante, qu'elle veuille savoir par elle-même, si ce que la renommée publie est faux.

faux. J'entre dans cette pensée, dit Clotalde. La seule chose où nous avons manqué, c'est qu'il falloit d'abord lui avoir présenté Isabelle. Nous devions lui avoir fait connoître que nous l'avions destinée pour être l'Epouse de notre fils; nous devions lui avoir demandé qu'elle y donnât son approbation; mais nous avons tant de raisons à alleguer là-dessus, qu'elle ne nous en fera pas un crime. Ces raisons de Clotalde, qui se trouvoient conformes à celles de Ricarede, & qui dans le fonds étoient plausibles, calmérent un peu les esprits, & on se prépara dès le soir même à faire paroître Isabelle devant la Reine, avec tout l'éclat qu'il seroit possible. Ils convinrent tous qu'elle ne devoit pas être vêtuë comme prisonniére; mais comme Epouse de Ricarede; & pour cet effet, ils lui firent prendre le lendemain, un habit très-riche. C'étoit une robe à l'Espagnole, d'un Satin verd, brodée de perles, & découpée sur une riche toile d'or à grande taillades, relevées avec des boutons garnis de pierreries. Son colier & sa ceinture étoient de Diamans, à la maniére des Dames d'Espagne, & elle étoit coëffée de ses cheveux, qui étoient parsemés de brillans. Clotalde, Catalina & Ricarede entrérent avec elle dans un même

Caroſſe ſuivis de ſes plus illuſtres parens, qui l'accompagnoient à cheval, Clotalde ayant voulu faire cet honneur à ſa priſonniére, pour obliger la Reine à la traiter comme femme de ſon fils. Dès qu'ils furent arrivés à la Salle du Palais, où cette Princeſſe la voulut recevoir, ceux qui l'accompagnoient s'arrêtérent à deux pas de l'entrée, & Iſabelle s'avança. On eût dit que c'étoit une de ces étoiles volantes, qui s'élancent dans les airs pendant le calme d'une belle nuit, ou plûtôt ces premiers rayons du Soleil, qui ſe font appercevoir dès que le jour commence à paroître. Elle ne fut pas plûtôt auprès de la Reine qu'elle ſe jetta à ſes genoux; elle lui dit en Anglois mille choſes qui l'attendrirent. La Reine fut long-tems à la contempler ſans rien dire, ravie en admiration de ſa beauté; & elle dit depuis mille fois, qu'elle l'avoit ébloüie, & qu'elle crut voir briller tout à la fois, tous les Aſtres du Firmament. Toutes les Dames de la Cour l'admirérent & furent charmées de ſon air, de ſes maniéres, de la vivacité de ſon eſprit, & ſur-tout de ce grand éclat, qui ſembloit rehauſſer celui des pierreries dont elle étoit chargée. La Reine la fit lever, elle lui ordonna de parler en Eſpagnol, & ſe tournant en mê-

même tems vers Clotalde : je ne suis pas satisfaite, lui dit-elle, que vous m'ayez si long-tems chaché ce trésor. Vous avez appréhendé sans doute que je ne vous l'enlevasse, & vous aviez raison en cela, car enfin c'est un bien qui m'appartient. Madame, répondit Clotalde, je confesse ma faute, si c'est une faute d'avoir gardé Isabelle jusqu'à ce qu'elle fût en état de paroître à vos yeux. Maintenant qu'elle est dans sa perfection, & en état de vous être présentée, je vous la présente, & j'execute ce que j'étois sur le point de faire ; mais votre Majesté m'a prévenu. Oui, Madame, je vous la présente, & en même tems je vous supplie d'agréer que j'en fasse l'Epouse de mon fils. Son nom repartit la Reine, ne m'est pas moins agréable que sa beauté, il ne lui manquoit que cela pour me la faire trouver accomplie. Mais souvenez-vous, Clotalde, que vous l'aviez promise à votre fils sans ma permission. Il est vrai, Madame, dit Clotalde ; mais c'étoit dans la confiance que vous ne la refuseriez pas aux services que mes Ayeuls ont rendu à l'Angleterre, & au grand attachement que j'ai à vos intérêts. Je veux bien convenir de ce que vous dites, repartit la Reine, cependant je vous le déclare, Clotalde, je ne consentirai

tirai jamais que votre fils épouſe Iſabelle, qu'il ne l'ait mérité lui-même. Il faut qu'il ſe ſignale par quelque action digne de votre ſang, & de la valeur de vos Ancêtres, dont je n'ai pas oublié les ſervices. Ce n'eſt qu'à ce prix qu'il peut ſe rendre digne de poſſéder cette belle priſonniére, que je regarde déſormais comme ma fille. Cette Princeſſe n'eut pas plûtôt achevé cette derniére parole, qu'Iſabelle ſe jetta encore à ſes genoux. Je n'ai plus regret à ma Patrie, Madame, lui dit-elle en Lange Eſpagnole, ni à ces tendres douceurs que je conçois bien qu'on goûte, quand on a le bonheur d'être élevé aux pieds de ceux qui nous ont donné la naiſſance. Je ne trouve plus les Deſtins injuſtes, & je dois ceſſer dès aujourd'hui de pleurer mes diſgraces, puis qu'elles m'ont attiré la tendreſſe de la plus grande Reine qui fût jamais. Elle proféra ces paroles avec tant de grâce, qu'Elizabeth acheva d'en être charmée; & elle fit deſſein de la retenir auprès d'elle. Elle la mit en même-tems entre les mains d'une Dame diſtinguée, qui étoit veuve de ſon Grand Chambellan. Ricarede fut accablé de ce coup, il en fut entiérement étourdi. Néanmoins, tout émû qu'il étoit, il ſe jetta aux pieds de la Reine. Je ſai, Madame, se prit-il à dire tout tremblant, que les Rois vos Prédécesseurs, ont comblé nos Ayeuls de récompenses, je sai que notre Maison a le bonheur d'être sous votre protection Royale, & quand il n'y auroit que ce seul motif, je ne saurois sans ingratitude refuser d'être dévoué à votre service. J'y suis entiérement dévoué, Madame, & j'attendrai avec impatience l'occasion d'en donner des marques publiques. Vous ne l'attendrez pas long-tems, cette occasion, répondit cette Princesse, il y a deux Vaisseaux prêts à partir pour aller en course, dont j'ai fait Général le Baron de Lansac, je vous fais Capitaine de l'un, étant persuadée que le sang dont vous êtes issu, vous tiendra lieu d'expérience. Souvenez-vous que la faveur que je vous fais n'est pas petite, puisque je vous procure une voye sûre de vous signaler, & d'obtenir ce que vous aimez. Allez, Ricarede, je serai moi-même la garde d'Isabelle, je me promets tout de votre valeur, puisque vous partirez amoureux. Heureux un Roi guerrier, s'écria alors la Reine, qui auroit dans ses armées dix mille Soldats, qui comme vous combattroient pour se rendre dignes du prix pour lequel vous allez prendre les armes. Levez-vous, ajoûta-t-elle, Ricarerede, & voyez si vous avez quelque chose à dire à Isabelle; car c'est dès demain que vous devez mettre à la voile. Ricarede remercia la Reine, & s'étant levé, il s'alla jetter aux genoux d'Isabelle. Il voulut lui parler; mais il ne lui fut pas possible de prononcer une seule parole. Il laissa couler alors quelques larmes qu'il fit tout ce qu'il pût & pour retenir & pour cacher à la Reine; mais la Reine s'en apperçût. N'ayez point de honte de pleurer, lui dit-elle, & ne vous en estimez pas moins pour avoir donné dans cette occasion, de si foibles preuves de votre courage; car ce sont deux choses bien différentes de combattre des ennemis, & de se séparer d'une personne aimable qu'on adore. Pour vous Isabelle, embrassez Ricarede, & le favorisez d'un tendre adieu, ce qu'il sent pour vous le mérite. Isabelle qui n'étoit pas moins troublée que son Amant, ne comprit point ce que lui avoit dit la Reine, & ne sachant ni ce qu'elle devoit dire, ni ce qu'elle devoit faire, elle ne répondit que par des larmes. Toutes les Dames de la Cour furent attendries, & la Reine le fut elle-même. En un mot, Isabelle & Ricarede se séparérent sans s'être rien dit; mais leurs yeux avoient parlé un langage qui en

avoit

avoit plus dit que les paroles les plus tendres, que les expressions les plus éloquentes.

Deux jours après les Vaisseaux se mirent en mer, & Ricarede n'étoit pas sans inquiétude, lors qu'il venoit à faire réflexion qu'il faloit nécessairement qu'il fit quelque action éclatante pour mériter Isabelle, & que cependant il ne la pouvoit mériter sans trahir sa conscience : car enfin il faloit attaquer des ennemis qui étoient de sa Religion, il les faloit combattre, il les faloit vaincre. Le pas étoit glissant sans doute ; il y avoit des précipices de tous côtés. Il faloit ou perdre Isabelle, se rendre indigne en même tems, de toutes sortes d'emplois distingués, & dégénérer de la valeur de ses Ancêtres, ou bien il faloit se signaler par des hostilités qui lui faisoient horreur, puis qu'elles devoient être exercées sur des ennemis avec lesquels il étoit uni par les liens d'une même Foi. Nous ne ferons ni l'un, ni l'autre, dit pourtant en son cœur Ricarede. Le Ciel ne nous abandonnera point, il nous fera naître quelque occasion favorable, où nous pourrons en servant notre Patrie, rendre peut-être service à notre Religion. Il y avoit déjà six jours que les deux Vaisseaux avoient
mis

ms à la voile, faisant route avec un vent favorable vers les Isles Terceres, où l'on ne manque presque jamais de trouver des Vaisseaux Portugais venant des Indes Orientales ou Occidentales. Mais au bout de ce tems-là, un vent de Midi si fort & si impétueux, les prit par le côté, que ne leur étant pas possible de prendre terre aux Isles, ils furent emportés sur les Côtes d'Espagne, vers le Détroit de Gibraltar, où étant arrivés ils découvrirent trois Navires, l'un grand & puissant, & les deux autres médiocres. Le Vaisseau de Ricarede s'aprocha d'abord de celui du Général, pour savoir s'il étoit dans le dessein d'aller attaquer les trois qu'on venoit de découvrir; mais en l'abordant il vit qu'on arboroit sur le haut du mât un Pavillon noir, & s'étant approché davantage, il entendit dans le Vaisseau un son lugubre de Trompettes, ce qui lui fit conclure que celui qui en étoit le Chef étoit mort, ou quelcun des principaux Officiers. Du moment qu'ils furent à portée de se parler, ce qui n'étoit point arrivé encore depuis qu'ils étoient en mer, ceux de l'Amiral crièrent à Ricarede, qu'il vint à eux, que leur Général avoit été attaqué d'une Apoplexie, & qu'il en étoit mort la nuit précédente. Ricarede ne pût s'ems'empêcher de se réjouïr de cette nouvelle, non qu'il ne regrétât de tout son cœur le Baron de Lansac, dont il estimoit les qualités & la bravoure; mais parce qu'il lui devoit succéder : la Reine s'en étoit expliquée; car cette Princesse avoit déclaré que c'étoit son intention, qu'il rémplit la place de ce Seigneur, s'il venoit à être tué, ou qu'il mourût de maladie dans son voyage. Dès que Ricarede fut entré dans le Vaisseau, chacun promit de lui obéïr, il fut élû Amiral tout d'une voix, & proclamé après quelques cérémonies, qui ne furent pas longues, parce qu'il s'agissoit d'aller reconnoître les trois Vaisseaux qu'on avoit découverts, & s'en rendre maîtres s'ils étoient ennemis. Les deux plus petits de ces Navires prévinrent Ricarede, car s'étant séparez de leur grand Vaisseau, ils arrivérent sur lui à force de rames. On reconnut alors aux Croissans de leurs Banniéres, que c'étoient des Galéres Turques. Ricarede en eut une joye extrême. Il crut que le Ciel avoit exaucé ses priéres, en lui envoyant une occasion où il pouvoit si bien servir sa Reine, sans engager en aucune maniére sa conscience. Les Vaisseaux Anglois ne portoient point Pavillon d'Angleterre, ils avoient arboré celui d'Es-

pagne

pagne, pour tromper ceux qui s'approcheroient pour les reconnoître, & pour ne passer pas pour Corsaires, si bien que les Turcs s'imaginérent que c'étoient des Navires des Indes, travaillez de la mer, qui se rendroient sans aucune peine. Ricarede qui pénétra leur pensée, les laissa approcher à dessein, jusqu'à ce qu'ils fussent à portée de son artillerie, laquelle il fit décharger si à propos, que d'une seule bordée, il désempara une des Galéres, & la traita si mal, qu'elle commença à s'ouvrir par le milieu. L'autre Galére, qui appréhenda d'avoir le même sort, tourna la proue, & toutes deux tâchérent de se mettre à couvert sous le grand Vaisseau. Ricarede ayant fait recharger son artillerie les poursuivit, & fit faire un si grand feu que les Turcs ne sûrent où ils en étoient. Ceux de la Galére qui s'étoit entr'ouverte, l'abandonnérent, & se mirent en devoir de se retirer dans le grand Navire. Alors Ricarede, fit charger par les deux Vaisseaux la Galére qui étoit entiére, & l'artillerie fit tant de fracas, que ceux qui la défendoient prirent le parti de l'autre ; c'est à dire, qu'ils se retirérent dans le même Navire, non dans le dessein de faire résistance, mais de sauver leur vie en demandant quartier. Les Forçats Chrétiens qui étoient dans les

Galéres, rompirent leurs chaînes, & se mêlant avec les Turcs, entrérent aussi dans le grand Vaisseau; mais en y montant la Mousqueterie de Ricarede fit une décharge si terrible sur les Infidelles, qu'il y en eut peu qui échapassent, & ceux qui échapérent, furent mis en piéces par les Chrêtiens, qui se servant contr'eux de leurs propres armes, & croyant que les Vaisseaux Anglois étoient Espagnols, firent merveilles pour recouvrer leur liberté. Enfin ayant fait main basse sur presque tout ce qu'il y avoit de Turcs, quelques Espagnols parurent sur le grand Vaisseau, & appellant à haute voix ceux qu'ils croyoient être de leur Nation, ils leur dirent qu'ils n'avoient qu'à entrer dans leur bord pour y recueillir le fruit de la victoire qu'ils avoient remportée. Ricarede leur demanda en Castillan à qui étoit le Navire. Ils lui répondirent que c'étoit un Gâlion qui venoit des Indes de Portugal, qu'il étoit chargé d'Epiceries, & qu'il portoit en Perles, en Diamans & autres Pierreries, pour près d'un million d'or. Ils ajoûtérent que la tempête l'avoit jetté en ce lieu tout délabré, & sans artillerie, parce qu'on avoit été contraint de la jetter dans la mer, & que ces deux Galéres, qui étoient au Corsaire

re Arnaut Mami, l'avoient pris sans aucune résistance. Ricarede leur répondit, que s'ils croyoient que ses deux Vaisseaux fussent Espagnols, ils se trompoient; qu'ils appartenoient à la Reine d'Angleterre. Cette nouvelle consterna les Espagnols, ils crurent qu'ils n'avoient évité un écueil, que pour donner dans un autre; mais Ricarede les rassura, il leur dit qu'ils n'avoient rien à craindre, & qu'ils pouvoient compter sur leur liberté, pourvû qu'ils ne se missent point en défense. Il ne nous seroit pas possible de nous y mettre, répondirent-ils, quand nous en aurions la pensée, nous n'avons ni artillerie, ni aucune sorte d'armes sur notre Galion, ainsi nous avons tout notre recours à la générosité de votre Général, qui voudra se signaler par une action grande & héroïque en nous accordant une liberté qu'il nous avoit déja procurée, en nous délivrant de la main des Turcs. Ce que venoit de dire cet Espagnol, plût à Ricarede, qui ayant fait assembler d'abord les Officiers de son Vaisseau, leur demanda de quelle maniére on devoit s'y prendre pour renvoyer ces gens-là en Espagne, car, ajoûta-t-il, ils sont en si grand nombre, qu'il y auroit du péril à s'en charger. J'avouë que notre triomphe en seroit

roit plus éclatant; mais il faut préférer notre sûreté à l'éclat. Ce ne seroient pas les prémiers prisonniers qui auroient rompu leurs fers, il arrive tous les jours des événemens mille fois plus étranges, & le Sage les doit prévenir, en prenant le parti le plus sûr. Quelques-uns furent d'avis qu'on les fit passer un à un dans le Vaisseau Admiral, & qu'on les égorgeât tous l'un après l'autre, à mesure qu'ils y entreroient. Ce ne sera pas le conseil que je suivrai, répondit Ricarede. Les victoires les plus honorables sont celles qui sont les moins sanglantes. J'avoue qu'il est difficile de triompher d'un ennemi, & de ne point répandre de sang; mais on ne le doit jamais répandre d'une maniére lâche & honteuse. La cruauté & la véritable valeur ne vont point ensemble, & on ne doit jamais refuser la vie à un ennemi qui met bas les armes, où qui n'est plus en état de résister. Sauvons notre riche butin; puis que nous le pouvons sûrement en relâchant nos prisonniers, il y auroit dans l'autre parti trop d'inhumanité & trop de bassesse. Personne n'osa contredire à ce que disoit Ricarede, sur quoi il résolut de faire passer l'artillerie & les armes d'un de ses Vaisseaux dans le Navire Portugais. La résolution

solution ne fut pas plûtôt prise, qu'il monta avec cinquante Arquebusiers dans le Galion, où il trouva environ trois cens hommes. Il fit ensuite approcher le Vaisseau qu'il vouloit décharger, ce qui se fit avec toute la diligence possible. Du moment que le Vaisseau fut vuide, il dit aux Espagnols qu'ils n'avoient qu'à y entrer, qu'ils y trouveroient des vivres pour plus de gens qu'ils n'étoient, & pour une plus grande route que celle qu'ils avoient à faire; car ils étoient si près des Côtes, qu'on voyoit paroître les hautes montagnes d'Abyla & de Calpe. Il leur donna outre cela quatre écus à chacun pour achever de se conduire chez eux, après qu'ils auroient eu pris terre. Tous le remerciérent d'une générosité si peu attenduë, il n'y eut que le dernier qui devoit s'embarquer, & qui étoit le même qui lui avoit parlé d'abord, qui le pria de le laisser passer en Angleterre. Seigneur, lui dit l'Espagnol, vous me feriez un plaisir plus sensible de m'emmener avec vous, que de m'envoyer en Espagne, car bien que ce soit ma Patrie, je n'y saurois passer mes jours avec joye. Lors que les Anglois se rendirent maîtres de Cadix, ils m'enlevérent une fille unique, dont je pleurerai la perte toute ma vie. Accablé de cette

perte,

perte, & d'ailleurs me voyant sans biens, je pris la résolution de m'en aller aux Indes avec ma femme, qui est cette infortunée mére que vous voyez. Nous nous embarquâmes dans ce dessein, il y a six jours, & nous fûmes pris en sortant du Port par ces deux Vaisseaux Corsaires. Ce fut un nouveau surcroît de douleur; mais accoûtumez que nous sommes aux disgraces, nous paroissions assez insensibles à cette nouvelle infortune, lors que vous parûtes & nous délivrâtes. Ricarede fut extrêmement surpris, ne doutant point que ce ne fût le pére de sa Maîtresse. Comment s'appelloit votre fille, lui dit-il en l'interrompant. Elle s'appelloit Isabelle, répondit l'Espagnol en poussant un grand soûpir. Je veux bien, repartit Ricarede, vous mener à Londres, vous & votre femme, puis que vous le souhaités ainsi, je veux bien même vous y rendre service; il ne s'expliqua pas davantage. L'ayant donc fait passer dans son Vaisseau Amiral, & ayant mis suffisamment de Soldats & de Matelots dans le Galion, il appareilla cette même nuit, & s'éloigna autant qu'il lui fut possible des Côtes d'Espagne, laissant son autre Vaisseau aux Espagnols, parmi lesquels il se trouva encore quelques Turcs, auxquels il donna

aussi

aussi la liberté, pour faire voir aux Anglois que l'action qu'il venoit de faire, procédoit de pure grandeur d'ame; vous les laisserez aller à la première occasion, dit-il aux Espagnols, & il leur fit distribuer en même tems quelque argent. Le vent étoit bon, il étoit fort, cependant ils furent pris tout à coup d'un calme qui fit murmurer les Officiers qui avoient opiné à se défaire des Espagnols. Qui sait, se prirent-ils à dire, si donnant avis sur la Côte de la prise que nous avons faite, on ne viendra pas nous attaquer ici avec des Galiotes & des Chaloupes armées? Nous avons du moins à le craindre. Ricaredé qui vit bien qu'ils avoient raison, tâcha de les appaiser comme il pût. Le calme cessa, & le vent s'étant même renforcé, ils firent force de voiles, & leur navigation fut si heureuse, que neuf jours après ils se trouvérent à la vûë de Londres, d'où ils étoient partis il n'y avoit qu'environ un mois. Ricaredé ne voulut pas entrer dans le Port en vainqueur, à cause de la mort de son Général, il voulut mêler la joye à la tristesse. Il fit arborer sur le hunier à l'envers une Bannière semée de Croissans, & sur un autre mât un Etendart de taffetas noir, dont les pointes rasoient les flots. Il fit sonner ensemble des fanfares

&

& des airs lugubres, & ce fut au milieu de ce contraste, au son des Clairons & des Sourdines, qu'il entra dans la Tamise avec son Vaisseau, ayant laissé le Galion dans la mer, la Riviére n'étant pas assez profonde pour ce Navire.

Les Anglois connurent à plusieurs marques, que le Vaisseau de Ricarede étoit celui que montoit le Baron de Lansuc, mais ils ne pouvoient comprendre comment il avoit changé son autre Vaisseau pour ce grand & puissant Galion. Ricarede parut sur le tillac, couvert de riches & luisantes armes; il sauta un moment après dans un Esquif, & sans autre suite que celle d'une infinité de peuple qui le suivoit, il se rendit au Palais où la Reine attendoit déja qu'on lui apportât des nouvelles de ces Vaisseaux. Isabelle étoit auprès de cette Princesse, elle étoit vètuë ce jour-là à l'Angloise, & jamais elle ne fut plus belle. Pour Ricarede qui surpassoit en taille & en bonne mine tout ce qu'il y avoit de Seigneurs bien faits à la Cour, comme il venoit armé de toutes piéces, avec des armes dorées & gravées, il paroissoit encore plus grand, & beaucoup mieux fait qu'il n'étoit. Il ne portoit point de casque; mais il avoit un chapeau à grands bords, chargé de plumes de diverses couleurs

leurs ajuſtées à la Walonne. Il avoit une épée large, garnie de pierreries, les pendans de ſon Baudrier étoient riches, & tout ce qui paroiſſoit de ſon habillement étoit à la Françoiſe, il n'y avoit rien de plus propre, de plus galant & de plus martial tout à la fois. Dès qu'il parut devant la Reine, il mit un genou à terre, & lui fit un petit détail de ſon expédition. Le Baron de Lanſac, lui dit-il, étant mort d'une Apoplexie, je pris ſa place pour obéïr à vos ordres. Peu de tems après nous vîmes paroître deux Galéres Turques, qui amenoient le grand Galion qui n'a pû entrer dans la Riviére; nous les attaquâmes, & vos Soldats combattirent avec tant de valeur, que nous les coulâmes à fond. Nous donnâmes la liberté à tous les Eſclaves Chrètiens, & nous eſpérons que vous ne déſaprouverez pas une générofité dans laquelle il entra un peu de politique; car ils étoient en ſi grand nombre, que nous avions à craindre en les amenant, quelques meſures que nous euſſions pû prendre. Nous n'avons amené qu'un ſeul Eſpagnol & ſa femme, qui ont voulu avoir l'honneur de voir Votre Majeſté. Le Galion eſt de ceux qui viennent des Indes de Portugal. Les Perles, les Diamans & les autres Pierreries

reries qui y sont, valent des sommes immenses. Les Turcs n'avoient pas eu le tems d'y toucher, & nous n'y avons pas touché nous-mêmes. J'ai donné ordre qu'il vous fût présenté, Madame, tel qu'il est tombé entre nos mains ; car avec un seul Joyau que Votre Majesté me donne, je serai trop récompensé. Ce Joyau ajoûta-t-il Madame, c'est Isabelle, que Votre Majesté m'a déja promise si je me signalois par quelque action. Levez-vous Ricarede, répondit la Reine, si je devois vous donner Isabelle pour un prix, vous ne la sauriez mériter avec tout ce qu'aporte le Vaisseau, ni avec tout ce qui reste dans les deux Indes. Je vous la donne, parce que je vous l'ai promise, parce qu'elle est digne de vous, parce que vous êtes digne d'elle ; votre seule valeur la mérite. Si vous avez gardé les Joyaux du Galion pour moi, j'ai gardé celui-ci pour vous. Isabelle est à vous, la voilà, vous pourrez l'épouser lors que vous voudrez, & je croi que ce sera avec son consentement, elle a trop de goût pour s'y opposer. Je vous attens demain ajoûta-t-elle, pour aprendre plus au long le détail de votre combat, & je serai bien aise en même tems, que vous m'ameniez cet Espagnol & cette Epagnole qui souhaitent de me voir: ij il ne seroit pas juste de les faire languir plus long-tems, puis qu'ils s'en font une satisfaction, il me tarde de les remercier moi-même. La Reine se retira alors dans son cabinet, & toutes les Dames commencérent à environner Ricarede. La Comtesse de Tansi qui étoit une des mieux faites de la Cour, & qui avoit lié une étroite amitié avec Isabelle, se prit à lui dire : Et qu'est ceci, Seigneur, quelles armes avez-vous prises ? Pensiez-vous que vous eussiez ici à combattre vos ennemis ? Sachez que nous sommes ici toutes vos amies, si vous en exceptez Isabelle, qui comme Espagnole, ne sauroit l'être. Ce seroit le plus grand malheur qui me pût jamais arriver, repartit Ricarede ; ce seroit une terrible ennemie. Mais je me flatte que l'air d'Angleterre qu'elle respire depuis si long-tems, lui fait regarder les Anglois comme des amis. Isabelle se prit à dire en soûriant, vous avez raison Ricarede, & la Comtesse en doit savoir quelque chose, car elle sait à quel point je l'aime. Cette petite raillerie de la Comtesse de Tansi n'étoit pas sans mistère, quelcun avoit trouvé à redire que Ricarede eût paru devant la Reine tout armé, en effet, cela étoit un peu cavalier ; mais la Reine regarda cela comme

une

une galanterie, & l'expédition qu'il venoit de faire rendoit la galanterie pardonnable : d'ailleurs la Reine Elisabeth n'étoit pas une Princesse farouche, elle prenoit plaisir que les Seigneurs de la Cour se donnassent quelquefois de ces sortes d'airs. Ricarede se retira chez lui, on fit des feux de joye par toute la Ville ; on n'a jamais vû tant de réjouïssances. Déja le pére & la mére d'Isabelle étoient chez Clotalde. Ricarede lui avoit dit qui ils étoient, mais il l'avoit prié de n'en rien dire, parce qu'il vouloit surprendre Isabelle. On commença dès la même nuit à décharger le Galion, & une infinité de gens furent huit jours à y travailler. Le lendemain Ricarede fut au Palais avec le Pére & la Mére d'Isabelle, qui se trouva auprès de la Reine, parée de l'habit qu'elle avoit la prémiére fois qu'elle parut devant cette Princesse ; cet Espagnol & cette Espagnole ne l'admirérent pas moins qu'ils avoient admiré la Reine ; mais ils ne la reconnurent point. Ce jour-là la Reine fit asseoir Ricarede, faveur qu'elle n'accordoit que rarement à ses Sujets, & cette grace ne manqua pas de lui attirer des envieux ; il y eut même des Courtisans qui en firent des railleries contre leur Souveraine, tant l'envie est une passion indiscrete. Ricarede par ordre de la Reine, fit un détail plus long & plus circonstancié, qu'il n'avoit fait, du Combat qui s'étoit passé entre lui & les Corsaires. Il parla fort avantageusement de tous les Soldats, il en nomma même qui s'étoient distingués, & fit un éloge de la valeur de tous les Officiers, qui leur attira dans les occasions, des récompenses considérables. Dès qu'il eut fini son discours, il présenta à la Reine le Pére & la mére d'Isabelle; ce sont, Madame, lui dit-il, les personnes dont j'eus hier l'honneur de vous entretenir, & qui ont desiré de voir une Reine qui mérite qu'on la vienne voir des extrêmités de la terre. Elles sont de Cadix, & comme je l'ai pû apprendre, d'une famille qualifiée. La Reine les fit approcher, & Isabelle se sentit émûe. Elle jetta les yeux sur la Dame Espagnole, qui dans ce moment la regardoit avec attention, & elle crut voir dans son visage certains traits de celui de sa Mére, dont elle avoit encore quelque idée confuse. Le Pére & la Mére crurent à leur tour, voir en Isabelle quelque air de leur fille : mais comme il y avoit à craindre qu'ils ne se trompassent, ils gardérent le silence les uns & les autres. Cependant, on lisoit dans leurs

leurs yeux qu'il se passoit dans leur ame quelque chose d'extraordinaire, sur tout dans ceux d'Isabelle. Elle étoit fort distraite, pensive, & inquiéte, elle ne savoit qu'elle contenance tenir; la Reine s'apperçût de cette émotion, & Ricarede admiroit les divers mouvemens & les tendres agitations de ces trois personnes, dont la cause ne lui étoit pas inconnue. Il tardoit à Isabelle, que cette femme qu'elle croyoit être sa Mére, ne parlât; peut-être, disoit-elle en elle-même, reconnoîtrai-je à sa voix que mes yeux ne me font point illusion. Il lui tardoit, dis-je, qu'elle proférât quelque parole, lors que la Reine lui ordonna de leur demander à son mari & à elle, en Langue Espagnole, pourquoi ils n'avoient pas voulu jouir de la liberté que Ricarede leur avoit donnée, puis qu'il n'y a rien de plus doux que la liberté. Isabelle obéit à la Reine, & à peine avoit-elle achevé de parler, que la Dame Espagnole, sans répondre un seul mot, & sans considérer le lieu où elle étoit, s'approcha d'elle avec une précipitation extraordinaire. Elle s'arrêta un moment, comme si elle eût été ravie en extase. Un instant après, elle s'approcha tout à fait, lui fit pancher doucement la tête, & ayant découvert une

P 2   petite

petite marque noire qu'Isabelle avoit sous son oreille droite, elle s'écria tout d'un coup : Ha ! ma chére fille. Elle n'eut pas la force d'en dire davantage, & comme elle étendoit les bras pour l'embrasser, elle tomba évanouïe. Le Pére n'étoit pas moins ému que cette tendre Mére, mais comme il fut plus maître de soi-même, il ne dit rien, il ne pût néanmoins s'empêcher de laisser couler des larmes. Isabelle qui acheva de se convaincre que ses yeux ne l'avoient point trompée, embrassoit & baisoit sa Mére avec la derniére tendresse, & fondant en pleurs, se tournoit de tems en tems vers son Pére, pour lui témoigner la joye qu'elle ressentoit. La Reine étoit surprise & en même tems attendrie; Qui se fût attendu, dit-elle, à une semblable avanture ? Que j'ai de satisfaction d'une si heureuse catastrophe. La Dame Espagnole revint de sa pâmoison, & du moment qu'elle eut achevé de reprendre ses esprits, elle se jetta aux pieds de la Reine pour la suplier de lui pardonner. Je vous pardonnerois, lui dit cette Princesse, quand il seroit véritable que vous m'eussiez offensée en cette rencontre, mais vous ne l'avez point fait. J'entre dans la joye que vous avez d'avoir recouvré une fille

le qui méritoit d'être regrétée, & afin que vous ayez plus de commodité de la voir, vous demeurerez dans mon palais avec elle. Ricarede prit alors occasion de prier encore la Reine d'accomplir sa promesse, si elle le jugeoit digne d'Isabelle. Les Amans sont impatiens, dit en soûriant Elisabeth : ils s'imaginent qu'ils ne doivent jamais posséder ce qu'ils désirent. Je ne blâme pas votre impatience, ajoûta-t-elle, je la loue au contraire, & pour vous donner une marque que je ne la désaprouve pas, je veux bien vous dire encore une fois, que je vous trouve digne d'Isabelle, qu'elle sera à vous dans quatre jours, & que je veux qu'on célébre votre nôce d'une maniére qui soit digne de sa beauté, de votre valeur, & de la magnificence de ma Cour. Ricarede se retira très-satisfait, & quoi que le tems qui avoit été fixé pour son mariage fût fort court, ces quatre jours lui parurent autant de siécles. Ce jour qui devoit finir ses inquiétudes, commencer le bonheur après lequel il soûpiroit, & remplir toutes ses espérances, ce jour arriva, & jamais Amant ne fut plus transporté de joye que l'étoit l'heureux & amoureux Ricarede ; mais cette joye ne fut pas de longue durée, elle fut traversée dans le tems qu'on s'y attendoit le moins,

moins, & qu'on avoit le moins de lieu de le craindre, elle fut mêlée de mille amertumes. Ricarede étoit en un mot, sur le point de surgir à un heureux port, lors qu'il se leva une tempête imprévûë, & cette tempête fut si violente, qu'il se vit mille fois à la veille de faire un triste & tragique naufrage. Cette Dame dont nous avons déja parlé, cette Veuve du Grand Chambellan de la Reine, sous la conduite de laquelle étoit Isabelle, avoit un fils à peu près de l'âge de Ricarede; les grandes richesses du Comte Arnest, c'est ainsi que s'appelloit ce jeune Seigneur, sa naissance, & le crédit que sa Mére avoit auprès de la Reine, le rendoient fier & présomptueux. Toute sa fierté n'empêcha pas néanmoins qu'il ne se rendît éperdûëment amoureux d'Isabelle, & comme il se croyoit au dessus de ce qu'il y avoit de Seigneurs distingués dans le Royaume, il ne s'imagina jamais de trouver cette étrangére insensible. Il se trompa. Isabelle loin de répondre à sa passion, le traita toûjours avec la derniére indifférence. Cette froideur à laquelle Arnest ne s'attendoit pas, ne fit que l'enflammer davantage, & irriter son amour. Résolu à se faire aimer à quelque prix que ce fût, il n'y eut rien dont il ne s'avisât

sât pour venir à ses fins. Promesses, soûmissions, emportemens, tout fut mis en œuvre. Mais Isabelle aimoit ailleurs: d'un autre côté, l'humeur du jeune Comte ne l'accommodoit pas, & de plus la Reine s'étoit expliquée en faveur de Ricarede, d'une maniére à ne se pouvoir point retracter. Tout cela mit au désespoir Arnest, qui ne sachant plus quel parti prendre, & ne voulant pas survivre au bonheur de son Rival, résolut de se donner la mort, & de finir, par cette lâche extrémité, une vie qui lui étoit insupportable. Cette funeste résolution étoit prise, le poignard qu'il devoit s'enfoncer dans le sein étoit prêt, le lieu où se devoit passer cette sanglante Tragédie étoit choisi. Cependant, faisant réflexion qu'il y avoit une nouvelle tentative à faire, qui étoit de faire agir auprès de la Reine la Comtesse sa Mére, il fut se jetter à ses pieds. Il lui déclara ce qu'il sentoit pour Isabelle, & lui fit connoître d'un air troublé, & qui marquoit la mauvaise assiette où étoit son ame, que s'il n'épousoit cette étrangére, il n'étoit pas en état de résister à la douleur de la voir entre les bras d'un autre. La Comtesse qui connoissoit le caractere de son fils, & qui avoit vû beaucoup d'égarement dans ses

yeux

yeux & dans son discours, appréhenda qu'il ne se portât à quelque fâcheux excès. Sa tendresse fut allarmée. N'en venez pas mon fils, à des remédes violens, lui dit la Comtesse. Je parlerai moi-même à la Reine de votre passion, & peut-être aurai-je le bonheur de la faire entrer dans nos intérêts. Elle n'en croyoit rien néanmoins, parce que la Reine avoit parlé d'une maniére trop positive; mais elle voulut flater son fils de cette espérance, pour prévenir les tragiques desseins qu'elle connoissoit bien qu'il avoit conçus dans son cœur. Je vais me jetter aux pieds de la Reine, lui dit la Comtesse en se retirant, comptez que je n'oublierai rien pour vous rendre heureux, cependant, demeurez tranquille, & espérez. Ce jour-là Isabelle avoit pris un habit extrèmement riche, dont la Reine lui avoit fait présent. Cette Princesse lui avoit attaché elle-même un colier de perles, le plus beau qui eût été trouvé dans le Galion qu'avoit amené Ricarede; il étoit estimé vingt mille Ducats, & elle lui mettoit au doigt un Diamant de prix, lors que la Comtesse entra dans la Salle. Elle parut avec un visage triste, & à peine étoit-elle entrée qu'elle se jetta à genoux. Je viens, dit-elle, vous suplier, Madame, d'avoir

la

la bonté de suspendre pour deux jours le mariage d'Isabelle, & j'espére que Votre Majesté m'accordera une faveur, que je regarderai comme la plus grande que j'aye reçû d'elle en ma vie. La Reine voulut savoir prémiérement d'où venoit qu'elle lui faisoit cette priére, puis qu'elle n'ignoroit point ce qu'elle avoit promis à Ricarede; mais elle lui demanda avec tant d'instance, de lui accorder cette grace avant qu'elle lui en dit davange, qu'elle lui accorda ce qu'elle desiroit. Alors la Comtesse lui découvrit l'amour que son fils avoit pour Isabelle, qui s'étoit retirée par respect, elle lui exagéra sa passion, & ne lui fit point mistére des justes allarmes qu'elle avoit, ajoûtant qu'elle avoit demandé ces deux jours, pour donner le tems à Sa Majesté de penser aux moyens qu'il y auroit à prendre, pour sauver la vie à son fils. Si je n'avois engagé ma parole Royale, répondit la Reine, il ne seroit pas difficile de vous satisfaire, Isabelle seroit à votre fils. Mais, Comtesse, ne m'en parlez plus, ma parole est donnée, & elle est même donnée d'une maniére si solemnelle, qu'il ne m'est pas permis de la retracter. La Comtesse se retira. Elle dit sans détour au Comte ce que la Reine lui avoit répondu, & elle tâcha en même tems de lui faire comprendre qu'il exigeoit une chose impossible ; car, ajoûta-t-elle, il n'est pas même au pouvoir de la Reine, que Ricarede n'épouse Isabelle; vous vous y êtes pris un peu trop tard. Elle allégua quelques autres raisons, mais rien ne fut capable de ramener l'esprit de ce jeune présomptueux. Il quitta sa Mére dans le moment, il s'alla armer de toutes piéces, il monta sur un fort & puissant cheval, & s'allant présenter devant la maison de Clotalde, il cria à haute voix à Ricarede qu'il eût à sortir. Ricarede avoit déja pris son habit de cérémonie, qui étoit extrèmement magnifique, & il étoit sur le point d'aller au Palais pour épouser Isabelle, lorsqu'il entendit qu'on l'appelloit de la ruë. Il demanda ce que c'étoit. On lui répondit, que c'étoit le Comte Arnest, qui paroissoit à cheval & armé. Il se mit alors à la fenètre, & le Comte ne l'eut pas plûtôt aperçû, qu'il s'écria : J'ai un mot à te dire, Ricarede. La Reine, Notre Maîtresse, te commanda, il y a quelque tems, de l'aller servir sur mer, & de te signaler par quelque exploit qui te rendît digne d'Isabelle. Tu y allas, & tu en ès revenu avec un Vaisseau chargé de richesses, avec lesquelles tu penses l'avoir méritée. J'avouë que la

Reine

Reine te l'a promise. Elle a cru peut-être qu'il n'y a que toi dans toute sa Cour qui pût aspirer à cette conquête. J'estime qu'elle se trompe en cela, je dis plus, c'est une chose que je tiens pour certaine & pour véritable. J'ose bien te le dire encore, tu n'as rien fait qui te puisse rendre digne de posséder cette incomparable fille; & il ne t'arrivera de ta vie de rien faire qui te puisse élever à cet honneur: & en cas que tu veuilles soûtenir le contraire, je te défie. Comte, repartit froidement Ricarede, votre défi ne me regarde en aucune maniére, parce que je confesse, que non seulement je ne mérite point Isabelle, mais parce que je suis convaincu qu'il n'y a point d'homme au monde qui la puisse mériter. Votre défi donc ne me regarde point, puis que je demeure d'accord de ce que vous dites; cependant, je l'accepte pour châtier votre témérité. Alors il se retira de la fenêtre, & demanda qu'on lui donnât incessamment ses armes. Toute la maison fut en trouble. Cependant, comme il étoit de la prudence de prévenir un combat qui ne pouvoit qu'être funeste ou à Ricarede, ou au jeune Comte, on fut sur le champ avertir la Reine de ce qui se passoit. La Reine commanda d'abord au Capitaine de ses Gardes, d'aller arrêter le Comte Arnest, & cet Officier fit tant de diligence, qu'il le joignit dans le tems que Ricarede paroissoit monté sur un très-beau cheval, & avec les mêmes armes qu'il avoit lors qu'il alla saluer la Reine après son expédition. Lors que le Comte vit le Capitaine, il crût bien ce qui en étoit. Tu vois, Ricarede, se prit-il à dire, tu vois l'obstacle qui s'oppose à ce que nous nous battions. Si tu as quelque envie de me voir, tu me chercheras, je te chercherai aussi à mon tour, car je n'ai rien tant à cœur que d'humilier ta présomption & ton arrogance; & comme il n'est rien de plus facile à deux ennemis que de se rencontrer, remettons l'exécution de notre dessein à notre première vûë. Je le veux, dit Ricarede, je ne fuirai point l'occasion. Il en alloit dire davantage, lors que le Capitaine des Gardes arriva. Il s'approcha d'abord du Comte & lui dit, qu'il le faisoit prisonnier de la part de la Reine. Le Comte le pria de le mener devant cette Princesse, auprès de laquelle il savoit qu'étoit la Comtesse sa Mére, qui étoit revenuë à la charge, & qui mêlant ses larmes à ses priéres, faisoit ses derniers efforts auprès d'une Maitresse qu'elle le savoit bien qui l'aimoit. Le Capitaine accorda au jeune Comte ce qu'il demandoit. La Reine le regarda d'un air févére, & sans vouloir entrer en discours avec lui, elle commanda qu'on le désarmât, & qu'on le conduisît à la Tour. On peut se figurer aisément quelle fut la désolation de la Comtesse, elle ne se rebuta point néanmoins. Permettez, Madame, se prit-elle à dire, en se jettant de nouveau à ses genoux, permettez que je représente à Votre Majesté, que pour éviter les malheurs qui peuvent naître de cette querelle, entre les parens de Ricarede & les miens, que pour prévenir les suites fâcheuses qu'il y a à craindre, il est nécessaire d'en ôter la cause. Je veux dire, Madame, que vous devez renvoyer Isabelle en Espagne. Cette fille, ajoûta-t-elle avec malignité, est d'ailleurs si obstinée dans une Religion que vous ne trouvez pas à propos de tolérer dans votre Royaume, que quand il n'y auroit que ce seul motif, vous êtes ce semble, obligée d'éloigner de votre Cour, une personne qui est venuë y jetter la pomme de discorde. Pour ce qui regarde la Religion d'Isabelle, repartit la Reine, je ne suis pas surprise qu'elle y soit attachée. On est pour l'ordinaire de la Religion

dans

dans laquelle on a été instruit, & puis qu'elle trouve bonne celle dont elle fait profession, je ne désaprouve pas qu'elle y demeure ferme; on doit suivre toûjours les mouvemens de sa conscience, sur tout lors qu'on s'est persuadé qu'en les suivant on fait le bien. Je ne tolére pas à la vérité sa Religion, & les raisons que j'en ai sont très-fortes, il n'y a qui que ce soit qui l'ignore; mais cette intolérance ne s'étend que sur mes Sujets naturels. Ainsi Isabelle demeurant en Angleterre, peut-être ouvrira-t-elle les yeux avec le tems. Ricarede l'épousera, Comtesse. Je l'ai dit, & si ce n'est pas aujourd'hui, comme je m'y étois engagée, ce sera demain pour le plus tard. La Comtesse ne repliqua rien, elle se retira toute éplorée, & comme elle vit bien, ainsi qu'elle l'avoit fait sentir à la Reine, qu'il falloit qu'Isabelle fût la victime qui devoit être immolée dans cette rencontre, elle prit la plus indigne résolution que puisse prendre une personne de cette qualité, elle résolut de lui faire donner du poison.

Comme la plûpart des femmes sont extrêmes, comme elles sont rarement Maîtresses de leurs emportemens & de leurs passions, la Comtesse ne consulta pas un moment sur la lâche résolution qu'elle avoit

avoit conçûë; elle l'executa dès la même nuit. Elle follicita Isabelle à prendre d'une conferve où elle avoit mêlé un poifon des plus violens & des plus fubtils, lui perfuadant que c'étoit un petit reméde dont elle avoit befoin; car effectivement elle étoit un peu indifposée, n'étant pas poffible que ce qui venoit de fe paffer ne l'eut émûë. Elle fentit un moment après que fon cœur fe ferroit, fa langue s'attacha à fa gorge, fes lévres devinrent toutes noires, fa voix s'enroüa, fes yeux fe troublérent, elle eut, en un mot, tous les fignes d'une perfonne qui a été empoifonnée. On courut d'abord à l'appartement de la Reine, on lui raconta le déplorable état où étoit Ifabelle, on ne feignit point de lui dire, qu'il y avoit apparence que la mere du Comte Arneft lui avoit fait donner du poifon, que c'étoit un coup de defefpoir, d'une mere aveugle & idolâtre de fon fils. La Reine fe rendit un moment après dans la chambre de cette infortunée fille; mais lorfque cette Princeffe y arriva, elle avoit perdu entiérement la connoiffance. Elle manda fes Médecins. Cependant, elle lui fit donner quelques prifes de ces Antidotes, dont les Princes ne manquent jamais d'être pourvûs pour de femblables

occa-

occasions; tout cela ne servit de rien. Les Médecins arrivérent, ils redoublérent les remédes, & la Reine ayant obligé la Comtesse de dire de qu'elle sorte de poison elle s'étoit servie, on la secourut plus efficacement. Isabelle ne mourut point, sa grande jeunesse, & la vertu des contrepoisons lui sauvérent la vie; mais elle demeura sans sourcils, sans paupiéres & sans cheveux; elle perdit entiérement son teint, son visage s'enfla & devint affreux, par mille petites taches noires & livides, la peau en fut enlevée en plusieurs endroits, ses yeux à demi fermés demeurérent rouges & chassieux, en un mot, elle devint aussi laide, qu'elle avoit été belle auparavant. Ce fut enfin un changement si épouvantable, qu'on l'eût mille fois moins plainte si elle fût morte, que de la voir en un si triste état. La douleur de Ricarede étoit de celles qui ne se peuvent exprimer; mais ce qu'il y eut de grand en lui, fut, qu'il ne cessa point d'aimer Isabelle. Si elle a perdu ses charmes extérieurs, se prit-il à dire, elle n'a pas perdu une infinité de vertus que tous les poisons du monde ne lui sauroient ravir, & qui la rendront éternellement aimable. La beauté du corps n'est qu'un bien passager, le tems eût fait peu à peu

ce

ce que vient de faire dans un moment le desespoir de la Comtesse, & c'est à des biens plus réels que le véritable amour doit aspirer. Ce fut de cette maniére qu'il parla à la Reine, la suppliant de lui permettre qu'il fit transporter chez lui cette infortunée fille, qu'il regardoit toûjours comme l'Epouse qu'elle lui avoit destinée. J'admire ce que vous venez de dire, dit la Reine, avec tant de grandeur d'ame vous étiez digne d'un meilleur sort; mais le Ciel en a décidé autrement : votre malheur me mortifie, Ricarede, l'état d'Isabelle me touche. La seule chose que je puis faire, c'est de faire punir sévérement la Comtesse que j'ai déja fait arrêter prisonniére. Ah! Madame, s'écria Ricarede, pardonnez au desespoir de cette femme, elle sera assez punie d'être abandonnée à ses remors, & permettez-moi de faire emporter chez moi Isabelle. La Reine y donna les mains. Quelques jours après elle fut reçûë chez Clotalde, & la Princesse ajoûta au colier de perles, & au Diamant qu'elle lui avoit donné, tant d'autres présens, qu'on reconnut bien qu'elle l'aimoit avec beaucoup de tendresse. Isabelle fut pendant deux mois dans le même état où elle étoit, lorsqu'elle sortit de chez la Reine, il n'y avoit même nulle apparence ce qu'il se dût faire en elle le moindre changement, lorsqu'on s'apperçût tout d'un coup qu'elle n'étoit pas tout-à-fait si difforme. La peau du visage qui s'étoit enlevée tomba, une grande partie de ses petites taches livides qui la rendoient si hideuse, disparurent, son teint s'éclaircit peu à peu, ses yeux commencérent à s'ouvrir; mais ce n'étoit plus néanmoins la même Isabelle. Elle n'avoit plus rien de vif, rien qui fut capable de toucher; rien qui piquât; on ne voyoit en elle qu'un triste débris du plus horible naufrage qui fut jamais, & quoi qu'elle ne fût pas si défigurée qu'elle le fut d'abord, elle l'étoit pourtant assez, par rapport à ce qu'elle avoit été, pour faire pitié à ceux qui la connoissoient, & qui l'avoient tant soit peu aimée. Le pere & la mere de Ricarede ne crurent jamais qu'Isabelle pût recouvrer sa premiére beauté, quoi qu'elle commençât à donner des marques que ce n'étoit pas une chose absolument impossible. Ils la plaignoient; mais comme ils plaignoient davantage leur fils, ils résolurent d'écrire en Ecosse, pour renoüer avec la Demoiselle Ecossoise, le Mariage qu'ils avoient rompu eux-même. Dès que la résolution eut été prise, ils firent savoir à ses parens qu'ils n'avoient qu'à la faire passer en Angletergleterre, & qu'il ne tenoit qu'à eux de cimenter leur ancienne amitié, par une alliance qu'ils avoient toûjours affectionnée. On leur répondit favorablement. Tout cela se fit sans consulter Ricarede, dans la vûë qu'on eût que la beauté présente de la Demoiselle Ecossoise, effaceroit l'idée de la beauté passée de la malheureuse Isabelle, qu'ils firent dessein de renvoyer en Espagne. Nous la comblerons de tant de bienfaits, disoient-ils entr'eux, qu'elle n'aura point regret à notre fils ; mais ils savoient mal ce qui se passoit dans le cœur de Ricarede. Clisterne, c'étoit le nom de la Demoiselle Ecossoise, parut un mois après dans Londres, avec beaucoup de pompe, & elle étoit si belle, que depuis qu'Isabelle avoit perdu sa beauté, on n'avoit rien vû de plus accompli dans cette Ville. Ricarede fut au desespoir, & comme il appréhenda que cette nouvelle n'achevât de donner la mort à Isabelle, il voulut la lui apprendre lui-même. Il fut dans sa chambre tout ému. Elle étoit dans son lit, & ce fut en présence du pere & de la mere, que Clotalde avoit aussi reçûs chez lui, qu'il lui apprit en versant des larmes ce qui se passoit. J'en ai un déplaisir sensible, lui dit l'amoureux & genereux Ricarede ; mais n'en soyez pas affligée,

gée, Isabelle. Ce n'est pas vos attraits extérieurs qui m'avoient charmé, c'est cet assemblage de vertus qui se trouvent en vous, qui vous ont attiré un amour & une estime que je conserverai toute ma vie, & pour vous confirmer cette vérité ajoûta-t-il, promettons-nous dès aujourd'hui une fidélité éternelle. Il lui jura qu'il seroit son Epoux, & lui donnant la main, il se prit à dire, je le suis dès à présent. Isabelle lui répondit d'une voix foible & entrecoupée de soûpirs, qu'elle y consentoit, & dès ce moment-là, ils se donnérent mille témoignages d'une véritable tendresse. Ricarede en se séparant lui promit, qu'il feroit naître tant d'incidens, que la Demoiselle Ecossoise seroit obligée de s'en retourner dans son Païs, qu'elle pouvoit compter là-dessus. Si cependant, ajoûta-t-il, Clotalde parle de vous renvoyer en Espagne avec votre pere & votre mere, ne vous y opposez pas, & attendez-moi à Cadix ou à Seville deux ans, au bout duquel tems soyez persuadée que je vous joindrai. Il n'y a que la mort, continua-t-il, qui puisse m'empêcher d'exécuter la promesse que je vous fais; il réitéra mille fois les mêmes paroles en l'embrassant. Je vous attendrai, répondit Isabelle, non seulement deux ans, mais même toute ma vie. Le moment auquel j'apprendrai que vous n'êtes plus, sera celui de la mort de votre chére & fidelle Epouse. Elle acheva ces paroles en versant des torrens de larmes. Ricarede ne fut pas plûtôt sorti de la chambre d'Isabelle, qu'il entra dans celle de Clotalde. Il le supplia qu'il ne trouvât pas mauvais qu'il différât son mariage pour quelque tems, lui déclarant, qu'il avoit fait vœu d'aller faire un voyage à Rome, qu'il ne lui étoit pas permis de rompre. On fit tout ce qu'on pût pour l'en dissuader; mais la chose n'étoit pas possible, les parens furent obligés d'y consentir. Clisterne demeura chez Clotalde, à qui Ricarede promit qu'il viendroit l'épouser dans un an. Ce fut après cette promesse que Clotalde dit à son fils, qu'il avoit fait dessein de renvoyer Isabelle en Espagne, si la Reine y donnoit son consentement; car il y a lieu d'espérer se prit-il à dire, qu'elle achévera de recouvrer sa santé dans son païs natal. Ricarede, pour ne découvrir pas son dessein, répondit d'un air froid à son pere, qu'il fit ce qu'il trouveroit à propos, & que la seule grace qu'il lui demandoit, étoit qu'il n'ôtât rien à Isabelle, de ce que la Reine lui avoit donné. Clotalde le lui promit, & ce même jour il fut chez la Reine,

pour

pour lui demander l'agrément du nouveau mariage de son fils, & pour lui communiquer le dessein qu'il avoit formé à l'égard d'Isabelle. La Reine donna les mains à tout ce qu'il vouloit, & dès ce moment elle condamna la Comtesse à vingt mille écus d'amende envers Isabelle, elle la chassa de la Cour, & bannit pour dix ans d'Angleterre, le Comte son fils.

Quatre jours après, le Comte sortit du Royaume, & l'argent de l'amende fut payé. La Reine fit venir un Marchand François extrèmement riche, établi à Londres, qui avoit des correspondances par toute l'Europe, elle lui fit compter les vingt mille écus, & lui ordonna de les faire tenir au pere d'Isabelle à Seville, ou dans quelqu'autre Ville d'Espagne. Elle fit appeller ensuite un Capitaine de Navire Flamand, qui étoit prêt à partir pour France, auquel elle ordonna de prendre sur son bord Isabelle, son pere & sa mere. Vous prendrez lui dit-elle, un Passeport dans ce Royaume, afin qu'il paroisse qu'ils sont partis de France & non pas d'Angleterre, & si vous les menés à bon port dans leur Païs, vous aurez une récompense considérable. Le Capitaine qui étoit ravi de trouver une occasion d'obliger la Reine, lui promit de les rendre

dre à Lisbonne, à Seville, ou à Cadix. Le jour qu'Isabelle devoit s'embarquer, elle se rendit chez la Reine, pour prendre congé d'elle, & pour la remercier de tant de bienfaits dont elle l'avoit comblée. Cette Princesse lui remit la lettre de change de vingt mille écus, qu'elle avoit reçûe du Marchand François, & qui devoit être tirée à Seville, elle lui fit beaucoup de nouveaux présens, & recommanda à Clotalde, de lui laisser emporter tous les habits & tous les Joyaux qu'elle lui avoit donnés. Vous m'écrirez pour m'apprendre votre arrivée en Espagne, lui dit la Reine en l'embrassant, & vous ne sauriez trop souvent me faire savoir de vos nouvelles; car Isabelle, soyez-en convaincuë, vous me serez toûjours chére. On ne sauroit exprimer les caresses que lui firent toutes les Dames de la Cour, & celles qu'elle reçût de Catalina & de Clotalde. Ricarede ne parut point ce jour-là, comme il ne vouloit pas faire paroître sa douleur, il avoit fait une partie, avec quelques Seigneurs de ses amis, qui l'avoient mené à la Chasse. Isabelle & ses parens s'embarquérent, le Vaisseau qui les devoit porter en France, mit à la voile. Le trajet fut court, & le Capitaine du Navire s'étant muni

des

des Passeports nécessaires, ils se remirent en mer, & un mois après, ils prirent terre à Cadix, où ils furent reçûs avec des acclamations & des demonstrations de joye inexprimables. On y admira Isabelle qui commençoit à reprendre son embonpoint & sa premiére beauté. Ils ne demeurérent qu'un mois à Cadix, pour s'y délasser des fatigues de leur navigation, après lequel tems ils partirent pour Seville, parce que c'étoit-là qu'on leur devoit compter les vingt mille écus portés par leur lettre de Change, que le Correspondant du Marchand François de Londres accepta, & leur paya quelque tems après.

Dès qu'ils furent arrivés à Seville, le pere d'Isabelle loüa une belle maison vis-à-vis de Sainte Paule. Ils choisirent ce quartier plûtôt qu'un autre, parce qu'ils avoient une de leurs parentes Religieuse dans ce Couvent, & qu'Isabelle avoit dit à Ricarede lorsqu'ils se séparérent, que cette Religieuse lui donneroit de ses nouvelles. Il n'y eut personne qui ne fût surpris de la figure que faisoit le pere d'Isabelle, parce qu'il n'y avoit personne qui ignorât les pertes qu'il avoit faites. Il n'y avoit guéres de maison dans Seville qui fût plus propre, & plus magnifique

que que la sienne, il avoit plusieurs Domestiques & il faisoit une très-belle dépense. Mais ce qui surprit davantage, ce fut la beauté extraordinaire d'Isabelle. Elle devint plus belle qu'elle n'avoit jamais été, on ne sauroit se représenter une plus surprenante métamorphose. Elle l'emporta sur tout ce qu'il y avoit de beautés dans cette grande Ville, & on n'y parloit que de l'Espagnole Angloise ; car ce fut sous ce nom qu'elle fut connuë de tout le monde. Cette charmante fille écrivit à la Reine d'Angleterre, son arrivée en Espagne. Après l'avoir remerciée de son affection & de tant de bontés dont elle l'avoit honorée, elle lui marqua qu'elle n'avoit pas lieu de se plaindre tout-à-fait de sa destinée, que l'air de son Païs lui avoit été favorable, qu'elle y jouïssoit d'une santé parfaite, & qu'on commençoit à la flater, qu'elle n'étoit pas tout-à-fait affreuse. Elle écrivit aussi à Clotalde & à sa femme, d'une maniére extrêmement tendre. La Reine ne lui répondit point ; mais Clotalde & Catalina le firent, & après lui avoir témoigné beaucoup de tendresse, ils lui apprirent que le jour après son départ, leur fils Ricarede étoit parti pour passer en France, & de là en Italie ; ils lui écrivirent plusieurs autrefois, & leurs lettres étoient toûjours remplies de grandes marques d'affection; car il est certain qu'ils l'aimoient, quoi qu'ils eussent donné leur inclination à la Demoiselle Ecossoise. Isabelle demeura persuadée que Ricarede n'avoit quitté l'Angleterre que pour l'aller chercher en Espagne. Elle se consola de son absence par cette douce espérance, dont elle avoit lieu de se flater, connoissant Ricarede, comme elle le connoissoit. Elle mena cependant une vie extrèmement retirée. Elle ne sortoit de chez elle que pour aller à Sainte Paule, elle ne gagnoit jamais d'autres pardons, que ceux qui se gagnoient dans ce Monastére, elle ne vit jamais la Riviére, elle ne passa jamais à Triana, & elle n'assista jamais à aucune Fête de celles qui se célébrent à Seville. On peut bien s'imaginer, qu'avec tant de charmes, Isabelle ne manqua pas d'enflammer ce qu'il y avoit de Cavaliers distingués à Seville. Elle en fit soûpirer plusieurs; mais comme elle ne se montroit point, ou qu'elle ne se montroit que très rarement, il n'y en eut aucun qui eût occasion de lui dire ce qu'il sentoit. Ils lui donnoient la Musique pendant la nuit, ils faisoient des courses le jour, devant ses fenêtres, & comme ces galanteries

ries n'aboutissoient à rien, ils la firent solliciter à écouter leurs vœux, ils tâchérent de gagner par des présens les filles qu'elle avoit à son service : il n'y eut aucune voye indirecte, qu'ils ne prissent ; mais tout cela fut inutile. Isabelle fut comme un rocher au milieu de la mer, contre lequel les vagues se brisent, & que les plus furieux coups de vent ne sauroient ébranler le moins du monde. Elle attendoit son cher Ricarede. Cependant, un an & demi s'étoit déja écoulé, depuis qu'elle étoit partie d'Angleterre, & il ne lui avoit point donné de ses nouvelles. Ce silence lui faisoit de la peine. Tantôt elle le condamnoit, elle l'excusoit un moment après, & faisant enfin attention qu'elle n'avoit que six mois à attendre, elle se faisoit un plaisir de se dire, que ce tems seroit bien-tôt passé, & que Ricarede n'étoit point infidelle. C'étoit ces douces réflexions qui l'occupoient ordinairement ; mais elle en eut à faire de bien tristes, elle n'étoit pas encore au bout de ses infortunes. Elle reçût une lettre de Catalina, écrite de Londres, il y avoit un mois & demi, où elle trouva ces paroles.

Vous vous souvenez bien, ma chére fille,

d'un des Laquais de Ricarede, que nous appellions Gerard. Ce fut lui qui l'accompagna dans le voyage qu'il entreprit le jour après que vous fûtes partie, comme je vous l'ai marqué autrefois. Nous n'avions eu aucunes nouvelles de notre cher fils, depuis son départ. Nous en avons eu enfin ; mais helas ! ce sont des nouvelles bien tristes. Gerard arriva hier au soir, & il nous aprit que Ricarede ne vit plus, qu'il a été assassiné en France, par le Comte Arnest. Vous pouvez bien vous imaginer, ma chére fille, qu'elle est la douleur que nous avons ressentie, & que nous ressentons, son pere, son Epouse & moi, elle est au-dessus de tout ce que je vous pourrois dire. Prenez quelque part à notre infortune, Isabelle, & ne refusez pas quelques larmes à la mémoire de ce Ricarede qui vous a tant aimée.

Isabelle demeura convaincuë que la nouvelle de la mort de Ricarede ne pouvoit qu'être véritable. Catalina avoit écrit la lettre elle-même, & ce ne pouvoit pas être un artifice de cette femme dans la situation où étoient les choses. Gerard étoit un jeune homme qui n'avoit aucune méchante qualité, il avoit été élevé jeune dans la maison de Clotalde, il étoit fidelle & sincére, elle le connoissoit

soit pour tel; & d'ailleurs un Domestique ne s'avise guéres de faire de semblables inventions. Ricarede est mort, se prit-elle à dire, après qu'elle eut achevé de lire sa lettre, ma vie n'est qu'un tissu d'infortunes; mais le Ciel me fera la grace de pouvoir résister à cette derniére épreuve. Elle dit ces paroles sans qu'il parût le moindre trouble sur son visage, il ne lui échapa aucun soûpir, elle ne versa pas une larme, & s'étant levée de son siége, elle entra dans un Oratoire, se jetta à genoux, & fit vœu dès ce moment-là de se faire Religieuse. Elle communiqua son dessein à son pére & à sa mére, qui n'eurent garde de le désaprouver. Tout ce qu'ils firent dans cette rencontre, fut de lui persuader de n'accomplir son vœu qu'après que les deux ans que Ricarede avoit pris pour se rendre en Espagne, seroient entiérement expirés; car pendant ce tems-là, dirent-ils, vous pourrez avoir des nouvelles plus certaines de sa mort, & vous pourrez prendre l'habit avec plus d'assurance, & sans vous pouvoir reprocher de vous être trop précipitée. Isabelle suivit ce conseil, & elle se disposa, dès que ce tems seroit fini, d'entrer dans le Couvent de Sainte Paule, qu'elle choisit à cause de sa parente, pour

y passer le reste de ses jours. Ce terme fut bien-tôt expiré, Ricarede ne parut point, & Isabelle se mit en devoir d'accomplir son vœu. Son pére pria tous ses amis, qui n'étoient pas en petit nombre. L'Archevêque, tout ce qu'il y eut d'Ecclésiastiques, les Seigneurs les plus considérables, toutes les Dames de la Ville assistérent à cette Cérémonie qui fut des plus brillantes & des plus pompeuses. Jamais on n'a vû un tel concours de peuple, chacun voulut voir l'Espagnole Angloise, on ne pouvoit se tourner ni dans l'Eglise du Monastére, ni dans la ruë. Comme c'est la coûtume des filles, qui prennent l'habit de Religieuse, de s'ajuster ce jour-là le plus magnifiquement qu'il leur est possible, pour faire voir en quittant ces ajustemens mondains qu'elles renoncent aux vanités du monde; Isabelle prit le même habit qu'elle avoit lors qu'elle parut la prémiére fois devant la Reine d'Angleterre, elle se chargea de perles & de pierreries; elle mit sur elle tous ses bijoux, & n'oublia aucun des atours qui pouvoient relever sa beauté. Le Couvent où elle devoit entrer étoit si proche de sa maison, qu'elle voulut y être conduite à pied; mais il y avoit une si grande affluence de toutes
sortes

sortes de gens, qu'elle eut toutes les peines du monde à s'y rendre. Chacun faisoit des efforts pour la voir. Il y en avoit qui après l'avoir vûë couroient incontinent dans un autre endroit pour la voir encore. On s'entrepouffoit les uns les autres ; chacun tâchoit de fendre la presse, & entre ceux qui se donnoient pour cela le plus de mouvement, on apperçût un homme fort mal vêtu, qui, à une croix de la Trinité qu'il portoit sur son habit, fut reconnu pour être un Esclave qui venoit d'être racheté. Déja Isabelle avoit un pied dans la porte du Couvent, l'Abbesse, qui à la tête des Religieuses étoit sortie pour la recevoir, commençoit à lui tendre la main, lors que ce Captif s'écria à haute voix : Arrêtez, Isabelle, arrêtez, car tant que je serai en vie il ne vous sera pas permis d'être Religieuse. Alors il fit de nouveaux efforts pour s'approcher d'elle, & comme il étoit pressé de tous côtez, & qu'il poussoit avec violence vers la porte du Couvent, il laissa tomber un méchant bonnet qu'il portoit sur la tête. Tout le monde eut les yeux sur lui, & connut à l'air de son visage & à ses cheveux qui étoient extrêmement blonds & frisés, que ce devoit être un étranger. Personne ne ne pouvoit comprendre, ni ce qu'il vouloit dire, ni ce qu'il avoit deſſein de faire, lors qu'enfin étant arrivé à l'endroit où étoit Iſabelle, il ſe prit à lui dire en la prenant par la main : Me connoiſſez-vous Iſabelle, je ſuis Ricarede, je ſuis votre Epoux. Oui, je vous connois, répondit Iſabelle, à moins que vous ne ſoyez un fantôme qui veniez ici troubler mon repos. Non, Iſabelle, repartit-il en ſe jettant à ſes genoux, vos yeux ne vous font point illuſion. Je viens dégager ma parole. Que le triſte équipage où je ſuis ne vous faſſe pas oublier que vous êtes à moi, comme je ſuis à vous, & que vous ne pouvez point exécuter la réſolution que vous avez formée, de vous renfermer pour toute votre vie dans une maiſon Religieuſe. J'en conviens, Ricarede, dit cette aimable fille en l'embraſſant, il n'y a que vous ſeul qui me puiſſe faire rompre mon vœu, & je le romps dès à préſent, puis que je le puis faire ſans crime. La nouvelle de votre mort m'avoit fait prendre l'unique parti qu'il y avoit à prendre dans cette rencontre ; car enfin il falloit, ou ne vous point ſurvivre, ou ſe condamner à une retraite éternelle. Ne réſiſtons point aux Deſtins qui veulent achever de nous unir;

&

& allons à la maison de mon pére, qui est la vôtre, puis que vous me connoissez pour votre épouse, comme je vous reconnois pour mon époux. Chacun fut surpris de cette avanture, & chacun désira d'en savoir l'histoire; mais ce n'étoit ni le lieu, ni le tems. Retournons chez nous, dit le pére d'Isabelle à ceux qu'il avoit priés à la Cérémonie que Ricarede venoit d'interrompre, & ce sera là qu'on satisfera votre curiosité. Tandis que ces choses se passoient, un Espagnol s'écria tout à coup, que Ricarede étoit un Corsaire Anglois. C'est le même qui prit il y a trois ans sur des Corsaires Turcs un Galion qui venoit des Indes, mes yeux ne me trompent point; car il me donna la liberté à moi-même, & à plus de trois cens prisonniers que nous étions. Tout cela ne servit qu'à exciter d'avantage la curiosité de ceux qui vouloient savoir les avantures d'Isabelle, & de Ricarede. On ne fut pas plûtôt de retour au Logis du Pére d'Isabelle que cette illustre fille fut sollicitée à faire son histoire, & elle ne se fit point presser. Elle la commença depuis le jour que Clotalde l'avoit enlevée, jusqu'à son retour à Cadix, & elle tira des larmes de tous ceux qui l'écoutoient, sur tout lors qu'elle vint à leur parler de la mére du Comte Arneft, & du déplorable état où elle se trouva réduite par la lâche fureur de cette femme. Elle fit un recit circonstancié du combat de Ricarede contre les Turcs, elle n'oublia pas sa générosité & sa grandeur d'ame. Elle exalta sa pieté, & la libéralité de la Reine d'Angleterre; & lors qu'elle eut achevé de parler, elle pria Ricarede de raconter ce qui lui étoit arrivé depuis son départ de Londres, jusqu'au jour qu'il étoit arrivé à Seville. Je vous obéïrai, dit Ricarede, vous déplorerez, ajoûta-t-il, & admirerez en même tems la bisarrerie de ma destinée. Lors que je quittai l'Angleterre, pour n'être pas obligé d'épouser Clifterne, qu'on avoit résolu que j'épousasse, je passai en France. Je ne fis pas beaucoup de séjour dans ce Royaume, je me rendis incessamment à Rome, que je souhaitois de voir avec ardeur. Je vis avec plaisir ces Monumens superbes que le tems n'a pû encore détruire, & qui sont de si grandes marques de la magnificence de ceux qui furent autrefois les maîtres de toute la terre. Je visitai les lieux sacrés dont le nombre est presque infini. Je fis tous les autres actes de dévotion que j'avois résolu de faire; & après avoir ac-

compli

compli mon vœu, je me difpofai à partir pour vous aller trouver, & pour dégager ma promeſſe le plûtôt qu'il me feroit poffible. J'avois trois mille écus d'or ; je pris des lettres de change qui furent tirées fur un Banquier Florentin qui eſt établi en cette Ville, & ne m'étant réſervé que l'argent qui m'étoit à peu près néceſſaire pour mon voyage, je me rendis à Gênes, où je ſavois qu'il y avoit deux Galéres de la République, qui partoient pour aller en Efpagne. Je n'avois que Gerard avec moi, & étant arrivez dans la derniére Place de l'Etat Eccléſiaſtique, en allant de Rome à Florence, je fus ſurpris de trouver dans l'Hôtellerie où nous defcendîmes, le ſeul ennemi que j'aye au monde, je veux dire le Comte Arneſt. Il étoit là avec quatre valets traveſtis, & il étoit affez déguifé lui-même. Ne croyant pas qu'il m'eût reconnu, je m'enfermai dans une chambre avec mon valet, dans le deſſein d'aller coucher dans une autre, par fimple précaution ſeulement. Je ne le fis point néanmoins, parce que le peu d'empreſſement qu'avoient témoigné le Comte & ſes gens à m'obſerver, acheva de me perſuader qu'il ne m'avoit point reconnu. Je ſoupai dans ma chambre, & fer-

Q 6 ma-

mai ma porte, & je crus qu'il étoit de la prudence de ne me point coucher. Gerard se jetta sur un lit, & pour moi, je demeurai assis sur une chaise, où je sommeillai ayant auprès moi mes pistolets & mon épée. Comme je n'avois entendu aucun bruit dans l'Hôtellerie, je m'assoupis tout à fait ; mais environ sur le minuit, le Comte & ses gens, comme je l'ai sû depuis, m'éveillérent pour me faire dormir éternellement. Ils me lâchérent quatre coups de pistolet, qui portérent tous, ayant cru que j'étois mort ils se retirérent. Mon Laquais, comme je l'ai sû de l'Hôte, s'éveilla à ce terrible bruit, & sauta par la fenêtre : & comme il ne douta pas que je ne fusse mort, & qu'il appréhenda d'avoir la même destinée, il sortit le même soir de la Ville ; il ne revint plus à l'Hôtellerie, & s'en retourna à Londres, où il assura d'une maniére si positive que j'avois été tué, que personne ne douta de cette nouvelle, comme il a paru par la suite. Ceux du Logis montérent dans ma chambre, ils me trouvérent dangereusement blessé ; mais heureusement de quatre blessures que j'avois ; il n'y en eut aucune qui fût mortelle. Je me fis traiter, & demeurai là deux mois, au bout desquels je me rendis à Gênes, où quelques

ques Espagnols & moi fimes équiper une Felouque, & nous nous fimes escorter par un autre qui voguoit ordinairement devant nous, pour découvrir les Ecumeurs de mer. Notre navigation fut d'abord assez heureuse, nous arrivâmes sur les Côtes de France; mais voulant entrer dans un Port de ce Royaume appellé les Trois Maries, nous fûmes attaqués par deux Galiotes Turques, qui sortirent tout d'un coup d'une cale, & qui nous ayant coupés nous prirent. Les Pirates nous dépouillérent presque tout nûs, & ayant pris tout ce qu'il y avoit dans nos Felouques, ils les laissérent sans les couler à fond; disant, qu'ils auroient peut-être occasion de les reprendre toutes chargées. J'eus regrêt à tout ce que j'avois perdu, cependant ce qui me tenoit le plus à cœur, étoit ce que j'apportois de Rome dans un petit coffre de fer, où étoient aussi mes lettres de change; mais heureusement il tomba entre les mains d'un Forçat Esclave, qui le garda si bien, que les Pirates n'en eurent aucune connoissance : Ce fut-là une petite consolation pour moi dans ma nouvelle disgrace; je me délivrois d'une grosse rançon, car les Barbares eussent exigé pour le moins la valeur de ce que portoient mes lettres.

Nous

Nous fûmes menez à Alger, où je trouvai les Péres de la Trinité, qui rachetoient alors les Esclaves. Je leur parlai, & m'étant fait connoître, ils me rachetérent, quoi que je fusse étranger à leur égard. Ils comptérent d'abord pour moi cent Ducats, & promirent d'en compter douze cens encore, dès que le Vaisseau de l'Aumône seroit arrivé, pour délivrer le Pére de la Rédemption qui demeuroit engagé pour quatre mille Ducats, qu'il avoit empruntés par dessus la somme qu'il avoit aportée ; car la charité de ces Religieux s'étend jusques là qu'ils engagent leur liberté pour celle des autres, & demeurent eux-mêmes esclaves. Par surcroît de bonheur, je trouvai mon coffre que je croyois perdu, l'Esclave qui s'en étoit saisi, étoit Espagnol, & il ne fit nulle difficulté de me le rendre, après qu'il eut été racheté aussi bien que moi. Je montrai mes lettres de change au bon Pére, à qui j'offris cinq cens Ducats au dessus de ma rançon, pour l'aider à se dégager. Le Navire de l'Aumône fut environ un an à arriver : de vous conter toutes mes autres avantures, ce seroit une trop longue histoire. Je dirai seulement que je fus reconnu par l'un de ces Turcs que je laissai aller avec les Espagnols, à qui je donnai la liberté, lors que

que je pris le Galion qui venoit des Indes de Portugal; mais ce Turc fut si reconnoissant, & si honnête homme, qu'il ne me découvrit jamais, & en cela je fus extrèmement heureux, car si les Algériens m'eussent connu, ils m'eussent massacré sur le champ, pour se dédomager de ce riche Navire & des deux Galéres que je leur coulai à fond, ou ils m'eussent envoyé au Grand Seigneur, & c'en eût été fait de ma liberté. Enfin, le Pére de la Rédemption & moi, arrivâmes en Espagne avec cinquante Captifs rachetés, nous fimes la Procession générale à Valence, & de là chacun prit le chemin qu'il voulut. Je suis arrivé aujourd'hui en cette Ville, & j'avois tant d'impatience de revoir ma chére Isabelle, que je suis allé tout droit au Couvent de Sainte Paule, parce que c'étoit-là que je savois qu'on me donneroit de vos nouvelles. Ce qui m'est arrivé vous l'avez-vû, & ce qui reste à voir, ce sont ces témoignages de la fidélité de mon histoire. En achevant ces paroles, il montra le petit coffre dont il avoit parlé, & il le mit entre les mains de l'Archevêque. Le Marchand Florentin, qui étoit du nombre des conviés, & qui se trouva là présent, demanda à voir les lettres de change, & les ayant acceptées,

parce

parce qu'il avoit eu avis depuis fort longtems que la somme avoit été comptée à son Correspondant à Rome, il promit de les aquitter incessamment. On servit une Colation magnifique, ensuite chacun se retira, & huit jours après l'Archevêque épousa solemnellement Ricarede & Isabelle, en présence de ce qu'il y avoit de gens de distinction dans Seville. Ce fut par ces révolutions étranges, & par ces avantures extraordinaires, qu'Isabelle devint la femme de toute l'Espagne la plus heureuse. Elle passa ses jours avec son généreux & fidelle Epoux, dans la même maison que son pére avoit louée, laquelle ils achetérent ensuite, & ils moururent comblez de biens, car Clotalde leur fit remettre des richesses immenses.

LE LICENTIÉ
VIDRIERA
OU DE VERRE.

NOUVELLE V.

DEUX jeunes Seigneurs qui faisoient leurs études, se promenant sur le bord de la Torme, (1) trouvérent un garçon d'environ onze ans, vêtu en Païsan qui dormoit sous un Arbre. Un Domestique par l'ordre de ses Maîtres, l'ayant éveillé, on lui demanda d'où il étoit, & pourquoi il dormoit dans cette solitude? Le garçon répondit qu'il avoit oublié le nom de son Païs, qu'il alloit à Salamanque chercher maître, & qu'il le serviroit de bon cœur, pourvû qu'il lui procurât les moyens d'étudier. On s'informa s'il savoit lire? Il répondit non-seulement lire, mais écrire aussi. De sorte que, dit l'un des jeu-

[1] Riviére d'Espagne, près Malaga.

nes Gentils-hommes, ce n'est pas faute de mémoire que tu as oublié le nom de ta Patrie. De quelle maniére que ce soit, répondit le garçon, on ne saura jamais le nom du lieu de ma naissance, ni celui de mon pere, que je ne sois en état de leur faire honneur à l'un & à l'autre. Et comment veux-tu leur faire honneur demanda l'autre Gentilhomme? Par mes études, répondit le garçon, me rendant illustre par la Science; j'ai toûjours ouï dire, que des hommes, on faisoit des Evêques. Une pareille réponse engagea ces deux jeunes Seigneurs à le recevoir, & à le mener avec eux, le faisant étudier comme les Domestiques, qui étudient dans cette Université. Ce garçon leur dit qu'il se nommoit Thomas Rodaja, ce qui joint à son habit, leur fit juger qu'il étoit fils de quelque pauvre Laboureur. Quelques jours après il l'habillérent de noir, & Thomas ne fut pas long-tems à faire connoître son esprit, s'appliquant à servir ses Maîtres, avec tant d'exactitude, de fidelité & de promptitude, que, quoiqu'il ne manquât en rien à ses études, il paroissoit qu'il étoit toûjours autour d'eux. Comme l'attention du serviteur excite la bienveillance du maître, Thomas paroissoit moins le Domestique de ses Maîtres, que

que leur Camarade. Enfin pendant huit ans qu'il passa avec eux à Salamanque, il se rendit si fameux dans l'Université, par son esprit & sa capacité, qu'il étoit aimé & estimé universellement de tout le monde. Sa principale étude étoit le Droit ; mais par les belles Lettres, il se faisoit plûtôt connoître & admirer. Sa mémoire étoit si heureuse, qu'elle causoit de l'étonnement, il n'étoit pas moins fameux par l'étenduë de sa pénétration & de son jugement. Ses Maîtres achevérent enfin leurs études, & se retirérent chez eux, dans une Ville des plus considérables de l'Andalousie. Ils emmenerent Thomas avec eux, & il y demeura quelques jours : mais pressé par le désir de retourner à son Université, & de revoir Salamanque, qui attire sans cesse à elle, tous ceux qui ont éprouvé combien elle est agréable, il demanda à ses Maîtres, la permission d'y retourner. Ils la lui accordérent, avec toute l'honnêteté possible, & le régalérent si bien, qu'il pouvoit avec ce sécours s'y maintenir pendant trois années. Il prit congé d'eux, leur faisant connoître par son discours, combien il se sentoit obligé à leur égard. Il sortit de Malaga, (Patrie de ses Maîtres) & en descendant la côte de la Zambre, sur le che-

chemin d'Antequera, il rencontra un Gentilhomme à cheval, vêtu bizarement d'un habit de campagne, avec deux Laquais auſſi à cheval derriere lui. Il ſe joignit à lui, & apprit qu'il faiſoit la même route. Ils furent bien-tôt Camarades, & en diſcourant de differentes choſes, Thomas donna des preuves évidentes de ſon rare genie, & le Cavalier de ſa galanterie & de ſa politeſſe ; celui-ci dit à Thomas qu'il étoit Capitaine d'Infanterie, au ſervice de Sa Majeſté, & que ſon Enſeigne étoit aux environs de Salamanque pour y former ſa Compagnie. Il lui exagéra les plaiſirs de la vie militaire, il lui peignit au naturel la beauté de la Ville de Naples, les divertiſſemens de Palerme, l'abondance de Milan, les repas de Lombardie, & les tables magnifiques des Hôteleries. Il lui inſinua le plaiſir qu'on goute à pouvoir dire, d'un ton hardi ; vîte, Patron, viens ici Maraut, aprête-moi des Perdrix, des Poulets, des Macarons. Il éleva juſqu'au Ciel la vie libre du Soldat, & la liberté dont on jouit en Italie ; mais il n'eut garde de lui parler du froid que ſouffrent les Sentinelles, du péril qu'on court à un aſſaut, de la terreur que vous inſpire une bataille, de la faim qui vous travaille dans les Siéges,

ges, des risques des Mines, & de mille autres choses de cette espece, que quelques-uns regardent comme une suite des fatigues du Soldat, & qui cependant en fait le principal. Enfin l'Officier lui conta tant de merveilles, & s'énonça si bien, que toute la prudence & la pénétration de notre Thomas Rodaja, commença à chanceller, & sa volonté à prendre goût pour un genre de vie, qui a toûjours la mort si proche. Ce Capitaine qui s'appelloit Don Diegue de Valdivia, satisfait du bon air, du bel esprit & de la grace de Thomas, le pria de l'accompagner en Italie, quand ce ne seroit que pour contenter sa curiosité. Il lui offrit sa table & même le Drapeau de sa Compagnie, parce que l'Enseigne le devoit bien-tôt quitter. Thomas se rendit aisément, après avoir discouru en lui-même qu'il lui seroit avantageux de voir l'Italie, la Flandre & d'autres Païs étrangers, les longs voyages rendant les hommes plus prudens; qu'il mettroit tout au plus trois ou quatre années à faire ce voyage, ce qui ne l'empêcheroit pas, vû sa jeunesse, de reprendre ses études; & comme si tout devoit arriver selon les mesures qu'il prenoit, il promit au Capitaine de passer avec lui en Italie, sous la condition cependant qu'il qu'il ne ſerviroit ſous aucun Drapeau, & qu'il ne s'engageroit point comme Soldat, afin de pouvoir quitter le ſervice quand il lui plairoit. Quoique le Capitaine lui dit, qu'il ne courroit aucun riſque de ſe mettre ſur le Rôle des Soldats, & qu'il pouvoit par-là, jouïr de la paye, & des avantages que procuroit la Compagnie, puiſqu'il lui donneroit ſon congé toutes les fois qu'il l'exigeroit, ce ſeroit lui répondit Thomas, aller contre ma conſcience & la vôtre, Seigneur Capitaine, ainſi j'aime mieux aller libre, que d'aller engagé. Une conſcience ſi ſcrupuleuſe, dit Don Diegue, eſt plûtôt d'un Religieux que d'un Soldat, néanmoins de telle maniére que vous le voudrez nous ſerons toûjours Camarades. Ils arrivérent la nuit à Antequera, & en peu de jours comme ils marchoient à grandes journées, ils ſe rendirent dans le lieu où étoit la Compagnie, qu'on avoit complétée. Elle revenoit déja à Cartagène, logeant, elle & quatre autres dans les endroits qui leur paroiſſoient les plus convenables, ſur le chemin. Ce fut dans cette route que Thomas remarqua l'autorité des Commiſſaires, l'incommodité de certains Capitaines, l'inquiétude de ceux qui marquent les logemens, les comptes, & la dextérité

des

des Tréforiers, les plaintes des peuples, le rachàt des billets, les infolences des Recruës, les difputes des Hôtes, la demande exhorbitante des bagages, & enfin la néceffité prefque indifpenfable de faire tout ce qu'il remarquoit, & qui lui paroiffoit fort mal fait. Thomas avoit quitté fes habits d'Etudiant, & felon le proverbe, jetté le froc aux orties, pour prendre un habit de couleur. De tous les Livres qu'il avoit, il ne s'étoit refervé que des Heures de Notre-Dame, & un Garcia fans Commentaire, qu'il portoit dans fes deux poches. Ils arrivérent à Cartagêne plûtôt qu'ils ne voulurent, parce que le plaifir de loger en route est varié, & que chaque jour on trouve de nouvelles maifons agréables, & où on eft au large. Là ils s'embarquérent fur quatre Galéres de Naples, & là pareillement Thomas Rodaja confidéra la vie étrange qu'on mène fur ces maifons flotantes, dans lefquelles la plûpart du tems les punaifes vous tourmentent, les Forçats vous volent, les Mariniers vous incommodent, les Rats vous mangent, & les coups de mer vous fatiguent. Les tempêtes qu'ils effuyerent, & furtout les deux qui les furprirent dans le golfe de Lion, dont l'une les jetta dans l'Isle de Cor-

Corfe, & l'autre les fit gagner Toulon, en France. Enfin, las, mouillés, les yeux bâtus, & accablés de sommeil, ils arrivérent à la belle & superbe Ville de Gènes, & se débarquérent dans son Port, qui est à l'abri des tempêtes. Le Capitaine après avoir été faire la priére dans une Eglise, vint avec tous ses Camarades dans une Hôtellerie, où chacun oublia les bourasques passées, avec le présent *Gaudeamus* Ce fut alors qu'ils éprouvérent la douceur du Trévisan, la valeur du Montefiascone, la legéreté de l'Aspérino, la générosité des deux Grecs de Candie & de Some, la force de celui des cinq Vignes, la douceur & la délicatesse de la Dame Garnacha, l'apreté de la Chentola, sans que parmi cette Noblesse, osa paroitre, la foiblesse de celui de la Romagne. Après que l'Hôte eut fait la revûë de tant de différentes sortes de vins, il offrit d'apporter à la Compagnie, sans avoir recours, ni à l'artifice ni au mensonge, mais bien réellement & naturellement du Madrigal, du Coca, du S. Alexis de l'Imperiale & Royale Ville, Magazin du Dieu de la raillerie; il offrit encore de l'Esquivias, de l'Acanis, du Caçalla, du Cuadalcanal & de la Membrilla, sans oublier le Ribadavia & le Descargacargamaria ; enfin il leur nomma plus de fortes de vins, & leur en préfenta plus que le Dieu Bacchus même n'en pourroit avoir dans fes celliers. Le bon Thomas admira auffi les cheveux blonds des Génoifes, & l'air découplé des Génois, l'extrême beauté de Gènes, qui paroit avoir fes maifons enchaffées dans les Rochers, comme des Diamans dans l'or. Toutes les Compagnies qui devoient paffer en Piémont fe débarquérent un autre jour; mais ce voyage ne fut pas du goût de Thomas, qui voulut aller par terre à Rome & à Naples, pour revenir à Venife, par la route de Lorette, & enfin à Milan & en Piémont, où Don Diegue de Valdivia promit de fe trouver, à moins qu'il ne fut déja parti pour la Flandre, comme le bruit couroit qu'il devoit y aller. Deux jours après, Thomas prit congé du Capitaine, & en cinq il fe rendit à Florence, ayant paffé par Luque, petite Ville, mais bien bâtie; & où les Efpagnols font aimés, & reçus mieux que dans toute autre Ville d'Italie. Florence lui plût extrèmement, tant pour fon agréable affiéte, que pour fa propreté, la fomptuofité de fes bâtimens, la fraicheur de fa Riviére, & la tranquillité de fes ruës. Il y demeura quatre jours, après lesquels il partit pour Rome. La Reine des Villes, & la Maitresse du Monde. Il visita les Eglises, vénéra les réliques, & admira la beauté de cette superbe Ville : & comme par les ongles du Lion, on en peut connoitre la grandeur, & la férocité ; de même connut-il la grandeur, & l'excellence de Rome, par les morceaux antiques de Marbre, les Statues tronquées, les Arcs, & le thermes rompus & démolis, les Portiques magnifiques, les Amphitéatres spatieux ; par la vuë du fameux Tibre, dont on peut regarder les eaux comme sanctifiées, pour avoir reçû dans son sein, le corps de quantité de Saints Martirs ; par ses Ponts qui semblent se regarder les uns les autres, & par ses ruës & ses chemins, dont le nom seul semble l'emporter sur toutes les autres Villes du monde, comme les voyes Appia, Flaminia, Julia, & les autres. Ce n'étoit pas avec une moindre admiration, qu'il consideroit la division des Montagnes de Rome, dans Rome même ; le Celius, le Quirinal, le Vatican, & les autres quatre, dont les noms manifestent la grandeur & la magnificence de Rome. Il observa l'autorité du Collège des Cardinaux, la Majesté du Pape, le concours & la varieté des Nations, qui se trouvent

dans

dans cette Ville. Il remarqua le tout avec une singuliére attention, & le nota dans ses tablettes. Après avoir visité les sept Eglises, & s'être confessé à un Pénitencier, & avoir baisé les pieds de sa Sainteté; plein d'Agnus-Dei, & de rosaires, il résolut de partir pour Naples; mais comme l'intemperie règnoit alors, pendant laquelle il est dangereux d'entrer dans Rome, ou d'en sortir, & de changer d'air, il voulut s'embarquer, & arriva à Naples, où au contentement qu'il avoit eû d'admirer Rome, il joignit la satisfaction de voir cette Ville, qui à son avis, & au jugement de tous ceux qui l'ont vûë, peut passer pour la plus abondante de l'Europe, & même de tout le monde. De là il s'en fut en Sicile, à Palerme, & à Messine; la situation & la beauté de Palerme, & le Port de Messine lui firent plaisir, il fut charmé de la fertilité de toute l'Isle, qui est avec justice, nommée le grénier d'Italie. Il retourna à Naples, & à Rome, & vint ensuite à Notre Dame de Lorette. Il ne vit point les murailles de son Eglise, parce qu'elles étoient couvertes de béquilles, de chaînes, de menotes, de fers, de chevelures, de bustes en cire, de peintures, d'*Ex voto*, & d'autres tableaux;

témoignages autentiques des graces particuliéres, que plusieurs avoient reçus de la Toute-puissance Divine, par l'intercession de sa Sainte Mére, qui chérissant sa vénérable Image, récompense la dévotion de ceux qui l'honorent, en obtenant de son cher fils des miracles sans nombre en leur faveur. Il vit dans le même endroit la chambre où se passa la plus majestueuse, & la plus importante Ambassade qui fut jamais, dont tous les Cieux, les Anges & les Habitans du céleste séjour avoient été les témoins, sans néanmoins la comprendre. De Lorette il fut s'embarquer à Anconne, & de là il se rendit à Venise, Ville qui n'auroit jamais eu de semblable, s'il n'y avoit jamais eu de Colomb, mais graces à Dieu, & au Grand Ferdinand Cortès, qui conquit la superbe Ville du Mexique, Venise, la célébre Venise, a trouvé une égale pour balancer les prérogatives singuliéres de son assiéte, & de sa magnificence. Ces deux fameuses Villes paroissent sortir du sein des eaux, celle de l'Europe fait l'admiration du monde Ancien, comme celle de l'Amérique fait l'étonnement du monde nouveau. Il vit que les richesses de Venise étoient infinies, son Gouvernement sage & prudent, sa situation

tion hors d'infulte, fon abondance complette, fes environs gaais & agréables, & enfin que tout ce qui la compofoit, étoit digne de la réputation qu'elle s'eſt acquife dans l'Univers entier. Le célèbre Arſenal, où l'on fabrique les Galéres, & les autres Vaiſſeaux preſqu'innombrables de cette République, eſt ſeul capable d'autoriſer, & de ſoutenir une ſi favorable oppinion. Les délices de l'Isle de Calipſo, ne paroiſſoient rien au prix des divertiſſemens, que notre curieux voyageur rencontra dans Veniſe, & peu s'en fallut qu'ils ne le détournaſſent de ſon premier deſſein. Cependant après un mois de ſéjour, il en ſortit, & paſſant par Ferrare, Parme, & Plaiſance, il ſe trouva à Milan, qu'on peut appeller les Forges de Vulcain, le but de l'envie de la Nation Françoiſe: Ville enfin de qui le proverbe raporte qu'elle peut parler & faire, étant recommandable par ſa Grandeur, par ſa vaſte & magnifique Egliſe, & par l'abondance de toutes les choſes néceſſaires à la vie. De là il fut à Aſti, & arriva juſtement dans le tems que le Régiment étoit prêt à marcher pour la Flandre. Il y fut parfaitement bien reçû du Capitaine ſon ami, & comme tel, il fit le voyage avec lui. Ils arrivérent à

Anvers, Ville qui ne le cède en rien à celles d'Italie. Il vit Gand, Brusseles, & toute la Province où l'on se préparoit à prendre les armes, pour entrer en Campagne l'Eté suivant. Le but qu'il s'étoit proposé en voyageant, étant rempli, il ne songea plus qu'à retourner en Espagne, pour achever ses études à Salamanque; & en effet, avec une douleur réciproque, il prit congé du Capitaine, qui le pria de vouloir bien lui faire savoir des nouvelles de sa santé, & de sa fortune. Il promit de lui donner cette satisfaction, & retourna en Espagne par la France, sans avoir vû Paris, qui se trouvoit en armes. Enfin, il arriva à Salamanque, où tous ses amis s'empressèrent à le recevoir avec tendresse, & avec leurs secours, il continua ses Etudes, jusqu'à recevoir le Grade de Licentié en droit. Dans ce tems là, une Dame du grand Monde, & qui n'ignoroit rien, vint à Salamanque. Tous les jeunes gens de l'Université, jusqu'aux C... ...utres, vinrent contenter leur c... ...iosité, en lui rendant visite. On rapporta à Thomas que cette Dame disoit qu'elle avoit voyagé en Italie & en Flandre, & bonnement il fut chez elle, pour voir s'il ne la connoitroit pas; dans cette visite, la Dame s'amouracha de Thomas,

mas, qui sans s'en appercevoir, n'alloit chez elle que par force, lorsque les Camarades l'y conduisoient; enfin, la Dame lui découvrit son ardeur, & lui offrit tout ce qu'elle possédoit; mais comme Thomas ne connoissoit d'autres plaisirs, que celui de s'amuser avec ses Livres, il répondit fort mal à l'idée de cette Dame, qui se croyant dédaignée, & même haïe, & qu'elle ne pouvoit se flater de se faire aimer par les voyes ordinaires, elle résolut de chercher des moyens plus efficaces pour assouvir sa passion. Conseillée par une Moresque, elle donna à Thomas dans un coing de Tolede, une de ces compositions qu'ils appellent Magiques, croyant lui donner dequoi s'attirer un amour réciproque, comme s'il y avoit dans le Monde des herbes, des enchantemens, ou des paroles capables de forcer la volonté; & c'est avec raison qu'on appelle sortileges, & maléfices, tout ce qui se donne à cette intention, parce que ce n'est autre chose qu'un venin pour ceux qui le prennent, comme l'expérience l'a fait voir dans mille occasions. Ce remède fit un si mauvais effet sur le pauvre Thomas; que dans le moment il commença à frapper des pieds & des mains, comme s'il fut tombé en frénésie; & il demeura plusieurs heures sans connoissance, à la fin desquelles il revint à soi, tout étourdi, & dit avec une langue épaisse en bégayant, que le coing qu'on lui avoit donné, le faisoit mourir, & déclara en même tems qui lui avoit fait ce beau présent. La Justice informée du cas, fut en vain chercher la coupable, qui s'étoit évadée à propos, & ne parut plus. Thomas demeura six mois au lit, & devint plus maigre qu'un Squelette, ayant tous les sens troublés; à force de remède, on vint à bout de guérir les infirmités de son corps, mais non pas celles de son Esprit. Son embonpoint, n'empêcha pas que son entendement ne fut travaillé d'une espèce de folie, qui n'eut jamais sa pareille. L'infortuné s'imagina qu'il étoit tout de verre, & dans cette pensée, quand quelqu'un s'approchoit de lui, il heurloit, en priant, & suppliant avec les meilleurs raisonnemens du monde, qu'on ne l'approcha pas, de peur qu'on ne le mit en piéces, parce que n'étant pas effectivement construit comme les autres hommes, il étoit de verre depuis les pieds jusqu'à la tête. Malgré ses cris & ses priéres, plusieurs tâchérent de le faire revenir de cette étrange manie, en l'approchant & en l'embrassant, & lui faisant remarquer qu'il qu'il ne se rompoit pas pour celà. Ce Stratagême étoit inutile, il se rouloit par terre en jettant des cris affreux, & enfin tomboit en foiblesse, de laquelle il ne revenoit que pour supplier derechef ses amis, de ne pas une autre fois approcher de lui, ou le toucher. Il disoit qu'on pouvoit lui parler de loin, & qu'on lui fit de loin, toutes les questions qu'on voudroit, parce qu'il y répondroit d'autant plus subtilement, qu'il étoit un homme de verre, & non pas de chair & d'os, & que le verre étant une matiére plus délicate & transparente, son ame auroit plus d'aisance, & plus de liberté que dans un corps épais & terrestre. Quelques uns voulurent éprouver, si ce qu'il disoit étoit vrai, & lui firent plusieurs questions difficiles, auxquelles il répondit volontiers, avec une grande présence d'Esprit; ce qui étonnoit les plus habiles de l'Université, & surtout les Professeurs de Médecine & de Philosophie, qui voyoient que dans un Sujet attaqué d'une folie aussi extraordinaire, que celle de se croire de verre, il y eut un entendement assez subtil, pour répondre avec tant de justesse & de pénétration, à toutes les questions qu'on lui faisoit. Thomas demanda qu'on lui donnât un fourreau, pour y mettre le vase fragile

gile de son corps, de peur qu'en l'ôtant d'un habit trop étroit, il ne vînt à tomber en morceaux ; on lui donna une robe faite exprès, & une chemise fort ample, qu'il endossa avec toute l'attention possible, & il se ceignit avec une corde de coton. Il ne voulut jamais recevoir de soulier ; il donna ordre pour son manger, de peur qu'on ne l'approchât de trop près, de lui mettre dans un étui d'un urinal de verre, quelques fruits de la saison, au bout d'une baguette. Il ne mangeoit, ni chair, ni poisson ; il ne bûvoit qu'aux Fontaines, & aux riviéres, & celà avec les mains ; lorsqu'il passoit par les ruës, il prenoit toujours le milieu, & regardoit sans cesse aux toits, de peur que quelque tuile ne lui tombât dessus le corps, & ne le réduisit en piéces. L'Eté il dormoit au milieu des Champs, à la belle étoile, & l'Hiver, il se fourroit dans quelque maison, & gagnant la grange, il s'y mettoit dans la paille jusqu'au cou ; disant, que c'étoit le lit le plus propre, & le plus sûr pour un homme de verre. Dès qu'il tonnoit, il trembloit comme un homme frotté de Mercure, il sortoit dans la campagne, & ne rentroit dans la Ville qu'après la tempête. Ses amis le retinrent enfermé pendant quelque

que tems; mais voyant que sa maladie ne diminuoit point, ils lui laissèrent toute liberté, sans le gêner en la moindre chose, de sorte qu'il alloit par la Ville, causant autant d'admiration que de pitié à tous ceux qui le connoissoient. Les Enfans l'entouroient; mais avec sa baguette, il les contenoit, & les prioit de se tenir éloignés, de crainte qu'il ne se cassât, disoit-il, puis qu'il étoit un homme de verre, fort sujet à se rompre. Les Enfans qui sont ordinairement la plus maligne race du monde, sans faire attention à ses plaintes, & à ses prières, commencérent à lui tirer des haillans, & même des pierres, pour éprouver s'il étoit véritablement de verre. Alors Thomas crioit, & gémissoit avec tant de force, qu'il obligeoit les hommes raisonnables à châtier cette jeunesse insolente, & à l'empêcher de le lapider. Un jour qu'ils le fatiguérent extrêmement, il se tourna vers eux, & leur dit; que me voulez-vous méchans Enfans ? aussi insolens que des mouches, aussi sales que des punaises, aussi téméraires que des puces; suis-je par hazard le Mont Testacé de Rome (1), pour

_____

(1) Le Mont Testacé à Rome est une petite montagne, que l'on dit s'être formé de morceaux, de pôts & de briques.

me jetter tant de morceaux, de pots & de briques ? Plusieurs personnes le suivoient par plaisir, pour entendre ses plaintes, & les réponses qu'il donnoit à tous ceux qui l'interrogeoient, & les Enfans prirent le parti de ne lui plus tirer des pierres, aimant mieux l'écouter. Passant un jour par la friperie de Salamanque, une fripière lui dit ; oh, mon cœur, Seigneur Licentié, que je suis fâchée de votre disgrace ; mais, que ferois-je, je n'en saurois pleurer. Thomas se retourna vers elle, & lui dit, *Filles de Jérusalem pleurez sur vous & sur vos Enfans.* Le Mari de la fripière comprit la malice de Thomas, & lui dit, frére Licencié Vidriera, (lui même il s'étoit donné ce nom,) vous tenez plus du méchant que du fol. Celà ne me fait rien, répondit Thomas, pourvû que je n'aye rien du Sot. Un autre jour qu'il se trouvoit vis à vis la grande hôtellerie, il apperçut à la porte plusieurs femmes, qui y demeuroient, & dit, voilà les bagages de l'armée de Satan, qui sont logés dans la maison de l'Enfer. Un certain homme lui demanda, quel avis, & qu'elle consolation il pourroit donner à un de ses amis, qui étoit fort triste, de ce que sa femme s'étoit enfuie avec un autre ? Dis-lui, répondit Thomas, qu'il

qu'il rende graces à Dieu, de ce qu'il a chassé son plus grand ennemi de sa maison. Il n'ira donc pas la chercher, dit l'autre; il ne doit pas en avoir la moindre pensée, repliqua Vidriera, autrement en la rencontrant, il auroit sans cesse devant ses yeux, un témoin de son deshonneur. Et comment pourrai-je avoir sans cesse la paix avec ma femme, ajoûta l'autre? Il lui répondit, donne lui tout ce dont elle a besoin; souffre qu'elle commande à tous ceux de ta maison, mais ne souffre jamais qu'elle te commande. Un jeune garçon lui dit, Seigneur Licentié Vidriera, je veux m'enfuir de la maison de mon Pére, parce que tous les jours il me donne le foüet; Vidriera lui répondit, prend garde, mon enfant, que les coups de foüet d'un Pére font honneur, & que ceux du Boureau deshonorent. Etant à la porte d'une Eglise, il y vit entrer un laboureur, de ceux qui se piquent d'être anciens Chrétiens, & après lui un autre qui ne passoit pas pour tel; le Licentié dit à haute voix au Laboureur, attend Dominique, laisse passer le Samedi. Il disoit que les Maîtres d'Ecole étoient heureux, de ce qu'ils avoient toujours à faire avec des petits anges qui seroient bien respectables, s'ils n'étoient pas mor-
veux

veux. Il répondit à un autre, qui lui avoit demandé, ce qui lui paroissoit des Maquerelles ; que celles qui étoient séparées des autres, ne l'étoient pas, mais bien celles qui étoient dans la foule des Villes. Toute la Castille fut informée de son espèce de folie, & de ses réponses ingénieuses, & un Prince, ou Seigneur de la Cour, voulant le voir, pria un Gentilhomme de ses amis, qui demeuroit à Salamanque de le lui envoyer. Ce Gentilhomme trouvant un jour Vidriera, lui dit, sachez, Seigneur Licentié Vidriera, qu'un grand Seigneur de la Cour, vous envoye chercher. Le Licentié, lui répondit, faites mes excuses à ce Seigneur, Monsieur, je ne suis pas bon pour la Cour, j'ai trop de pudeur, & je ne sai point flater. Malgré cela le Gentilhomme l'envoya à la Cour, & pour le déterminer à faire ce voyage, ils usèrent de ce Stratagême, ils le mirent dans un Rêts plein de paille, comme on a coûtume de porter du verre, égalant de l'autre côté sa pesanteur avec des pierres, & mêlant des verres dans la paille, afin qu'il crût qu'on le portoit comme un vase de véritable verre. Il arriva à Valladolid ; il y entra de nuit, & on le dépaqueta dans la maison du Seigneur,

qui

qui le demandoit, & qui le reçut parfaitement bien, en lui difant, que le Seigneur Licentié Vidriera, foit le bien venu, comment a-t-il trouvé le chemin, & en quel état eft fa fanté? Il lui répondit, il n'y a aucun mauvais chemin, dès qu'on eft à fa fin, fi ce n'eft celui qui conduit à la Potence. Pour ma fanté elle n'eft ni bonne ni mauvaife, puis que mon poulx eft d'accord avec mon cerveau. Voyant un autre jour plufieurs faucons, & autres oifeaux de proye, attachés à des perches, il dit, que la chaffe des oifeaux étoit digne des Princes, & des grands Seigneurs; mais qu'on devoit remarquer que ce plaifir coutoit deux mille fois plus qu'il ne rapportoit; que la chaffe au liévre étoit plus agréable, furtout lors qu'on chaffoit avec des levriers empruntés. Le Gentilhomme à qui cette folie plaifoit, le laiffoit aller par la Ville, fous la conduite d'un homme qui empêchoit que les Enfans ne lui fiffent du mal. En moins de fix jours, il fut auffi connu des Enfans, que des Courtifans; à chaque pas qu'il faifoit, & à tous les coins de ruë, on lui propofoit quelque queftion qu'il réfolvoit fur le champ. Un Etudiant lui demanda s'il étoit Poëte, parce qu'il lui paroiffoit qu'il étoit bon à tout.

Jufqu'à

Jufqu'à préfent, répondit-il, je n'ai été ni fi fol, ni fi heureux, je n'entens pas ce que vous voulez dire, par ces mots de fols, & d'heureux, dit l'Etudiant, je n'ai pas été affez fol, repliqua Vidriera, pour avoir été un mauvais Poëte; ni affez heureux pour avoir mérité de paffer pour être Poëte habile. Un autre Etudiant lui ayant demandé s'il eftimoit les Poëtes, il lui dit, j'eftime beaucoup la Poëfie, mais peu les Poëtes. On voulut favoir pourquoi il s'expliquoit ainfi, & il répondit, qu'il y avoit tant de mauvais Poëtes, & fi peu de bons, que les bons ne pouvoient pas faire nombre, & qu'ainfi en général, il ne les eftimoit point; mais qu'il admiroit, & refpectoit la Poëfie, comme une fcience, qui renfermoit toutes les autres, qui fe fervoit de toutes, pour s'en orner, & s'en embellir, & enfantoit des productions merveilleufes, qui rempliffoient l'Univers d'étonnement, de plaifir, & de profit. Il ajoûta, qu'il favoit combien on devoit eftimer un bon Poëte, & qu'il n'avoit pas oublié qu'Ovide difoit que,

Autrefois les Rois & les Grands Capitaines fe faifoient gloire d'avoir des Poëtes auprès d'eux, & recompenfoient leurs talens admi-

admirables. On avoit un respect infini pour la Poësie ; Le nom de Poëte étoit en vénération, & on combloit de bienfaits ceux qui portoient un si beau Nom.

Je ne me souviens pas moins de la haute prééminence que Platon leur accorde en les appellant interprètes des Dieux, & Ovide dit des Poëtes.

Nous ressentons un Dieu en nous, & c'est par son agitation que nous sommes échauffés.

Il dit encore ;

On nous appelle les Saints Prophètes, & les amis des Dieux.

Cela doit s'entendre des bons Poëtes. Pour ce qui est des mauvais Poëtes, de ces babillards ignorans, on doit les regarder comme l'opprobre & la sote vanité du Genre-humain. Remarquez un peu la contenance d'un de ces derniers, même du plus haut calibre, quand il veut reciter un sonnet, aux personnes qui l'environnent ; les politesses qu'il leur fait en leur disant ; faites moi la grace, Messieurs, d'écouter un petit Sonnet que j'ai
fait

fait cette nuit à certaine occasion. Quoi qu'il selon moi, il ne soit pas des meilleurs; cependant j'y trouve quelque chose de bon; en disant cela, il tord ses lèvres, il se ride le front, il se grate la poche, & parmi mille autres papiers crasseux & à demi rompus, qui renferment mille autres sonnets; il tire celui qu'il prétend réciter, & enfin il le lit avec un ton doucereux & sucré. Si par hazard ceux qui l'écoutent, soit par malice, soit par ignorance, ne lui donnent pas les loüanges qu'il en attend, il leur dit; oh sûrement vous n'avez pas entendu le sonnet, Messieurs, ou je n'ai pas sû le débiter? Vous aurez du plaisir à l'entendre une seconde fois; Je vous prie d'y faire plus d'attention, certainement le sonnet le mérite, & il en recommence tout de nouveau la lecture, avec le même ton & la même cadence; mais il faut les voir le critiquer les uns les autres? Que dirai-je de ces mauvais petits chiens, qui veulent aboyer contre ces anciens & graves dogues; & de ceux qui murmurent sans cesse contre ces Sujets, excellents & respectables par leur talent pour la Poësie, qui ne s'y adonnant que par récréation & pour se soulager de leurs fatigantes & sérieuses occupations, font éclater le feu d'un génie

nie tout divin, & la sublimité de leur imagination, en dépit & malgré l'envieuse ignorance qui juge de ce qu'elle ne sait pas, & hait ce qu'elle ne peut pas comprendre? On lui demanda un autre fois; Pour quelle raison les Poëtes étoient ordinairement réduit à la mendicité? Il répondit qu'ils étoient pauvres, parce qu'ils le vouloient bien, ne dépendant que d'eux d'être riches, s'ils savoient se prévaloir de l'occasion, qui étoit sans cesse entre leurs mains; puisque leurs Dames avoient les cheveux d'or, le front d'argent, les yeux d'Emeraudes, les dents d'yvoire, les lèvres de corail, la gorge de cristal; que leurs larmes étoient des perles liquides; de plus que pour Stérile & Séche que fut la Terre où elles marchoient, elle produisoit aussi-tôt des Roses & des Jasmins; & que leur haleine respiroit l'ambre, le musc & la civette, que toutes ces choses là étoient une preuve manifeste de leurs richesses. Ce n'étoit que des Poëtes crotés dont ils vouloit parler; il rendoit justice aux bons Poëtes, & il les élevoit jusqu'aux Cieux. Il apperçut un jour dans le cloitre de S. François, quelques peintures d'un mauvais Peintre; ce qui lui fit dire que les bons Peintres imitoient la Nature; mais que les mauvais la vomissoient.

foient. Il s'approcha un jour avec beaucoup de précaution de la Boutique d'un Libraire, & lui dit; j'aimerois beaucoup votre métier, si ce n'étoit un défaut qu'il a ; le Libraire lui demanda quel étoit ce défaut ? il lui répondit, les façons & les simagrées que fait un Libraire, lorsqu'il veut acheter un manuscrit, & la manière dont il se moque d'un Auteur, quand il veut faire imprimer un Livre à ses dépens, au lieu d'en imprimer mille cinq cens exemplaires, il en imprime trois mille ; de sorte que lorsque l'Auteur pense qu'on débite les siens, on ne débite que ceux que s'est reservé ce Libraire. Ce même jour là six criminels qu'on devoit foüeter, passèrent par la place, & le crieur disant, Au premier pour être Voleur; il dit à haute voix à ceux qui se trouvoient devant lui ; retirez-vous, Fréres, prenez garde que le Boureau ne commence par quelqu'un de vous autres. Et quand le crieur dit, à celui de derriére, il répliqua, celui-ci est apparemment le répondant des Enfans (1). Un jeune drole lui

[1] Le bon mot de cet Equivoque consiste à ce que le derrière, & celui qui marche derrière les autres, se disent en Espagnol trasero ; & qu'il y a un proverbe dans cette langue, qui dit, que le derrière des Enfans, est leur répondant, parce qu'il paye leurs frédaines, en recevant le foüet.

lui apprenant qu'on devoit le lendemain foüeter une Maquerelle; il lui répondit, si tu m'apprenois qu'on doit foüeter un Maquereau, je croirois qu'on feroit venir un Carosse à la Place pour le fustiger. Un porteur de Chaise, lui disant; Seigneur Licentié Vidriera, aurez-vous quelque chose à reprocher à nous autres porteurs? Non, répondit Vidriera, si ce n'est que chacun de vous sait autant de péchés qu'un Confesseur, avec cette différence que le Confesseur ne les apprend que pour les tenir secrets, & que vous autres ne les savez que pour aller les publier dans les Cabarêts. Un Garçon de ceux qui conduisent des voyageurs sur leurs Mulets, ayant entendu cette réponse, parce qu'il y avoit gens de toute sorte de métier qui l'écoutoient continuellement, lui dit, Vous n'avez rien, ou peu de choses à reprendre à notre conduite, Monsieur flacon, nous sommes d'honnêtes gens & nécessaires dans un Etat. Vidriera lui fit cette réponse. L'honneur du Maître réjaillit sur le Domestique, ainsi regardes qui tu sers, & tu verras quel honneur t'appartient. Vous êtes des jeunes droles, qui composés la plus fiére canaille que puisse porter la terre. Un jour lors que je n'étois pas encore de verre,

je

je marchai toute la journée sur une Mule de louage, à laquelle je comptai cent vingt & un deffaut, tous capitaux & contraires au Genre-humain. Tous les garçons qui conduisent les Mulets, tiennent une pointe de Maquereaux, de Voleurs, & de boufons. Si leurs Maîtres, (ainsi nommez-vous ceux que vous conduisez sur vos Mules,) sont des personnes douces & tranquilles, ils leur joüent autant de piéces qu'on en a joué les années passées à cette Ville. Si ce sont des Etrangers, ils les volent; si ce sont des Etudians, ils les maudissent; si ce sont des Religieux, ils les querellent; & si ce sont des Soldats, ils les appréhendent. Ceux-là, comme les Mariniers, les Charretiers, & les Voituriers, ont un genre de vie, tout différent des autres, & qui ne convient qu'à eux. Le Charretier passe sa vie dans l'espace d'une aune & demie de long, c'est-à-dire, de la place qu'il y a depuis le bout de la flèche, qui tient le joug des Mules, jusqu'au bout de la Charette. Il chante la moitié du tems, & renie l'autre; & lors qu'ils s'agit de retirer d'un bourbier, une des roués de leur Charette, ils en viennent plûtôt à bout avec deux juremens, qu'avec trois Mules. Les Mariniers sont des gens poliment grossiers fiers, qui n'entendent d'autre langue que le jargon qu'ils parlent dans leurs bâtimens. Ils sont diligens dans le calme, & paresseux dans la tempête; leur Dieu est leur Coffre, & leur Gamelle; & leurs passetems, le plaisir qu'ils ont à voir venir les passagers. Les Voituriers sont des hommes qui sont toujours en divorce avec les draps, & se sont mariés avec les Bâts; ils sont si diligens & toujours si pressés, qu'ils aimeroient mieux perdre la vie qu'une journée; leur Musique est celle de l'enclume d'un Maréchal, la sausse qui leur donne de l'apétit, est la faim; leurs Matines sont les heures où ils donnent à manger à leurs Bêtes, & leurs Messes de n'en jamais entendre. Vidriera prononçoit ces Sentences à la porte d'un Apotiquaire, & se tournant vers le Maître de la Boutique, il lui dit, vous auriez, Monsieur, un très louable métier, si vous n'étiez pas si ennemi des lampes. Comment suis-je ennemi de mes lampes, demanda l'Apoticaire? Vidriera lui répondit, je vous reproche cela, parce que, lors qu'il vous manque telle huile que ce soit, vous y supléez avec l'huile de la première lampe, qui vous tombe sous la main; outre cela, votre métier a encore un deffaut capable de faire perdre le crédit

dit au plus fameux Médecin de l'Univers. L'Apoticaire s'informa quel étoit ce défaut, il y a des Apoticaires, dit Vidriera, qui pour n'ôser avouer qu'il leur manque dans leur Boutique ce que le Médecin ordonne, y substituent d'autres drogues qui selon leur idée, ont les mêmes vertus que celles de la recepte, & souvent la médecine mal composée opère tout autrement qu'elle n'auroit dû le faire, si l'ordonnance du Médecin avoit été bien exécutée. L'Apoticaire lui demanda ce qu'il pensoit des Médecins? Vidriera lui dit. *Honorez le Médecin pour le tems de la nécessité, car le très haut la créé: Quoi que toute cure vienne de Dieu, il recevra des récompenses des Rois de la terre. La Science du Médecin le fera respecter, & les Grands lui donneront des louanges. Le très haut à créé sur terre la médecine, & l'Homme prudent ne la méprisera point.* Voilà ce que raporte l'Ecléfiastique, de la Médecine, & des bons Médecins; on pouroit dire tout le contraire des mauvais Médecins, parce qu'il n'y a pas dans la République des personnes plus dangereuses. Un Juge ne peut pas toujours alterer ou différer la Justice; l'Avocat pour le gain soutenir une mauvaise cause; le Marchand vendre de mauvaise marchanchandife, enfin toutes les perfonnes avec lefquelles nous avons commerce, ne peuvent pas nous faire du mal impunément; les Médecins feuls peuvent nous tuer, & nous tuer fans crainte, & tranquillement, fans le fecours d'autre arme que d'un récipé. Il n'y a pas moien de découvrir leurs crimes, parce que la terre les couvre fur le champ. Je me reffouviens que lors que j'étois un homme de chair, & non pas de verre comme je le fuis actuellement, qu'un malade quitta un Médecin de la feconde Claffe, pour fe faire traiter par un autre. Le prémier paffant par hazard par la Boutique d'un Apoticaire, vît le fecond qui écrivoit une recette; il demanda à l'Apoticaire comment alloit le malade qu'il avoit traité, & qui l'avoit abandonné, & fi le nouveau Médecin lui avoit ordonné quelque reméde? L'Apoticaire lui répondit, qu'il avoit là une recette d'une Médecine, que, felon l'ordre du fecond Médecin, le malade devoit prendre le lendemain. Le Médecin le pria de lui montrer cette recette, & ayant lû à la fin, *Sumat diluculo,* (qu'il la prenne dès le matin,) il dit, tout ce qui eft contenu dans cette recette eft très bon, & je l'approuve fort, excepté ce *diluculo*, parce qu'il eft abfolument trop humide.

humide. Pour écouter toutes ces réponses qu'il faisoit sur tous les Arts & métiers, on le suivoit en foule, sans lui faire mal à la vérité; mais cependant sans lui laisser un moment de repos. Malgré cette attention que le peuple avoit pour lui, il n'auroit pas pu se deffendre des enfans sans sa garde. Un certain Homme l'interrogea, pour savoir comment on pourroit faire pour ne porter envie à personne. Dors, dit-il, & tandis que tu dormiras, tu seras égal à celui que tu envies. Un autre lui demanda, comment il feroit pour sortir avec une commission après laquelle il couroit depuis deux ans? il lui répondit, monte à cheval lors que tu sauras qui l'a obtenuë, & accompagne le hors de la Ville; de cette sorte, tu seras assuré de sortir avec elle. Un Juge qui alloit en commission pour une affaire criminelle, passant par devant le lieu où étoit Vidriera, avec une grande Escorte & deux Huissiers; le Licentié demanda, qui étoit cet homme-là, & après qu'on l'en eut informé, il dit, je gage que ce Juge porte des Vipéres dans son sein, des Pistolets dans son écritoire, & des foudres dans ses mains, pour détruire tout ce qui se trouvera sujet à sa commission. Je me souviens, ajoûta-t-il, d'avoir d'avoir eu un ami, qui dans une commission criminelle, donna une Sentence si excessive, qu'elle surpassoit infiniment le châtiment que méritoit l'accusé; & comme je lui demandois, pourquoi il avoit rendu une Sentence si cruelle, & si contraire à la Justice; il me répondit, que son idée étoit d'accorder l'appel au condamné, & de laisser aux membres du Consel Souverain, le moyen de faire éclater leur clémence, & leur miséricorde, en modérant, & réduisant à son juste milieu une si rigoureuse Sentence; je lui répliquai, qu'il auroit mieux fait de le juger selon les Loix; & que de cette maniére, il auroit passé pour un Juge savant, & équitable. Dans le cercle du Peuple qui l'environnoit pour l'écouter, il se trouva un jeune homme qu'il connoissoit, en habit d'Etudiant, auquel quelqu'un donna le titre de Seigneur Licentié. Vidriera savoit fort bien, que celui qu'on traitoit de Licentié, n'avoit pas même le titre de Bachelier, c'est pourquoi il l'apostropha ainsi; gardez-vous bien, Compére, de ne pas avec votre titre, rencontrer les Péres de la Rédemption des Captifs, ils vous prendroient pour un échapé d'Afrique; l'ami lui répondit, traitons-nous bien, Seigneur Vidriera, vous

n'ignon'ignorez pas, que je suis un homme de haute & profonde connoissance, oui, répondit Vidriera, je sai que vous êtes un Tantale au milieu d'elles, elles sont hautes & profondes, & vous tenez le milieu, sans les pouvoir attraper. Etant un jour appuyé sur la boutique d'un tailleur, & le voyant les mains croisées, il lui dit, certes, mon Maître, vous voilà dans le chemin du Salut, pour qu'elle raison ? demanda le Tailleur. C'est reprit, Vidriera, parce que n'ayant rien à faire, vous n'aurez pas occasion de dire des mensonges; car malheureux le Tailleur qui ne ment point, & qui coût les jours de Fête. C'est une chose étonnante, que parmi tous ceux de ce métier, il n'y en ait aucun qui fasse un habit juste, & tant qui les fassent pécheurs. * Il avoit coutume de dire, que les Cordonniers ne trouvoient jamais un soulier mal fait, parce que, si le soulier étoit trop serré, ils répondoient, qu'il devoit être fort juste, pour faire paroitre le pied mignon, & qu'on l'auroit à peine porté deux heures,

---

* L'Equivoque de juste, & de pécheur, peut à peine se souffrir en Espagnol, & encore moins en François, c'étoit le goût du tems, qui l'a fait mettre ici à Cervantès.

res, qu'il ne deviendroit que trop large. Si au contraire le soulier étoit trop grand, & trop large, ils alléguoient qu'on les devoit porter ainsi, de peur de la goûte ou des cors. Un jeune éveillé, qui écrivoit dans un Bureau, le fatiguoit souvent, à force de lui faire des questions, & lui donnoit part de tout ce qui se passoit dans la Ville, pour savoir sur tout, son sentiment, il lui dit donc un jour ; Vidriera, il est mort cette nuit dans la prison, un Banc * qui étoit condamné à être pendu, Vidriera répondit, il a bien fait de mourir, avant que le Boureau se soit mis sur lui. Dans le Cloitre de S. François, il y avoit une assemblée de Gênois, & passant devant eux, il y en eut un qui lui dit, approchez-vous, Seigneur Vidriera, contez-nous un conte ? il lui répondit, je n'en ferai rien, vous me le passeriez en Banque à Gênes. Il rencontra une fois une marchande, qui menoit devant elle, sa fille tout à fait laide, mais chargée de joyaux & de perles, il dit à la mère, vous avez bien fait de la paver, pour qu'on puisse s'y promener. Il disoit que les Pâticiers jouoient par doublets, depuis plusieurs années, sans être châtiés, puis

qu'ils

___
* Apparemment un homme qui s'appelloit Banc.

qu'ils avoient mis les pâtés de deux sols à quatre, de quatre à huit, & de huit à seize, de leur propre autorité. Pour les joueurs de Marionnettes, il ne pouvoit pas les souffrir, il en disoit mille maux; que c'étoit une race vagabonde, qui traitoit indécemment les Mistéres de la Religion *; qu'ils tournoient la dévotion en risée; que, souvent ils jettoient pêlemêle dans un sac, toutes les figures de l'ancien, & du nouveau Testament, qu'ils s'asseyoient ensuite sur ce sac, pour boire & manger dans les Gargotes, & dans les Cabarets. Il ajoûtoit, qu'il s'étonnoit comment on ne les condamnoit pas à un bannissement hors du Royaume, ou du moins à ne point faire jouer leurs marionnettes. Un Comédien vêtu en Prince passant devant lui, il dit en le regardant; je me souviens d'avoir vû ce Prince sortir du Théâtre, le visage plein de farine, & le dos couvert d'une pelisse mise à l'envers, cependant à chaque pas qu'il fait hors de là, il jure foi de Seigneur. Peut-être l'est-il, répondit un autre, il y a plusieurs Comédiens qui sont bien nés, & même Gentils-hommes; cela n'est pas

_____
* Les premiers joueurs de marionnettes représentoient les Mistéres.

pas impossible, repliqua Vidriera, mais ce dont une farce a le moins besoin, c'est des gens de condition, oui bien des galans, des hommes Gentils, & d'une langue bien enfilée. Il disoit aussi à leurs Sujets, qu'ils gâgnoient leur pain à la sueur de leur front, avec un travail immense, toujours appliqués à apprendre par cœur, toujours courans comme des Egyptiens de ville en ville, & de Cabaret en Hotellerie, se fatiguant pour satisfaire les autres; parce que leur bien consistoit à faire plaisir aux autres; de plus qu'ils ne trompoient personne, étalant leur marchandise en place publique, au jugement & à la vuë de tous. Pour leurs Autheurs, disoit-il, leur peine est incroyable, il faut qu'ils se gênent sans cesse pour pouvoir, à la fin de l'année, se voir sans debtes, & sans procès avec leurs débiteurs. Cependant ils ne sont pas moins utiles, & nécessaires dans un Etat que les Bosquets, les promenades, les belles vuës, & tout ce qui sert à divertir, & à recréer honnêtement. Il racontoit qu'un de ses amis disoit, que celui qui sert une Comédienne, sert en une même personne, & en même tems à plusieurs Dames, comme à une Reine, à une Nimphe, à une Déesse, à une Soubrette, à une Bergére, &
souvent

souvent même à un Page, à un Laquais; parce qu'il arrive qu'une Comédienne, représente elle seule tous ces personnages. On lui demandoit un jour, quel étoit celui qui avoit été le plus heureux dans le monde, il répondit, que c'étoit *Nemo*,[*] parce que *Nemo Novit patrem: Nemo sine crimine vivit: Nemo sua sorte contentus: Nemo ascendit in cœlum*. Il disoit encore, que les maîtres d'armes enseignoient une Science ou un Art, qu'ils oublioient lorsqu'ils en avoient besoin, & que c'étoit des présomptueux, qui vouloient reduire en démonstrations mathématiques, & infaillibles, les mouvemens, & les idées emportées, & colériques de leurs adversaires. Il avoit une horreur, pour ceux qui se faisoient teindre la barbe. Deux hommes l'un Portugais, & l'autre Castillan, ayant un jour une dispute en sa présence; le Portugais en touchant sa barbe, dit au Castillan, par cette barbe que je tiens, Vidriera acourut alors, & lui cria, hola l'ami, ne dit pas que je tiens, mais que je teins. Un autre portoit une barbe jaspée, & de plusieurs

[*] Cet Equivoque consiste dans le mot latin Nemo.

sieurs couleurs, parce qu'elle étoit mal teinte; Vidriera dit, qu'il avoit une barbe de fumier, où l'on avoit jetté des œufs pourris. Il dit à un autre qui avoit la barbe moitié blanche, & moitié noire, à cause qu'elle avoit crue depuis la teinture; qu'il prît bien garde de disputer avec personne, parce qu'on lui feroit l'affront de lui reprocher qu'il en avoit menti par la moitié de sa barbe. Il raconta un jour qu'une jeune Demoiselle, prudente & avisée, consentit pour obéïr à ses parens, de se marier à un vieillard déja tout blanc, qui la veille de ses nôces s'en fût, non à la riviére du Jourdain, comme disent les bonnes femmes; mais à la bouteille d'eau forte, avec laquelle il renouvella sa barbe, de maniére qu'il se coucha avec elle, lors quelle étoit blanche comme la neige; & la trouva le lendemain matin noire comme la poix. L'heure venuë que les amans devoient se donner la main; la Demoiselle connut la fraude, & pria son pére de lui donner le même époux qu'on lui avoit déja fait connoître, & qu'elle n'en vouloit pas d'autre. Ses parens eurent beau lui dire, que celui qui étoit présent étoit le même auquel elle avoit promis sa foi. Elle répliqua que ce n'étoit point le même ; & prit à témoin plusieurs personnes que celui qui devoit être son époux, étoit un homme grave, & blanc de vieillesse, & que celui-ci n'avoit aucun cheveu blanc ; qu'ainsi il n'étoit pas celui qu'elle devoit épouser, & qu'on la vouloit tromper. Elle n'en voulut pas démordre. Le vieillard rougit de honte, & le mariage se rompit. Il n'en vouloit pas moins aux vieilles gouvernantes, qu'aux vieux pelés ; il se railloit de leur air d'autorité, de leur coeffure lugubre, de leurs minauderies, de leurs scrupules, & de leurs misérables sentimens. Il se m'étoit en colère quand il songeoit à la foiblesse prétendue de leur Estomac, à leurs vapeurs, à leur manière de parler interrompue, & pour ainsi dire, plus plissée que leurs coefes, & enfin, à leurs inutilités, & a leur sotte présomption. Quelqu'un lui dit, quoi. Seigneur Licentié, vous avez drappé jusqu'ici tous les arts, & tous les métiers, & vous n'avez jamais taxé les Ecrivains ; † y ayant tant de reproches à leur faire ; il répondit, quoi que je sois de verre, je ne suis pas si fragile.

† En Espagnol un Ecrivain s'entend de tous les gens de Justice du dernier ordre.

gile, que de me laisser emporter au courant du vulgaire, qui donne souvent dans le faux. Il me semble que la Grammaire de ceux qui murmurent, & le la la la de ceux qui chantent, sont les Ecrivains; parce que de même qu'on ne peut passer à aucune science, si ce n'est par la porte de la Grammaire, ainsi les murmurateurs commencent toujours à débiter leur calomnie, en parlant mal des Ecrivains, Huissiers, & des autres Ministres de la Justice. L'office d'Ecrivain étant si honorable que sans lui, la Vérité seroit maltraitée & bafouée par tout le monde. C'est pourquoi l'Ecclésiastique dit. *La Puissance de l'Homme est dans la main de Dieu, & il comblera d'honneur le visage de l'Ecrivain.* Un Ecrivain est une personne publique, & le Juge ne peut pas exercer sa charge sans lui. Les Ecrivains doivent être gens libres, & non pas Esclaves, ni fils d'Esclaves ; légitimes, non pas batards ni sortis de mauvaise race. Ils font serment de secret, de fidélité, de ne faire aucun contract ou écriture usuraire ; ils jurent que ni l'amitié, ni l'inimitié, ni le gain, ni la perte, ne les empêcheront de faire leur devoir en conscience, & en bons chrétiens ; & si cet emploi, requiert tant de belles qualités, pourquoi s'imaginer

ner que se trouvant plus de vingt mille Ecrivains, qu'il y a en Espagne, le Diable les emporte tous, comme si c'étoit l'héritage de sa Grand-mére ? non je ne puis pas le croire, & personne ne doit le penser, puis que ce sont les personnes les plus nécessaires dans un Etat bien discipliné. Il ne s'étonnoit pas, disoit-il, de ce que les Huissiers avoient beaucoup d'ennemis, puis que leur métier étoit de prendre les uns, d'emporter les meubles des autres, de garder ceux qu'il leur sont confiés par la justice, & de manger aux dépens de tous ceux à qui ils font du mal. Il blamoit la négligence, & l'ignorance des Procureurs, & des Solliciteurs de procès, en les comparant aux Médecins, qui prennent toujours leur honoraire sans prendre garde si le malade meurt ou guérit; ainsi les Procureurs, & Solliciteurs de procès, se font toujours payer sans faire attention, si la cause qu'ils deffendent, se perd ou se gagne. Un homme lui demanda quelle étoit la meilleure terre: il répondit, que c'étoit celle qui rendoit du fruit avant les autres, & qui étoit la plus reconnoissante. L'autre lui repliqua, ce n'est pas cela que je vous demande, je veux savoir qu'elle est la meilleure ville, Valladolid ou Madrid, il lui dit:

dit: de Madrid, les extrémités: de Valladolid le milieu. Je ne vous comprens pas, reprit celui qui l'avoit interrogé, Vidriera dit alors, de Madrid le ciel & le fond de la terre, de Valladolid, ce qui est entre l'un & l'autre. Ayant entendu dire à un autre homme, qu'en entrant à Valladolid, sa femme étoit tombée malade, parce que la terre l'avoit éprouvée. Il vaudroit mieux, dit Vidriera, que la terre l'eût engloutie, si elle est jalouse. Il disoit que les Musiciens, & les Couriers à pied, avoient une fortune limitée, les derniers ne pouvant espérer que de venir Couriers à cheval, & les autres Musiciens du Roi: à l'égard des Dames Courtisannes, il disoit qu'elles avoient plus d'écorce que d'effet. Etant un jour dans une Eglise, où en même tems il vit qu'on enterroit un vieillard, on bâtisoit un enfant, & on marioit une femme, il compara l'Eglise à un champ de bataille, où les vieillards périssent, les enfans sont vainqueurs, & les femmes triomphent. Une abeille le piquant un jour au col, il n'osoit pas la chasser, de peur de se rompre, & cependant il se plaignoit, on lui demanda comment il pouvoit sentir cette piqueure, s'il étoit de verre? il répondit, qu'il falloit que cette abeille, fut du nom-

nombre de ceux qui se plaisent à murmurer, parce que les langues & les aiguillons de ceux qui murmuroient, étoient capables de détruire des corps de bronze, & à plus forte raison, ceux de verre. Un Religieux fort gras, passant proche de lui, un de ses Auditeurs, lui dit. Ce Pére est si maigre qu'il ne peut se remuer; Vidriera se mit en colére, & lui remontra qu'on ne devoit jamais oublier ces paroles du S. Esprit. *Gardez-vous de toucher les oints du Seigneur*, & se fâchant encore davantage, considérez, dit-il, parmi tous les Saints que l'Eglise a canonisés depuis peu, aucun ne se nommoit le Capitaine Don-tel, le Secretaire Don-tel, le Comte, le Marquis, le Duc d'un tel endroit; mais bien frére Diego, frére Jacinte, frére Raymand. Tous fréres & Religieux, parce que les Religions sont les Palais du Ciel, dont les Jardins produisent les fruits, qui garnissent la table de Dieu. Il avoit coutume de dire que les langues des murmurateurs, étoient comme les plumes des Aigles, qui rongent, & consument les plumes des autres oiseaux qui s'approchent d'elles. Lors qu'il parloit des hommes qui tiennent les jeux, & des joueurs, il disoit des prodiges, que les premiers étoient des voleurs publics,

parce

parce qu'en prenant leur dû, ils souhaitoient que les joueurs perdissent, la carte couroit plus vite, leurs droits revenant plus souvent. Il exaltoit la patience d'un Joueur qui passoit une nuit entiére à jouer, & à perdre, & qui quoi qu'enragé, & écumant de colere, pourvû que son adversaire ne coupât point, ne disoit pas un mot, & souffroit patiemment le plus cruel martire. Il louoit également la conscience de ces honnêtes gens qui donnent à jouer, & qui pour tout l'or du monde, ne consentiroient point qu'on joüa chez eux d'autre jeu que l'hombre ou le piquet, & qui sans bruit, & à feu lent, ne craignant point d'être en mauvaise reputation, se trouvoient au bout du mois plus de profit, que ceux qui donnoient à jouer au brélan, pharaon, au lansquenet, & aux autres jeux de hazard. Enfin, Vidriera parloit si à propos, que, si ce n'eut été pour les cris qu'il faisoit, quand on l'approchoit, ou qu'on le touchoit, pour l'habit qu'il portoit, pour sa maniére extravagante de manger, pour sa façon de boire, pour ne vouloir dormir qu'à la belle Etoile en Eté, & en Hyver dans une Grange, ce qui prouvoit trop clairement sa folie, personne n'auroit pu croire qu'il eut été fol; mais au contraire,

re, on l'auroit pris pour un des plus habiles hommes du monde. Cette maladie lui dura environ deux ans, après lesquels un Religieux de l'ordre de S. Hierome, qui avoit une science particuliére pour faire parler les muets, & pour guérir les fols, se chargea, par compassion, de guérir Vidriera, & en effet le guérit. Il revint de sa maladie, ayant le même jugement, le même entendement, & les mêmes belles qualités qu'auparavant. Dès que le Religieux, eut connu qu'il étoit parfaitement revenu de sa folie, il le fit habiller comme un homme d'Etude, & le fit retourner à la Cour, où en donnant autant de preuves de sa capacité, comme il en avoit donné de sa folie, il pouvoit s'aquerir de la réputation, & du crédit. Il y vint, & s'y fit appeller le Licentié Rueda, & non Rodaja. A peine y fut-il retourné que les enfans le reconnurent; mais comme ils le virent habillé d'une autre maniére, ils n'osérent crier après lui, ni lui proposer des questions; mais ils le suivoient en se disant les uns aux autres. N'est-ce pas là le Licentié Vidriera, oui c'est lui même, il est retourné dans son bon sens? cependant on peut être fol, étant bien comme mal vêtu?

vêtu? Faisons lui quelque demande, & sortons de notre doute. Le Licentié écoutoit tous ces discours, sans dire mot, & passoit son chemin étant plus confus, & plus accompagné, que lors qu'il étoit privé de jugement. Des hommes faits, se joignirent bientôt à la multitude d'enfans qui le suivoient, & avant qu'il fût arrivé à la Cour des Conseils, il avoit plus de deux cens personnes de toute espèce à sa suite. Avec cette suite, qui étoit beaucoup plus nombreuse, que celle d'un Professeur; il se trouva à la Cour, où tous ceux qui y étoient achevérent de l'entourer. Se voyant environné d'une troupe si considérable, il éleva la voix, & dit, Messieurs, Je suis le Licentié Vidriera, mais non pas celui d'autrefois. Je suis maintenant le Licentié Rueda. Des disgraces, & des avantures, qui arrivent aux hommes, m'avoient, par la permission de Dieu, privé du jugement, sa miséricorde me l'a rendu. Par les choses que je vous ai dites, à ce que l'on m'a rapporté, lorsque j'étois fol, vous pourez considérer ce que je peux dire, étant dans mon bon sens. Je suis gradué en droit, dans l'Université de Salamanque, où j'ai fait mes Etudes dans la pauvreté, & où j'ai aquis le grade de Licentié,

Licentié, ce qui doit vous faire juger, si c'est la science ou la faveur, qui m'ont donné ce grade. Je suis venu à la Cour, pour y exercer la profession d'Avocat, & gâgner ma vie; mais si vous ne cessés de me suivre, au lieu d'avocasser, je serai venu chercher la mort. Pour l'amour de Dieu, au lieu de me suivre, ne vous obstinez pas à me poursuivre, & que je ne perde pas comme raisonnable, un entretien que j'ai gâgné comme fol. Venez chez moi me faire les questions, & les demandes, que vous aviez accoutumé de me proposer au milieu des Places, & vous verrez, que celui qui vous répondoit si bien sur le champ, vous contentera mieux après avoir réflèchi. Ils l'écoutérent tous attentivement, & plusieurs le laissérent. Il retourna à son Auberge, avec un peu moins de suite; il sortit le lendemain, ce fut la même chose; il fit une seconde harangue, elle n'aboutit à rien. Il dépensoit beaucoup, & ne gâgnoit guère; Enfin, voyant qu'il n'y avoit rien à faire pour lui, & qu'il mouroit de faim, il se détermina à passer en Flandre, où il espéroit pouvoir tirer parti de la force de son bras, puisqu'il ne pouvoit faire valoir les talens de son Esprit. Lorsqu'il voulut effectuer sa résolution, il dit en sortant fortant de la Cour. O Cour, que tu fais bien combler les espérances des prétendans téméraires, & confondre celles des habiles gens, qui sont timides! Tu nourris dans l'abondance, des Joueurs effrontés, & tu laisses dans la misére les sages honteux! ayant achevé de proférer ces reproches, il partit pour la Flandre, où il acheva d'immortaliser par les armes, une vie qu'il avoit commencé de rendre célèbre, par les belles lettres, en compagnie de son bon ami le Capitaine Valdivia, laissant à sa mort, la réputation d'avoir été un très prudent, & très brave Soldat.

LA FORCE DU SANG.

NOUVELLE VI.

UN vieux Gentilhomme de Tolede, venoit de se promener un soir dans les plus grandes chaleurs de l'Eté. Il étoit accompagné de sa femme, d'un petit garçon, & d'une fille âgée d'environ seize ans; c'étoit là toute sa famille. La nuit étoit claire, & onze heures avoient sonné. On ne voyoit personne sur le chemin, & cette petite troupe marchoit sans bruit, & à petit pas pour ne se point lasser. Elle s'entretenoit en se retirant, du plaisir innocent de la promenade. Ils étoient tous charmés de celle qu'ils venoient de faire; mais ils n'avoient pas prévû qu'elle leur devoit être funeste, qu'elle ne devoit se terminer que par la plus triste Catastrophe

Tom. 1. pag. 362.

T. Folkema del.   P. A. Aveline Sculp.

phe à laquelle ils pouvoient s'attendre, & qu'elle leur devoit attirer la plus grande affliction qu'on puisse ressentir dans une famille. Il y avoit alors dans la même Ville, un Cavalier âgé de vingt ans, ou environ. Ses richesses, sa noblesse, son penchant porté à la débauche, la trop grande liberté qu'on lui avoit donnée, & les méchantes Compagnies qu'il n'avoit pas eu soin d'éviter, l'avoient porté plus d'une fois à commettre des actions qui démantoient son rang, & qui étoient indignes de sa naissance. Rodolfe, car c'est ainsi que nous l'appellerons, n'étant pas nécessaire de découvrir son véritable nom, étoit sorti le même soir de la Ville. Quatre de ses amis, jeunes, fougeux, emportés, & débauchés comme lui, le suivoient. Ces deux Troupes se rencontrèrent sur une hauteur. Le Gentilhomme parut un peu ému, cependant, comme il étoit assuré qu'il se faisoit bonne justice à Tolede, comme il savoit d'ailleurs qu'il n'arrivoit guére qu'on insultât des personnes de sa façon, il crut, après s'être un peu remis, qu'il n'y avoit rien à appréhender, & il tâcha de rassurer sa femme & sa fille, qui paroissoient extrêmement allarmées. Rodolfe & ses Camarades, mirent d'abord leurs manteaux sur

sur le visage, & s'étant arrêtés, ils jettérent les yeux sur cette Dame & sur cette jeune fille, en les regardant fort effrontément. Ils leur dirent même quelques paroles assez malhonnêtes, que le Vieillard releva d'une maniére fort vive & fort hardie. Ils répondirent en plaisantant, & passérent outre sans rien entreprendre. Je l'avois bien cru, dit le Gentilhomme, en s'adressant à sa femme & à sa fille, qui n'étoient pas encore revenuës de leur frayeur, je l'avois bien cru que ces gens-là ne nous feroient aucune violence, & que tout aboutiroit à quelques paroles mal rangées : cependant, continua-t-il, doublons le pas, retirons-nous desormais un peu moins tard, & Dieu nous veuille préserver de toute mauvaise & fâcheuse rencontre. A peine avoit-il achevé de parler, qu'ils entendirent du bruit, & ce fut ces gens-là, qui revenoient sur leurs pas. Rodolfe avoit envisagé de fort près Leocadie, c'étoit le nom de la jeune fille du Gentilhomme, il l'avoit considérée fort attentivement, & il l'avoit trouvée très-belle. En effet, elle l'étoit : c'étoit une beauté naissante, que le Ciel avoit pourvûë de tant de charmes, qu'il y en avoit peu dans Toledé qui fussent mieux faites. Cette beauté
ex-

NOUVELLE VI.

extraordinaire le frappa, & ne consultant que l'impétuosité de sa passion, il résolut de la ravir, & d'obtenir d'elle la derniere faveur de gré ou de force, & à quelque prix que ce fût. Il communiqua à ses Camarades son lâche & détestable dessein, & comme ils lui étoient tous dévoüés, parce qu'il faisoit avec eux de la dépense, & qu'ils étoient en possession de donner dans tous ses emportemens, & de les autoriser, ils n'eurent garde de le dissuader de cette brutale entreprise. Ils lui dirent au contraire, que c'étoit-là une bonne fortune qu'il ne devoit pas laisser, & qu'ils lui garantissoient qu'il ne tiendroit qu'à lui d'être heureux, s'il ne s'agissoit que de le servir dans cette rencontre. Ils rebroussérent chemin à l'instant, ils se couvrirent le visage d'un mouchoir afin de n'être pas reconnus, & marchérent tous cinq l'épée nuë. Il y en eut trois qui se détachérent, ils allérent fondre sur le Gentilhomme, qui étoit le seul qui pouvoit faire quelque résistance, & dans le moment Rodolfe & un de ses amis se saisirent de Leocadie, la prirent entre leurs bras & l'enlevérent. Leocadie n'eut pas la force de se défendre le moins du monde, la frayeur lui ôta la voix, en sorte qu'elle fut dans l'impuissance de se plaindre & de jetter

le

le moindre cri. L'épouvante où elle fut, lui ôta en un mot l'usage de tous les sens, & elle demeura évanouïe entre les mains de ses Ravisseurs, qui l'emportérent dans la Ville, sans se laisser attendrir aux larmes du pere & de la mere, qui se desespéroient, sur tout lorsqu'ils virent qu'on les empêchoit de suivre leur fille; car les trois hommes qui s'étoient jettés sur le Gentilhomme les retenoient, les menaçant même à tous momens de les percer de leurs épées, s'ils ne finissoient leurs cris & leurs plaintes. On les laissa enfin; mais ce ne fut qu'après que les Ravisseurs eurent disparu, & ils se retirérent chez eux accablés de douleur & de tristesse. Jamais on n'a vû de semblable désolation, & ce qui achevoit de les mettre au desespoir, c'est qu'ils ne savoient que dire, ni qu'entreprendre dans une si triste conjoncture. Porterons-nous nos plaintes devant les Juges, ces plaintes, disoient-ils, seront inutiles, puisque nous ne savons contre qui nous en prendre. En manifestant notre douleur nous ne ferons qu'augmenter notre disgrace, & le deshonneur de notre maison, & peut-être se trouvera-t-il des gens assez injustes pour nous blâmer, & pour nous reprocher que nous n'avons pas sû garder notre fille.

D'ail-

NOUVELLE VI.

D'ailleurs, comme ils n'avoient pas des biens de la fortune, & qu'ils savoient que tout dépend dans ce monde, des amis & de la faveur, ils étoient bien embarrassés, pour savoir le parti qu'ils avoient à prendre.

Rodolfe n'étoit guéres moins embarrassé. Il avoit Leocadie dans sa chambre, c'étoit chez son pere, qui lui avoit donné un appartement séparé dans sa maison, où il vivoit seul toutes les fois qu'il lui plaisoit, & dont il étoit absolument le maître : grande imprudence des peres, qui donnent de semblables libertés à leurs enfans. Il avoit déja assouvi ses desirs, & il n'avoit trouvé aucune résistance, parce que Leocadie étoit encore dans sa pâmoison, lorsqu'il fut arrivé avec elle dans l'appartement où il étoit logé. Dégoûté en quelque maniére d'un plaisir qu'il venoit d'acheter par un si grand crime, & ne sachant comment se débarrasser de cette jeune fille, qu'il ne pouvoit pas toûjours retenir auprès de lui, Rodolfe commençoit à se repentir d'une violence, qui ne pouvoit tourner qu'à sa confusion & à sa honte, si elle venoit à être découverte, & qui méritoit même un châtiment qu'il eût eu de la peine à éviter; car enfin les Grands & les riches, ne sont pas au-dessus des Loix. Ces réflexions le chagrinoient, la seule voye qu'il y avoit à prendre, étoit de se délivrer de Leocadie. Comme il avoit eu la précaution de lui bander les yeux lorsqu'il l'enleva, & que d'ailleurs il étoit certain que sa pâmoison ne l'avoit point quittée, depuis le moment qu'il l'eut prise entre ses bras, il vit bien que c'étoit une chose impossible, qu'elle le pût jamais reconnoître, & moins encore qu'elle se fût apperçûë de la maison & du Corps-de-logis où elle étoit. S'imaginant donc qu'il pouvoit à coup sûr, cacher éternellement l'action qu'il venoit de commettre, il résolut de mettre à la ruë cette infortunée fille, toute évanouïe qu'elle étoit. La résolution étant prise, il se mit en devoir de l'exécuter ; mais dans le tems qu'il la prenoit entre ses bras, il s'apperçut qu'elle reprenoit ses esprits, & un moment après il entendit qu'elle faisoit des plaintes encore d'une voix foible & languissante, entrecoupée de mille soûpirs. Où suis-je, malheureuse que je suis, disoit-elle, & quelles sont les mains qui me touchent, quel est cet appartement qui m'est inconnu ! Elle appelloit à son secours son pere & sa mere, & s'écrioit dans le même instant : Helas ! je vois bien que vous ne m'entendés pas, que nous sommes trop éloignés les uns des autres, & que je suis au milieu de mes ennemis. Que je serois heureuse, ajoûtoit-elle, si si ces ténébres qui m'environnent, duroient éternellement, si mes yeux ne voyoient plus la lumiére ; car enfin je m'apperçois bien que je ne dois plus paroître dans le monde, puisque je suis deshonorée. O toi ! qui que tu sois, qui te trouves ici avec moi, dit-elle tout d'un coup, en prenant Rodolfe par la main, si ton ame est capable de se laisser flèchir, accorde-moi une grace, dont tu ne me dois pas regarder comme indigne. Tu as triomphé de mon honneur, triomphe en même-tems de ma vie. Ne permets pas que je survive à mes infortunes. Ce que j'exige de toi, ne te doit point faire de la peine, puisque les crimes te coûtent si peu. Rodolfe eut tant de confusion de ce reproche, qu'il demeura entiérement interdit ; il ne repondit pas une seule parole. Ce silence surprit tellement Leocadie, qu'elle crut d'abord que c'étoit un phantôme. Cependant, lors qu'elle venoit à faire réflexion sur tout ce qui s'étoit passé, elle sentoit bien que ce n'étoit rien moins que cela, & cette pensée l'affligeoit jusqu'à l'ame.

Téméraire jeune homme, poursuivit-elle, après avoir poussé une infinité de sanglots, & laissant couler de ses yeux des torrens de larmes, téméraire jeune homme, je vois bien que tu n'as ni assez de résolution, ni assez de courage, pour tremper tes mains dans le sang d'une victime innocente, dont tu as si cruellement triomphé; car je ne me persuaderai jamais que ce soit par pitié, que tu refuses de m'ôter la vie. Un meurtre te jetteroit dans des embarras que tu appréhendes, & je m'apperçois bien que tu es déja assez embarrassé de moi, sans aller chercher d'autres précipices. Et bien je n'exige plus de toi un nouveau crime, la douleur fera quelque jour ce que tu refuses de faire, la mort viendra à mon secours. Cependant, j'ai à te proposer un moyen moins embarrassant pour te délivrer de moi, & pour me délivrer en même-tems de la honte de me voir en ta puissance, puisque je suis assez malheureuse, pour survivre à l'outrage que tu m'as fait. Je te pardonne ton crime, continua-t-elle, c'est par-là que je veux commencer, je te pardonne ton crime, pourvû que tu me promette que tu ne le découvriras à personne, & que tu l'enseveliras dans un éternel silence. La con-

NOUVELLE VI.

ditiou que j'exige de toi est peu de chose, par rapport à un si grand outrage; mais puisqu'il n'y a plus de remede, je veux bien en être contente. Je n'ai jamais vû ton visage, & je ne me soucie point de le voir; j'avoue qu'il y a de certaines offenses qu'on ne doit jamais oublier, & je n'oublierai jamais celle que je viens de recevoir; mais je serois bien marrie, de connoître celui qui m'a offensée. Je n'exige de toi autre chose, sinon que tu ne divulgues point l'action lâche & honteuse que tu viens de commettre, pour moi je ne m'en entretiendrai qu'avec moi-même, & à moins que tu ne t'en vante, elle sera ignorée éternellement dans le monde. Tu es surpris sans doute, qu'à l'âge où je suis, je puisse tenir un pareil langage, helas! j'en suis surprise moi-même, & je reconnois que si quelquefois les grandes douleurs sont muëttes, elles sont aussi quelquefois éloquentes. Quoi qu'il en soit, accorde-moi la faveur que je te demande, & en conséquence d'un si grand bien fait, que je sorte dès ce moment de cette chambre, où je me vois enfermée avec toi. Expose-moi dans la ruë, & conduis-moi toi-même jusqu'auprès de la grande Eglise; parce qu'étant là, je saurai me conduire moi-même au-

près

près de ce pere & de cette mere, d'entre les bras desquels tu m'as enlevée. J'exige encore une autre condition. Tu ne me suivras point, & ne feras aucune démarche pour tâcher de connoître quelle est ma famille. Il ne t'en coûtera guéres, comme tu vois, d'expier ton horrible attentat. Répons, continua-t-elle, & si tu apprehende que ta voix te fasse reconnoître, sache que je n'ai parlé de ma vie à aucun homme qu'à celui qui m'a donné la naissance, & que je ne saurai jamais qui tu es, quand tu parlerois pendant tout un siécle.

Toute la réponse que fit Rodolfe, aux sages paroles de la malheureuse Leocadie, fut de l'embrasser, & de se mettre en devoir d'assouvir de nouveau sa criminelle passion; mais il trouva tant de résistance, qu'il se vit enfin obligé de quitter la partie. Sache, lui dit-elle en le repoussant avec fureur & avec la derniére violence, sache infame & lâche Ravisseur; qui que tu sois, que les dépouilles tue tu m'as ravies, tu ne les as remporgées que sur une fille infortunée, qui étoit sans connoissance & sans mouvement. Cette victoire ne peut que tourner à ta honte, si tu y veux faire la moindre réflexion; mais à présent que j'ai repris

mes

mes esprits, il faut que tu m'arrache la vie avant que de vaincre & de triompher une seconde fois. En un mot, Leocadie résista avec tant de vigueur & avec tant de force, que Rodolfe fut contraint de lâcher prise, il se retira dès ce moment sans rien dire, & sortit de la chambre, rempli de confusion, & déchiré de mille remors, dans la résolution d'aller chercher ses amis, pour les consulter, & savoir d'eux ce qu'il devoit faire dans cette rencontre. Dès que Leocadie se sentit seule, elle sauta du lit sur lequel elle étoit, & se promenant par la chambre, elle tâcha de trouver la porte pour s'évader, ou une fenêtre pour se jetter dans la rue du haut en bas, résolue de tout hazarder, pour se tirer de son esclavage. Elle trouva bien-tôt la porte; mais elle la trouva fermée. Elle rencontra ensuite une fenêtre qu'elle ouvrit dans le moment, & comme il faisoit clair de Lune cette nuit-là, elle discerna assez distinctement les couleurs d'une étoffe de soye qui paroit la chambre où elle étoit enfermée. Elle vit en même-tems, que le lit étoit en broderie d'or, & si riche, qu'il paroissoit être plûtôt le lit d'un Prince, que d'un simple Cavalier. Elle conta les Chaises & les Fauteüils, les Cabinets d'Allemagne, & tous les autres meubles, qui étoient magnifiques à proportion. Elle remarqua de quel côté étoit la porte, & certains Tableaux dont les murailles étoient ornées ; mais dont à la vérité elle ne pût appercevoir les personnages, ou les histoires qu'ils représentoient. La fenêtre étoit grande, & défenduë d'un gros treillis de fer. La vûë tomboit sur un Jardin enfermé de hautes murailles ; de sorte qu'il lui fut impossible de sortir, ni de sauter dans la ruë, comme elle l'avoit projetté. Tout ce qu'elle pût voir, & remarquer dans ce magnifique appartement, lui fit conclure que celui qui en étoit le maître, étoit une personne de la première distinction, & qu'il devoit posséder des richesses immenses. Leocadie en jettant les yeux d'un côté & d'autre, apperçût sur un des Cabinets qui étoit proche de la fenêtre, une petite Croix enrichie de Pierreries. Elle la prit en même-tems, & la mit dans la manche de sa robe, non dans l'intention de la dérober ; mais dans la vûë de s'en servir un jour, si l'occasion s'en présentoit. Dès qu'elle se fut saisie de ce Bijou, elle ferma la fenêtre & se remit sur le lit, attendant quelle seroit enfin sa destinée. A peine une demie heure s'étoit-elle écoulée,

lée qu'elle entendit ouvrir la porte de la chambre. Dans le même instant une personne s'approcha d'elle, & sans lui dire une seule parole, elle lui banda les yeux avec un mouchoir, après quoi la prenant par le bras, elle la conduisit hors de la chambre. C'étoit Rodolfe lui-même, qui étoit sorti dans le dessein d'aller chercher ses Camarades, comme on l'a déja dit, mais qui changea de dessein en chemin, faisant réflexion qu'il se tireroit entièrement d'embarras, en accordant à Leocadie ce qu'elle demandoit. Je dirai à mes amis, dit-il en soi-même, que touché des larmes de cette fille, je l'ai laissée aller chez elle, n'ayant osé lui faire la moindre violence, quoi que je l'eusse en mon pouvoir, & ils n'auront pas de peine à le croire, faisant attention au péril où je me fusse exposé, si je me fusse opiniâtré à la retenir dans ma chambre. Cette résolution ayant été prise, il l'exécuta, & conduisit Leocadie près de la grande Eglise, comme elle l'avoit souhaité ; ce fut à la pointe du jour. Dès qu'il fut arrivé dans cet endroit, il lui dit, en déguisant sa voix, & en langue moitié Portugaise, & moitié Castillane, qu'elle pouvoit retourner chez elle, & qu'il lui promettoit qu'elle ne seroit point suivie. Cela dit, il le retira avec une vîtesse extraordinaire, en sorte qu'elle n'eut pas le tems de lui répondre une seule parole. Cette infortunée fille demeura seule, & ayant ôté son bandeau, elle reconnut le lieu où elle étoit, parce que la nuit n'étoit pas obscure. Elle regarda de tous côtés, & ne vit personne. Cependant, craignant qu'on ne la suivît de loin, elle s'arrêta plusieurs fois, & afin de tromper ceux qui eussent pû la suivre, elle entra dans une maison qu'elle vit ouverte, & se rendit à la sienne quelque tems après, par une porte dérobée, assurée qu'elle avoit donné le change à ceux que Rodolfe auroit pû mettre aux aguets, pour l'observer. La malheureuse Leocadie, trouva son pere & sa mere accablés d'affliction, ils ne s'étoient point couchés, & avoient passé toute la nuit à verser des larmes. On peut bien s'imaginer avec quelle joye & avec quelle tendresse ils la reçûrent, & qu'il leur tarda de savoir ce qui s'étoit passé entr'elle, & ceux qui l'avoient enlevée. Je vous l'apprendrai, leur dit Leocadie toute en pleurs; mais il faut que nous nous retirions à part. Ils s'allérent d'abord enfermer dans une chambre séparée, & ce fut là qu'elle leur aprit en peu de mots, sa triste & cruelle avanture.

El-

Elle leur en exposa toutes les circonstances, leur fit une description de la chambre où elle avoit été enfermée, & leur montra enfin la riche Croix, qu'elle avoit emportée. Quoi que je ne me soucie point dit-elle, en poussant un profond soupir, de connoître l'infame Ravisseur qui m'a deshonorée, cependant si vous trouvés à propos de le découvrir, il sera aisé de le faire, par le moyen de cet-Croix. On n'aura qu'à donner charge aux Sacristains des Paroisses de la Ville, d'avertir qu'elle est entre vos mains, & que vous êtes prêts à la rendre, pourvû qu'on désigne de qu'elle maniére elle est faite, & qu'elle est la grandeur & la qualité des Pierres dont elle est garnie. On apprendra par ce moyen, & comme à coup sûr, qui est celui qui m'a outragée d'une maniére si indigne. Cela seroit bon, ma fille, repartit alors le pere, si nous vivions dans un autre siécle; mais ce n'est plus le tems que les hommes se laissent surprendre, dans de semblables piéges. Ils sont méchans, ils sont artificieux, & aussi habiles à sçavoir cacher leurs crimes, qu'ils sont peu scruppleux à les commettre. Sois persuadée, ma chére Leocadie, que dès que le lâche Ravisseur, à qui cette Croix appartient, sé sera apperçû qu'elle manque dans sa chambre, il conclura que tu l'as prise, & quand même il n'en seroit pas convaincu, il n'auroit garde de la reclamer. Ainsi au lieu de le découvrir, nous risquerions de nous découvrir nous mêmes, quelques précautions que nous pussions prendre; car sache que si tu n'as pas été poursuivie, comme tu assures que tu ne l'as point été, tu lui es aussi inconnuë, qu'il nous est inconnu jusqu'ici; & cela étant, à quoi bon se mettre en danger de nous faire connoître. Nous avons autant d'intérêt à nous cacher que lui, & Dieu veüille que les pierres ne parlent pas. L'unique parti que tu as donc à prendre, c'est de garder cette Croix, & de vivre dans l'espérance, que comme elle a été le témoin de ton malheur, le Ciel qui protége les innocens, permettra qu'elle en sera quelque jour le Juge. Il y a certaines occasions, où ce qu'on appelle deshonneur n'est qu'une chimére, sur-tout lorsque ce deshonneur n'est pas public; & puis que tu peux vivre publiquement devant Dieu & devant les hommes, comme si tu n'étois point deshonorée, console-toi de ce que tu as eu le malheur de l'être, puisque ce n'est point ta faute, & que d'ailleurs ton ignominie est secrette.

Le

Le véritable deshonneur consiste à commettre des actions lâches & mauvaises, & c'est ce qui doit faire rougir ceux qui les commettent ; c'est ce qui les doit remplir de confusion & de honte ; mais celui qui aime la vertu, & qui la pratique, n'est jamais deshonoré, quoi qu'il lui puisse arriver dans le monde. En un mot, nous n'offensons Dieu que par nos paroles, & par nos pensées : or puisque, par rapport à ton infortune, tu ne l'as offensé en aucune de ces maniéres, tu peux hardiment te mettre du nombre de celles qui ont conservé leur pureté, & je te tiendrai toute ma vie pour telle. Lucrece n'est pas moins Heroïne, pour avoir été violée par Tarquin.

C'étoit ainsi que ce sage pere consoloit la jeune Leocadie. Sa mere lui dit à peu près la même chose en l'embrassant ; mais cela n'empêcha pas qu'elle ne versât des torrens de larmes, & qu'elle ne dit, qu'elle ne se consoleroit jamais. Quoi qu'il en dût être, elle résolut dès ce moment de prendre le Couvrechef, de ne mettre de sa vie que des habits simples & modestes, & de vivre en recluse chez elle.

Pour revenir à Rodolfe, il ne fût pas plûtôt de retour chez lui, qu'il s'aperçût que
sa

sa Croix manquoit, il s'imagina d'abord que c'étoit Leocadie qui l'avoit prise, mais il ne s'en mit nullement en peine.

Il y avoit quelque tems que ce jeune Cavalier s'étoit résolu à faire un voyage en Italie ; son pere qui y avoit été autrefois, le lui avoit persuadé ; car c'étoit une de ses maximes, que ceux-là n'étoient point Cavaliers, qui ne l'étoient que dans leur Pâtrie ; qu'ils devoient l'être aussi dans les Païs étrangers. Cette raison & quelques autres, obligérent Rodolfe d'exécuter la volonté de son pere, qui lui fit donner des lettres de crédit, pour prendre tout l'argent qui lui seroit nécessaire, à Barcelone, à Génes, à Rome & à Naples. Il partit donc quelques jours après, avec deux de ses amis, & il fit son voyage avec tant d'agrément, qu'il perdit bien-tôt le souvenir de ce qui s'étoit passé entre lui & Leocadie.

Leocadie vivoit cependant si retirée dans la maison de son pere, qu'on ne pouvoit pas l'être d'avantage. Elle ne voyoit absolument personne ; tant elle apprehendoit qu'on ne lût ses infortunes dans ses yeux & sur son visage. Elle reconnut quelques mois après, qu'elle alloit être obligée de faire par force, ce qu'elle faisoit volontairement : car enfin elle

elle s'apperçût qu'elle étoit enceinte. Cet accident acheva de l'accabler, elle fut inconsolable ; mais n'y ayant plus de reméde, il falut qu'elle suportât avec patience, ce surcroît d'affliction & de douleur. Le tems de l'accouchement arriva. La mere pour le tenir secret, voulut être elle-même la Sage-Femme. Enfin, Leocadie accoucha d'un fils. Il fut nourri dans une maison de Campagne, pendant quatre ans, au bout desquels son Grand-pere le retira, & l'éleva lui-même, sous le nom de Neveu. Cet enfant, qui fut appellé Louïs, étoit extrèmement beau, il avoit de l'esprit, une vivacité admirable, une humeur douce, des maniéres agréables, & tout marquoit en lui qu'il étoit de noble extraction. Tout le monde en étoit charmé, il étoit l'admiration de toute la Ville, & le Grand-Pere & la Grand'Mere avoient des adorations pour lui : aussi l'élevérent-ils avec tant de soin, qu'à l'âge de sept ans, il en savoit beaucoup plus que les enfans n'en savent ordinairement à douze.

Un jour que le jeune Louïs alloit par la Ville, il passa dans une ruë, où quelques Cavaliers s'exerçoient à courir la Bague. D'abord il se mit à regarder les courses, & afin de les mieux voir, il pas-

passa de l'endroit où il étoit à un autre; mais il ne le put faire si promptement, qu'un cheval fougueux, que celui qui le montoit ne put retenir, ne lui passât au travers du corps. Le pauvre enfant demeura étendu par terre, sans mouvement & sans connoissance, & perdant une grande quantité de sang. Du moment que cet accident fut arrivé, un vieux Chevalier qui regardoit les Courses, se jetta promtement hors des arçons, & courut vers le lieu où étoit cet enfant, qui ne donnoit aucune marque de vie. Il le prit en même-tems d'entre les mains d'un homme, qui étoit déja venu à son secours, & sans avoir égard, ni à son âge, ni à sa qualité; car c'étoit un des Chevaliers des plus distingués, il l'emporta entre ses bras dans son Hôtel, commandant à ses Valets de le laisser, & de faire venir incessamment un Chirurgien. Plusieurs Chevaliers le suivirent, fâchés & comme au désespoir de ce désastre, car il y avoit peu de Seigneurs qui ne connussent le petit Louïs. L'Ayeul, la Grand'Mere & Leocadie, apprirent bien-tôt ce funeste accident: ils se rendirent tous trois chez ce Seigneur, accablés de tristesse, & les larmes aux yeux, & ils trouvérent leur fils entre les mains du Chirurgien, n'ayant en-

encore aucun sentiment. Le vieux Chevalier & sa femme les consolérent le mieux qu'il leur fut possible, & le Chirurgien qui étoit habile en son art, leur dit, un moment après, qu'il n'y avoit aucun danger pour l'enfant, qu'aucune de ses blessures n'étoit mortelle, & qu'il les assuroit qu'il seroit bien-tôt tiré d'affaire. En effet, Louis revint de son évanouissement, avant qu'on eût achevé le premier appareil; il connut tout le monde, & donna de grandes espérances, qu'il seroit bien-tôt rétabli. Le Grand-Pere ne pouvoit se lasser de remercier le Chevalier, des bontés qu'il avoit témoigné à son jeune Neveu. Ne me remerciez point, répondit en l'interrompant, le vieux Seigneur, mes bontés ont été un peu intéressées. Dès que j'ai vû tomber, & fouler aux pieds du cheval, ce jeune enfant, j'ai cru voir le visage d'un de mes fils, pour lequel j'ay une tendresse extraordinaire, mon cœur s'est ému dans le moment, j'ai couru à lui, je l'ai pris entre mes bras, je l'ai aporté ici, & j'espére que vous permettrez qu'il y demeure jusqu'à ce qu'il soit guéri entiérement; on en aura tous les soins imaginables. La femme du Chevalier, qui étoit une Dame illustre, leur demanda la même chose,

avec

avec les derniers empressemens. Jamais gens n'ont été plus surpris que le furent le Grand-Pere & la Grand'Mere de ce jeune enfant ; mais Leocadie le fut bien davantage, lorsqu'elle vint à s'appercevoir, après que son trouble eut un peu passé, que la chambre où étoit son fils, étoit la même où elle avoit été violée. A la vérité il n'y avoit plus la même Tapisserie de soye, dont elle étoit enrichie la nuit de son malheur, cependant elle en reconnut la disposition, vit la fenêtre où étoit le treillis de fer, & quoi qu'elle n'osât l'ouvrir pour savoir si elle répondoit dans un Jardin, parce qu'on la tenoit fermée, à cause du jeune Louïs, elle l'aprit adroitement. Mais ce qui acheva de la convaincre qu'elle ne se trompoit point, fut le lit où son fils étoit couché, le Cabinet près de la fenêtre où étoit la Croix qu'elle emporta, & le nombre des degrés qu'il falloit décendre pour aller de cette chambre à la ruë ; lesquels elle compta en se retirant, comme elle avoit eu la précaution de les compter, lorsque Rodolfe l'en avoit fait sortir les yeux bandés. Ayant conféré toutes ces marques, elle demeura entiérement persuadée qu'elle ne se trompoit point, & elle le déclara à sa mere. Cette Dame s'informa en mê-

même-tems, sans faire semblant de rien, où étoit ce fils dont le vieux Chevalier avoit parlé: elle aprit qu'il voyageoit en Italie; & après avoir examiné le tems qu'il étoit parti pour faire son voyage, on trouva que c'étoit à peu près, lorsque Leocadie fut enlevée. La Dame le dit à son mari, qui l'exhorta elle & sa fille à se conduire avec prudence dans cette occasion, & à attendre patiemment quelle seroit la destinée de leur famille. Le jeune Louïs fut dans quinze jours entiérement hors de danger, & il quitta le lit peu de tems après; la Mere & la Grand'Mere le visitoient réguliérement tous les jours.

Comme Estefanie, c'est ainsi que s'appelloit la femme du vieux Chevalier, avoit eu souvent occasion de s'entretenir seule avec Leocadie, elle lui avoit dit plus d'une fois, que le jeune Louïs ressembloit si fort à un de ses fils qui étoit en Italie, qu'elle croyoit qu'il n'y avoit jamais eu rien de plus ressemblant. Un jour qu'elle lui répétoit la même chose, Leocadie crut qu'il étoit tems de parler, comme la chose avoit été résoluë, entre sa mere & elle. Le jour que mon pere & ma mere, eurent la triste nouvelle du malheur qui étoit arrivé à ce jeune enfant,

fant, dont vous avez la bonté de m'entretenir d'une maniére si obligeante, ils crurent, Madame, dit-elle, que le Ciel étoit entiérement fermé pour eux, que la perte qu'ils venoient de faire étoit irreparable, & qu'ils ne reverroient plus en vie ce cher Neveu qu'ils regardent comme celui qui doit être le soûtien & l'apui de leur vieillesse. La tendresse qu'ils ont pour cet enfant ne se sauroit exprimer, elle va au-de-là de l'amour que les peres ont ordinairement pour ceux à qui ils ont donné la naissance, & il est certain que l'affliction qu'ils reçûrent alors, est la plus grande qu'ils eussent ressenti de leur vie. Tout accoûtumés qu'ils sont aux plus cruels revers, comme je vous l'apprendrai dans la suite, ils eurent de la peine à supporter celui-là; mais ils éprouvérent que le Ciel s'étoit ouvert en leur faveur, & que ce même Ciel, qui envoye les maux, en délivre dans le tems qu'on s'y attend le moins. Louïs n'est point mort comme le bruit s'en étoit d'abord répandu, il a trouvé la guérison chez vous, & j'ose me flater que j'y ai trouvé moi-même des amis puissans & généreux, que ma bonne destinée m'à suscités, pour finir, ou pour adoucir du moins mes amertumes. Je suis issuë, Madame,

dame, d'une famille noble depuis plusieurs siécles, ajoûta-t-elle, en jettant un profond soûpir, je n'ai pas beaucoup de biens de la Fortune, ce n'est pas néanmoins ce qui me fait de la peine ; on est toûjours assez riche, quand on sait se contenter de ce qu'on possède, & les richesses ne sont pas toûjours de véritables biens ; mais, Madame, continua-t-elle, toute couverte de larmes, vous vous entretenez avec la personne la plus infortunée qu'il y ait au monde, & je suis persuadée que vous me plaindrez quand vous saurez mes avantures. Je vous plains par avance, dit Estefanie, charmée & attendrie en même-tems de ce que Leocadie venoit de dire, parlez, je ne vous interomprai point, & s'il ne tient qu'à moi, vous serez aussi heureuse que vous pouvez être infortunée, vous en devez être convaincuë. Leocadie lui apprit alors d'une maniére fort circonstanciée, & d'une façon extrèmement modeste, ce qui lui étoit arrivé dans cette chambre, il y avoit sept ou huit ans : & pour lui confirmer que tout ce qu'elle venoit de lui raconter étoit véritable, elle tira de son sein la Croix enrichie de pierreries, qu'elle avoit emportée, & la mit entre les mains de cette illustre Dame, qui la reconnut en même me tems. Je pris cette riche Croix, poursuivit Leocadie, afin qu'elle fût un jour le Juge de la violence que me fit votre fils, comme elle en a été le témoin. Je ne vous demande point vengeance du plus sanglant & sensible affront qu'on puisse faire à une personne de ma qualité & de mon sexe, vous serez toûjours maitresse de mon destin: mais vous ne desaprouverez pas, Madame, que je vous aye ouvert mon cœur, que je vous demande vos sages conseils, que je vous supplie de me consoler, & que je vous apprenne enfin, que cet enfant que vous avez cru digne de vos tendresses, est véritablement votre petit fils. A peine Leocadie achevoit de prononcer ces derniéres paroles, qu'elle tomba pâmée entre les bras d'Estefanie. Cette Dame qui se sentoit déja émuë, & dont le cœur étoit attendri, la prit, l'embrassa & la baisa mille & mille fois, en versant des torrens de larmes sur son visage. Dans ce moment là le mari d'Estefanie entra dans la chambre, avec le jeune Louïs qu'il tenoit par la main. Il fut fort surpris de voir sa femme toute en pleurs, & Leocadie évanouïe, & il demanda en même-tems ce que c'étoit. Seigneur, répondit Estefanie, j'ai de grandes choses à vous apprenprendre, mais comme elles demandent un trop grand détail, je me contenterai pour le préfent de vous dire, que cette jeune femme que vous voyez évanouïe, eft votre fille, & le jeune Louïs votre petit fils; je viens de découvrir ce myftére; le vifage de ce jeune enfant, feroit feul capable de confirmer cette vérité, quand nous n'en aurions pas des preuves encore plus convaincantes. Vous avez raifon de dire, repartit le vieux Chevalier, que ce que vous m'apprenez eft un myftére, du moins je n'y comprens rien, expliquez-moi cette enigme, je vous en conjure, & ne me laiffez plus en fufpens. Leocadie revint de fon évanouïffement, dans ce tems-là, & comme le Chevalier preffoit Eftefanie, de lui dire dequoi il s'agiffoit, elle lui raconta ce que cette infortunée fille venoit de lui dire. Le Chevalier y ajoûta foi, & embraffa Leocadie, avec la derniére tendreffe, lui donnant toutes les affurances que peut donner un pere, que fon fils feroit fon devoir. En effet, dès le même jour il dépêcha un Courier pour Naples, écrivit à Rodolfe qu'il eût à partir inceffamment, parce qu'il s'étoit engagé de le marier avec une jeune perfonne qui étoit d'une beauté extraordinaire, & telle qu'il la pouvoit fouhaiter

ter lui-même. Cependant, il ne voulut pas permettre que Leocadie retournât chez elle : vous demeurerez avec nous, lui dit ce Seigneur, ma fille, en attendant que votre Epoux soit de retour.

Le Courier arriva bien tôt à Naples, & Rodolfe charmé de ce que lui avoit écrit son pére, partit deux ou trois jours après qu'il eut reçû sa lettre. Quatre Galéres étoient sur le point de voguer en Espagne, il s'y embarqua avec ses deux amis, qui ne l'avoient jamais quitté ; il arriva en douze jours à Barcelone, & sept ou huit jours après, il fut à Tolede, ajusté de la maniére du monde la plus propre, & la plus magnifique ; on n'a jamais rien vû de plus riche, ni de plus galant. On ne sauroit représenter la joye du vieux Chevalier & d'Estefanie, qui voyoient après sept ou huit ans un fils, qui leur avoit été toujours cher, & qui s'étoit si bien fait, qu'il n'y avoit guéres de jeunes Seigneurs mieux tournez que lui en Espagne. Pour Leocadie, elle ne savoit si elle devoit craindre, ou espérer : cependant, elle voyoit tout, d'un endroit, où elle s'étoit cachée, ç'avoit été par le conseil de la tendre & généreuse Estefanie. Les amis de Rodofe prirent congé, car on peut bien comprenprendre qu'il leur tardoit d'aller chez eux, après une si longue absence. Non, leur dit Estefanie, vous souperez avec nous avant que de vous retirer, & il vous sera permis après cela, d'aller porter dans vos familles, la joye que Rodolfe vient d'apporter dans la sienne. Un moment après, elle les prit à part, & les conjura de lui dire, s'ils n'étoient pas de la compagnie de son fils, lors qu'il enleva, & ravit une jeune fille quelques jours avant qu'il partît pour son voyage d'Italie. C'est de ce que vous me direz à cette heure, ajoûta la Dame, que dépend l'honneur, & le repos de notre Maison; & vous devez être assurez, que l'aveu que je vous demande aujourd'hui, ne vous portera aucun préjudice; car enfin, je ne voudrois pas perdre mon fils pour avoir la bizarerie de vous perdre. Elle les pressa en un mot, par tant de raisons, & s'y prit d'une maniére si adroite, qu'ils ne pûrent point se défendre d'avoüer la chose, de la maniére qu'elle s'étoit passée, assurant néanmoins, que Rodolfe leur avoit protesté, que quoi qu'il eût eu en sa puissance, la jeune fille dont elle parloit, il ne lui avoit fait aucune violence, s'étant laissé émouvoir à ses larmes. Estefanie ne desiroit pas en savoir davantage, & étant entiérement éclaircie, par cet aveu des amis de son fils, elle ne balança point à exécuter la résolution qu'elle avoit d'abord prise, avec le Chevalier son Epoux, d'obliger Rodolfe à épouser Leocadie.

Avant que de se mettre à table, elle prit son fils à part dans une chambre, & lui mit en même tems un portrait entre les mains. Je desire, Rodolfe, lui dit-elle, vous faire voir la personne, qui doit être un jour votre Epouse, la voici peinte au naturel. J'avouë qu'elle n'est pas belle; mais la beauté n'est qu'un bien passager, & une femme est toûjours bien faite, lors qu'elle a de la sagesse, & de la vertu. Celle-ci est sage & vertueuse, elle est d'une maison distinguée, & possède de très-grands biens. En un mot, comme, nous vous l'avons choisie, votre pére & moi, nous croyons qu'elle vous convient. Il me semble Madame, dit Rodolfe, tout consterné, & tout pensif; il me semble qu'on m'avoit autrement dépeint cette personne, dans la lettre que je reçûs à Naples, & sur laquelle je partis. Plus je considére ce portrait, & plus je trouve, que vous avez mal jetté les yeux: ce portrait est horrible, il est effroyable, vous ne sauriez
guéres

guéres avoir plus mal choisi : je vous demande pardon, si je m'émancipe. Je demeure d'accord, ajoûta Rodolfe, qu'il est juste que les enfans obéïssent à leurs péres, & à leurs méres; mais je crois, Madame, que les péres & les méres, ne doivent jamais forcer leurs enfans, lorsqu'il s'agit du mariage; car après tout on se marie pour soi, & on doit être le maître à cet égard, du choix qu'on doit faire de la personne, avec laquelle on doit vivre & mourir. Vous en conviendrez, s'il vous plait, Madame, ce n'est pas l'union d'un jour, & c'est une triste destinée, que celle d'être dans le désagrément pendant toute sa vie. Si l'Epouse que vous me voulez donner, continua-t-il, a toutes les qualités que vous dites, ce que je ne prétens pas vous contester, elle ne manquera point de mari; il y a des gens d'autre humeur que la mienne, qui pourroient fort bien s'en accommoder. Il y en a qui s'attachent à la Noblesse, d'autres à l'esprit & à la vertu, la plûpart aux richesses, & quelques autres à la beauté : pour moi, je confesse mon foible, je suis du nombre de ces derniers. En effet, pourvû qu'avec quelques attraits une femme ne soit point innocente, pourvû qu'elle ne soit, ni coquette,

quette, ni d'une naissance trop obscure, on doit peu se mettre en peine du reste, quand on est noble soi-même, & qu'on possédè les prémiéres Dignités, & de grands biens. Ne vous allarmez pas Rodolfe, répondit Estefanie, on ne vous mariera pas malgré vous, nous n'avons pas si fort engagé notre parole, que nous ne puissions bien la retracter, & nous la retracterons sans doute, puis que la personne n'est pas de votre goût. Rodolfe ne repliqua rien, & fit une profonde révérence. On servit enfin, & Rodolfe & ses deux amis, n'eurent pas plûtôt pris leur place, qu'Estefanie se prit à dire tout haut, feignant d'être extrèmement surprise : Helas ! nous nous sommes mis à table, & nous ne pensons pas que nous avons une de nos amies en visite, que nous avons oubliée. La joye de vous revoir, mon cher fils, dit-elle, en s'adressant à Rodolfe, est cause de cette méprise ; mais c'est une amie si raisonnable, qu'elle me pardonnera, j'en suis convaincuë. Va cria-t-elle, à un des Valets, dis à Léocadie qu'on a servi, & que nous avons pris nos places en l'attendant. Leocadie qui avoit le mot, parut un moment après ; jamais elle n'avoit eu tant de charmes. C'étoit en hyver.

ver. Elle avoit une robe de velours noir, enrichie de boutons d'or & de perles. Sa ceinture & son colier, étoient de Diamans. Elle étoit coëffée en cheveux, & comme ses cheveux qui étoient d'un blond cendré, étoient longs, bouclés, & parsemés de brillans; comme elle étoit d'une blancheur extraordinaire, qu'elle avoit les yeux pleins de feu, & une taille riche, & avantageuse, on eût dit que c'étoit une Déesse. Elle menoit par la main son fils, & il y avoit deux Demoiselles, qui marchoient devant pour l'éclairer. Elle salua d'un air grave, & majestueux. D'abord on quitta la table pour la recevoir, & Estefanie la prenant par la main, la fit asseoir auprès d'elle, vis à vis de Rodolfe; elle fit asseoir le jeune Louïs auprès du Chevalier son Epoux. Rodolfe, qui s'étoit senti tout ému, dès qu'il avoit vû paroître Leocadie, s'apperçût un moment après qu'elle eût été assise, qu'il étoit transporté d'amour pour elle. Enchanté des attraits de Leocadie, Rodolfe ne fut plus maître de son cœur, ses transports parurent dans ses yeux, il ne pouvoit se lasser de la contempler, de l'admirer, & de se plaindre, de ce que le Ciel, ne lui avoit pas destiné une Epouse semblable à cette charmante personne.

sonne. Que n'êtes-vous, disoit-il en lui-même, celle que mes parens ont choisie, ou pourquoi cette Epouse qu'ils me destinent, n'a-t-elle la moitié de vos beautés? Tandis que Rodolfe admiroit Leocadie, Leocadie admiroit Rodolfe. Elle jettoit de tems en tems les yeux sur lui, lors qu'elle croyoit, qu'il ne s'en appercevroit pas, & elle le trouvoit si bien fait, qu'elle sentit bien qu'elle l'aimoit véritablement. Cependant, venant à repasser dans son esprit, ce qui s'étoit passé entre elle, & ce jeune Cavalier, elle se forma tant de difficultés, par rapport au bonheur auquel il étoit naturel qu'elle aspirât, que quelques promesses que lui eût fait Estefanie, elle ne sût si elle devoit craindre, ou si elle devoit espérer. Mille pensées différentes agitérent son cœur en même tems; & son amour, ses craintes, ses espérances, & l'état flotant où elle se voyoit encore, la jettérent dans une si profonde rèverie, & un moment après dans un si grand anéantissement, que perdant tout d'un coup sa couleur & ses forces, elle tomba en foiblesse sur les bras d'Estefanie, auprès de laquelle elle étoit assise. Estefanie la soûtint, chacun quitta la table pour la secourir, ils furent généralement tous émus; mais Rodolfe fit paroître

roître, qu'il l'étoit infiniment plus que tous; car pour aller avec plus de diligence à son secours, il se laissa tomber deux fois: jamais son cœur n'avoit été si troublé, aussi jamais n'avoit-il été si amoureux. On la délassa, on lui jetta de l'eau sur le visage; mais bien loin qu'elle reprit ses esprits, son cœur battoit avec tant de violence, son poux étoit si foible, & sa pâmoison étoit accompagnée, de tant de signes mortels, que les Domestiques se prirent à crier imprudemment qu'elle étoit morte. Ces tristes nouvelles parvinrent bientôt aux oreilles du pére & de la mére, qu'Estefanie avoit fait cacher dans une Chambre avec un Eccléfiastique. Ils ne devoient sortir qu'à un certain signal, dont ils étoient convenus; mais allarmés de ce que disoient les Domestiques, ils entrérent avec précipitation dans la Sale. L'Ecclésiastique qui croyoit d'assister à une Fête, fut bien surpris; il s'approcha pour voir si Leocadie diroit quelque parole; afin de l'absoudre, elle ne répondit pas un seul mot, & dans le tems qu'il recitoit les priéres, qu'on fait dans ces occasions, Rodolfe qui s'étoit approché se pâma d'amour & de douleur, sur le sein de cette belle évanouie. Il revint un moment après de sa

défail-

défaillance, & il en avoit quelque confusion. Non, mon fils, lui dit sa mére, qui s'apperçut bien de ce qui en étoit, n'ayez point de honte de votre foiblesse. J'en ai une satisfaction, & une joye, que je ne saurois exprimer ; car enfin, il faut que je vous dise ce que je n'avois pas fait dessein de vous dire encore ; cette charmante personne, est votre Epouse. Je puis bien l'appeller ainsi, ajoûta-t-elle, puis que c'est celle que nous vous avons destinée. Le portrait que je vous ai fait voir n'est qu'un jeu ; j'ai voulu vous éprouver, & vous surprendre ensuite agréablement, comme vous l'avez été, je m'assure dès que vous avez jetté les yeux sur la belle Leocadie. Jamais Rodolfe n'avoit ressenti de plus vive joye, il ne fut plus maître de soi-même, & s'imaginant que sur le pied d'Epoux, les transports lui devoient être permis, il se jetta sur le visage de Leocadie, & joignant sa bouche avec la sienne, il étoit là comme en attendant, que son ame sortit pour la recevoir. Leocadie donna enfin quelques marques, que son évanoüissement n'étoit pas mortel, elle ouvrit les yeux, & elle se trouva un peu embarrassée, de se voir entre les bras de Rodolfe. Elle fit quelque leger effort pour l'obliger à se retirer.

rer. Je ne vous obéïrai point adorable Leocadie, lui dit Rodolphe. Ordonnez-moi plûtôt de mourir ; car enfin permettez-moi, que mon cœur s'explique, je ne saurois vivre un moment séparé de vous. Ces paroles achevérent de faire revenir le sentiment à Leocadie, elle ne répondit rien ; mais ses yeux parlérent assez pour elle. Estefanie qui étoit venuë à ses fins, & qui n'avoit besoin d'aucun autre prélude, dit à l'Ecclésiastique que c'étoient deux Amans qu'il falloit marier ; & comme dans le dessein où étoit cette Dame, & le Chevalier son Epoux, ils avoient eu la précaution d'obtenir une dispense ; ils furent mariés sur le champ, sans aucune autre Cérémonie. Vous ressouvenez-vous, dit Estefanie à Rodolfe, après qu'il eut donné la main à Leocadie, vous ressouvenez-vous, d'avoir jamais vû votre Epouse ? Non, Madame, répondit Rodolfe, car si j'eusse eû le bonheur de l'avoir vûë, avant que de partir pour l'Italie, je n'eusse jamais fait ce voyage. Vous vous trompez, mon fils, repliqua la Dame, en soûriant, & lui montrant ensuite la Croix enrichie de Pierreries, cette Croix, ajoûta-t-elle, vous en convaincra ; mais Leocadie vous en convaincra encore mieux : ce fut elle que vous
enle-

enlevâtes, quelques jours avant que d'entreprendre votre voyage, & voilà le fruit, en lui montrant le jeune Louïs, voilà le fruit de votre enlévement, qui coûta tant de larmes à cette charmante perfonne. C'eſt à la force du Sang, que vous êtes redevable du plus grand bonheur qui vous pût jamais arriver, car Leocadie eſt noble, ſage, vertueuſe, & pourvûë de tous les attraits, que vous ſouhaitez en une Epouſe. Leocadie fit alors un petit recit, & marqua en rougiſſant de petites circonſtances, qui ne lui permirent point de douter, que ce ne fût elle qu'il avoit ravie, il ſe jetta en même tems à ſes pieds, & Leocadie l'ayant relevé en lui diſant, qu'il ne falloit plus penſer qu'à la joye, ils s'embraſſérent avec la derniére tendreſſe. On entra un moment après dans une Sale, où l'on avoit préparé une Collation des plus magnifiques, il y eut une Muſique admirable, & les réjouïſſances durérent preſque toute la nuit. Jamais Mariage n'a été plus heureux. Rodolfe & Leocadie, s'aimérent toute leur vie, & ils laiſſérent une famille illuſtre, dont les Deſcendans font encore la prémiére figure en Eſpagne.

Fin du premier Tome.

www.ingramcontent.com/pod-product-compliance
Lightning Source LLC
Chambersburg PA
CBHW051137230426
43670CB00007B/836